职业教育智能制造领域高素质技术技能人才培养系列教材

工业机器人技术基础

主　编　曾祥苹　王彩芳　朱旭义

副主编　陈永彬　郭灿彬　卢　勇

参　编　郑红光　李　光　韩金利

机械工业出版社

本书内容编排采用模块化设计理念，以工业机器人基础理论认知、视野拓展和简单示教编程为目标创设项目情境，内容紧跟行业发展动态，任务驱动贯穿始终。书中配有丰富的图表、案例和知识图谱，将理论知识生动化呈现，形式新颖。

本书共包含 7 个项目情境，具体内容涵盖工业机器人的产生与发展、组成及分类、机械结构、驱动方式、感知系统、运动控制、简单示教编程和维护保养等知识，侧重于工业机器人技术及应用的基础性整体认知；同时穿插机器人领域新技术、新工艺知识，注重拓展行业视野，增强职业热情，为后续专业课学习奠定坚实的基础。

本书为高等职业教育本、专科院校自动化类、机械设计制造类、机电设备类等专业的"工业机器人"课程教材，也可作为开放大学、成人教育、自学考试、中职学校和培训班相关教学用书，还可作为机器人领域工程技术人员的参考书。

为方便教学，本书植入微课二维码，配有免费电子课件、技能训练答案、模拟试卷及答案等，凡选用本书作为授课教材的教师可登录机械工业出版社教育服务网（www.cmpedu.com），注册后免费下载教辅资源，本书咨询电话：010-88379564。

图书在版编目（CIP）数据

工业机器人技术基础 / 曾祥苹，王彩芳，朱旭义主编 . -- 北京：机械工业出版社，2025.2（2025.7 重印）. --（职业教育智能制造领域高素质技术技能人才培养系列教材）.
ISBN 978-7-111-77767-0

Ⅰ . TP242. 2

中国国家版本馆 CIP 数据核字第 2025FA3888 号

机械工业出版社（北京市百万庄大街 22 号　邮政编码 100037）
策划编辑：冯睿娟　　　　　　责任编辑：冯睿娟　苑文环
责任校对：潘　蕊　宋　安　　封面设计：王　旭
责任印制：李　昂

涿州市般润文化传播有限公司印刷

2025 年 7 月第 1 版第 2 次印刷

184mm × 260mm · 12 印张 · 310 千字
标准书号：ISBN 978-7-111-77767-0
定价：45.00 元

电话服务　　　　　　　　　网络服务
客服电话：010-88361066　　机　工　官　网：www.cmpbook.com
　　　　　010-88379833　　机　工　官　博：weibo.com/cmp1952
　　　　　010-68326294　　金　书　网：www.golden-book.com
封底无防伪标均为盗版　　　机工教育服务网：www.cmpedu.com

前　言

▲

　　一直以来，机器人被誉为"制造业皇冠顶端的明珠"，伴随着企业数字化转型升级，我国制造业正加快向高端化、智能化、绿色化转型升级，越来越多的智能机器人"忙碌"在生产线上，这也促使企业生产一线对机器人技能岗位提出了新的要求。随着产业转型升级的不断加速，如何培养出适应岗位需求的高素质新型技能人才是当前职业院校教学改革的重中之重。

　　基于以上背景，编者在认真研读《习近平新时代中国特色社会主义思想进课程教材指南》《职业院校教材管理办法》等文件基础上，结合多年教学经验，多方调研，联合企业相关人员共同编写了本书。

　　本书特色如下：

　　（1）编写形式新颖，教师好"教"、学生好"学"

　　每个项目设置"教学指引"模块，对教学重难点、教学方式、素养提升、学习方法和参考学时进行说明，为教师备课教学和学生自主学习提供有效指引；书中大量引入案例、图表和知识图谱，穿插各种小知识、小问答、小互动，呈现形式直观生动。

　　（2）立足岗位，创设项目情境、任务驱动，注重知行合一

　　本书内容以"必需、够用"为原则，从职业岗位需求出发，从宏观到微观、模块化介绍工业机器人基础知识，每个模块创设"项目导入"导入情境，每个任务力求理论联系实践、知行合一。

　　（3）注重民族自信和职业热爱熏陶

　　书中引入丰富的国产机器人优秀案例和名人事迹，使学生在专业知识的学习中感受"大国工匠"的魅力，树立民族自信，提升对职业的热爱；激发科技报国的家国情怀和使命担当，发挥教材铸魂育人之根本功能。

　　（4）紧跟行业动态，拓展专业视野

　　针对每个知识点要求学生查阅相关资料，了解行业最新动态，对机器人领域新技术、新工艺知识进行补充；每个任务设置"知识拓展"模块，注重拓展专业视野，提高职业素养。

　　本书建议采用60学时开展教学，不同学校可结合自身实际情况进行学时调整。具体学时分配建议见下表。

项目	内容	分配建议 / 学时
1	初识工业机器人——踏上神奇的探秘之旅	8
2	工业机器人机械部分——精密的身体架构	8
3	工业机器人动力系统——平稳的生命之源	4
4	工业机器人感知系统——敏锐的五官	4
5	工业机器人控制系统——聪明的大脑	8
6	工业机器人编程技术——严谨的思维	22
7	工业机器人维护与保养——精益求精，未来可期	6
合计		60

　　本书由广东机电职业技术学院曾祥苹、王彩芳和朱旭义任主编；广东机电职业技术学院陈永彬、郭灿彬和广东科贸职业学院卢勇任副主编；佛山一汽大众汽车有限公司郑红光、广东科贸职业学院李光和山西机电职业技术学院韩金利参与编写。在本书编写过程中，我们参考了多位同行老师的著作及资料，在此一并表示感谢。

　　由于编者水平有限，书中难免存在不足之处，恳请读者提出宝贵意见。

编　者

二维码索引

▲

（续）

名称	图形	页码	名称	图形	页码
探秘小五官——机器人内部传感器		77	机器人坐标系到底有多少		100
百变感君——外部传感器		79	坐标变换求位姿		104
独具慧眼——机器视觉系统		83	机器人的运动学方程是怎么来的		112
最强大脑——机器人控制系统		89	机器人大脑工作方式		117
人机交互——四大家族示教器		91	工业机器人的编程方式		124
人机交互——国产新松示教器		91	初识安川 MOTOMAN 系列机器人		138
近看四大家族、国产机器人控制系统		93	安川 MOTOMAN 机器人的手动操作		145

目　录

项目 1

初识工业机器人
——踏上神奇的探秘之旅

🔍 项目导入

当"无人工厂""智慧工厂""黑灯工厂"等概念漫天而来时，我们走进比亚迪超级工厂（见图1-1），可以看到众多工业机械臂正在有条不紊地进行生产活动。你是否想知道这些工业机械臂是从什么时候开始出现在人类社会的？它们又有着怎样的成长故事呢？

图 1-1　比亚迪超级工厂

📑 教学指引

教学重点	工业机器人的发展史、分类、组成、性能参数、应用场景
教学难点	工业机器人的硬件和软件组成、参数含义
推荐教学方式	1. 引导学生通过互联网或实地考察等方式，合作探究工业机器人发展过程中的代表性事件或产品 2. 探寻国产工业机器人的发展之路，以先进人物为榜样，以关键技术为突破，以国产品牌机器人奋斗的故事展开拓展性教学 3. 引导学生查阅国内外知名品牌工业机器人官网，了解最新产品及应用案例，学生自行列出清单并进行对比和探讨 4. 带领学生去往校企合作机器人企业、实训中心参观，结合在线图片、视频了解工业机器人的组成，确保企业课堂、学校课堂、在线课堂三课堂同步 5. 设定课堂任务，引导学生自主进行工业机器人的选型，列举并探究选型参数

（续）

素养提升	1. 了解专业发展在社会发展中的地位，关心社会经济，熟悉国产工业机器人的发展历程及工业机器人在智能制造产业发展中的重大作用。树立学好、学精技术技能，为我国实现制造强国贡献自己才能的远大志向 2. 以机器人雏形追溯古人智慧，培养青年热爱中国传统文化，发扬创新精神 3. 由工业机器人多品类、多领域及市场分布特点激发学生的创新、竞争意识 4. 由产品选型培养学生成本意识、质量意识、安全意识、环保意识
推荐学习方法	动手做一做、动脑想一想、动口说一说、出去看一看，进行探究式学习
参考学时	8 学时

任务 1.1　工业机器人的由来、发展及定义

任务描述

大千世界、万事万物都遵循着从无到有的发展规律，机器人也不例外。如果想请你来绘制一条工业机器人发展的时间轴线，标注出工业机器人诞生和成长过程中一些标志性事件或产品，你可以胜任吗？

知识储备

1.1.1　工业机器人的诞生和成长

机器人雏形：《列子·汤问》记载着这么一个故事，巧匠偃师制作了一个"能唱歌、跳舞，像真人一样"的人偶，这可能是世界上最早的"机器人"了。三国时期，蜀汉丞相诸葛亮发明了木牛流马，用于运送战争的粮草。东汉时张衡也曾制造过指南车，汉末魏晋时期出现了记里鼓车，这些自动

工业机器人的
诞生和成长

化机械装置反映了我国古代先贤的杰出智慧，也体现出自古以来人类对于使用自动机械来解放生产的思索和努力。它们都可以被看作是机器人的雏形（见图 1-2）。

现代工业机器人：1920 年，捷克作家卡雷尔·卡佩克（见图 1-3）发表科幻剧本《罗萨姆的万能机器人》，剧本中第一次出现"Robot"一词，意为"服务于人类的家伙"，此后"机器人"一词频繁地出现在现代科幻小说和电影中。其实，真正意义上的工业机器人出现在 20 世纪五六十年代，随着机构理论和伺服理论的发展，机器人开始进入实用化和工业化阶段。

a) 指南车

b) 记里鼓车

图 1-2　机器人雏形

图 1-3　卡雷尔·卡佩克

1954 年，美国人乔治·德沃尔申请了一个"通用机器人"专利，该专利的要点在于借助伺服技术来控制机器人的各个关节，同时利用人手对机器人的动作进行示教，实现机器人动作的记录和再现。

1959 年，乔治·德沃尔和发明家约瑟夫·恩格尔伯格联手制造出了世界上第一台工业机器人 Unimate（尤尼梅特），如图 1-4 所示。这台机器人的外形像一个坦克的炮塔，基座上有一个大机械臂，大机械臂上又伸出一个可以伸缩和转动的小机械臂，能进行一些简单的操作，代替人做一些诸如抓放零件的工作，人类由此开启机器人时代的新纪元。

1962 年，美国机械与铸造公司（AMF）试制出柱面坐标机器人（见图 1-5），命名为 Verstran，意思是"万能搬运"，该机器人可以进行点位和轨迹控制，实现多功能的搬运操作。该年，AMF 制造的 6 台 Verstran 机器人应用于美国坎顿的福特汽车生产厂。

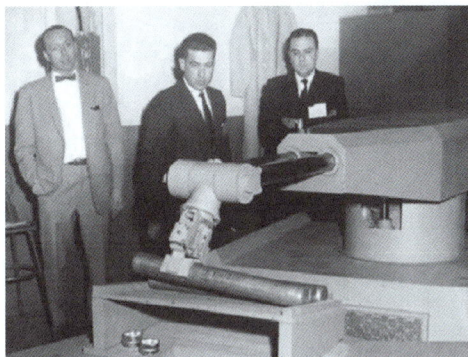

图 1-4　Unimate 机器人

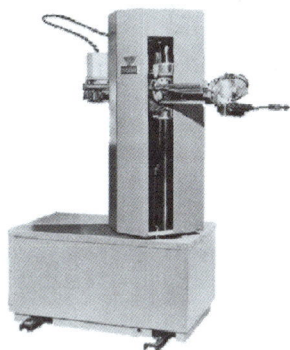

图 1-5　Verstran 机器人

1968 年，美国斯坦福研究所成功研发了机器人 Shakey，如图 1-6 所示。它带有视觉功能，能根据人的指令发现并抓取积木，不过控制它的计算机有一个房间那么大。Shakey 可以算是世界第一台智能机器人，由此拉开了第三代机器人研发的序幕。

1973 年，第一台机电驱动的 6 轴机器人面世。德国库卡公司（KUKA）将其使用的 Unimate 机器人研发改造成其第一台产业机器人，命名为 Famulus，如图 1-7 所示，这是世界上第一台机电驱动的 6 轴机器人。

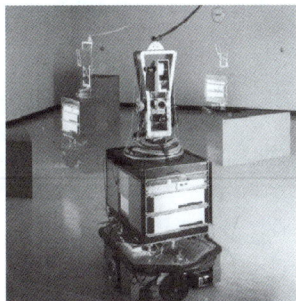

图 1-6　Shakey 机器人

图 1-7　Famulus 机器人

1974 年，瑞典通用机电公司（ASEA，ABB 公司前身）开发出世界第一台全电力驱动的工业机器人 IRB6，如图 1-8 所示。IRB6 采用仿人化设计，其手臂动作模仿人类的手臂，载重 6kg，5 轴。IRB6 的 S1 控制器是第一个使用英特尔 8 位微处理器的控制器，内存容量为 16KB。控制器有 16 个数字 I/O 接口，通过 16 个按键编程，并具有四位数的 LED 显示屏。

1978 年，美国 Unimation 公司推出通用工业机器人（Programmable Universal Machine for Assembly，PUMA），并应用于汽车装配线，这标志着工业机器人技术已经成熟。PUMA 机器人（见图 1-9）至今仍然工作在生产第一线，而且是很多科研机构机器人技术研究的对象和模型。

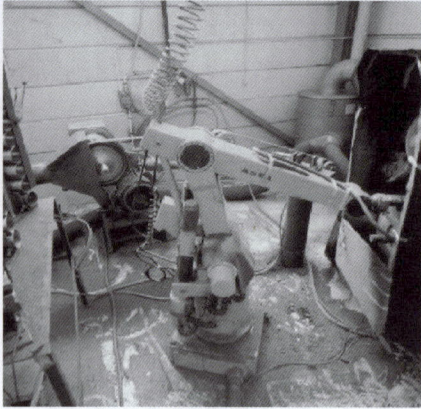

图 1-8　IRB6 机器人

图 1-9　PUMA 机器人

1978 年，日本山梨大学牧野洋发明了 SCARA（Selective Compliance Assembly Robot Arm），意为选择顺应性装配机器手臂，如图 1-10 所示。该机型在之后的装配作业中得到了广泛的使用。

20 世纪 80 年代，机器人开始在汽车、电子等行业大量使用，新的机型不断推出，推动了机器人产业的发展。20 世纪 90 年代至 21 世纪，机器人产业发展迅猛，工业机器人进入更多更广的工业领域，如图 1-11 所示。

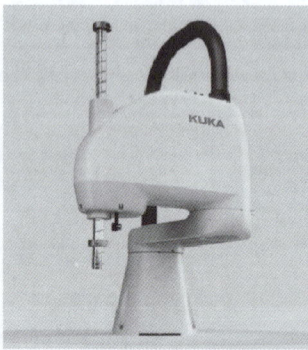

图 1-10　SCARA 机器人

图 1-11　机器人产业化应用

美国是最早研发机器人的国家，也是机器人应用最广泛的国家之一，美国在机器人语言、智能技术等方面具有领先优势。

日本自 1967 年川崎重工率先从美国引进工业机器人技术后，其机器人产业迅猛发展。因其国内劳动力短缺，汽车业发达，使得机器人普及率特别高，位居世界前列。

欧洲机器人产业也十分发达，以德国为首。20 世纪 70 年代，德国就开始"机器换人"，德国机器人技术在精密机械、控制系统和模块化设计上处于世界领先地位。法国在机器人基础研究、关键技术、应用和开发水平上都处于领先水平。近些年来，意大利、瑞典、西班牙、芬兰、丹麦等国家机器人产业也发展迅速。

我国工业机器人起步较晚，从无到有，1982年，中科院沈阳自动化研究所研制出国内第一台工业机器人，拉开了中国机器人产业化的序幕，由于国内基础工业条件限制，工业机器人产业进入艰难的摸索期。进入21世纪，中国经济发展进入高速轨道，制造业迎来黄金时期，工业机器人在国内得到了广泛关注。

2006年2月，国务院发布《国家中长期科学和技术发展规划纲要（2006—2020年)》，首次将机器人列入长期发展规划。国内工业机器人企业如雨后春笋般诞生。由于关键技术和成本制约，国产工业机器人主要占据国内低端市场，但目前也涌现出像新松、埃夫特、埃斯顿、汇川技术、绿的谐波等一批领军企业。他们在核心技术上具备了和国外品牌硬碰硬的底气，同时在价格和售后等方面具有明显优势。

国产工业机器人前景可观，同时竞争也更加激烈，正视差距，加强自主创新，突破关键技术，进军新的工业领域，未来工业机器人的世界格局有望被重塑。中国工业机器人的精彩篇章正在书写。

1.1.2 工业机器人的定义和特征

目前国际上工业机器人的定义主要来自美国机器人协会（RIA）、日本工业机器人协会（JIRA）、美国国家标准局（NBS）、国际标准组织（ISO）等。

工业机器人的定义和特征

1）美国机器人协会（RIA）的定义：工业机器人是"一种用于移动各种材料、零件、工具或专用装置的，通过可编程的动作来执行各种任务的具有编程能力的多功能机械手"。

2）日本工业机器人协会（JIRA）的定义：工业机器人是"一种具有记忆装置和末端执行器的、能够完成各种移动来代替人类劳动的通用机器"。

3）美国国家标准局（NBS）的定义：工业机器人是"一种能够进行编程并在自动控制下执行某些操作和移动作业任务的机械装置"。

4）国际标准组织（ISO）的定义：机器人具备自动控制及可再编程、多用途功能，机器人操作机具有三个或三个以上的可编程序的轴，在工业自动化应用中，机器人的底座可固定也可移动"。

我国国家标准GB/T 12643—2013《机器人与机器人装备词汇》的定义：机器人是一种能够自动定位控制、可重复编程的、多功能的、多自由度的操作机构，能搬运材料、零件或操持工具，用于完成各种作业。

由于机器人一直在跟随科技的进步而发展出新的功能，因此，工业机器人的定义还是一个未确定的问题，目前国际上大多遵循ISO的定义。

对比以上定义，我们不难发现，工业机器人是由仿生机械结构、电动机、减速器、控制系统及传感装置组成的，用于从事工业生产的，能够自动执行工作指令的装置。它能根据人类的要求执行既定的动作，同时具备一定的感知、规划、学习、决策等能力。

工业机器人具备以下特征：

1）工业机器人是一种特定的机械机构，其动作类似于人或其他生物的某些器官的功能，比如手臂。

2）工业机器人具有通用性，可完成多种工作任务，可以灵活改变动作程序。例如，一台通用的机器人换上不同的末端工具可以从事不同的作业。

3）工业机器人具有不同程度的智能，如记忆、感知、推理、决策、学习等。例如，弧焊机器人可以进行焊缝的自动跟踪。

4）工业机器人具有独立性。完整的机器人系统在工作中可以不依赖人的干预。

任务实施

1. 请你查一查。当前工业机器人应用市场上有哪些主流的品牌厂家？完成表1-1。

表1-1　工业机器人主流品牌厂家

国内			国外		
序号	品牌	地区	序号	品牌	国家
1			1		
2			2		
3			3		
4			4		
5			5		
6			6		
7			7		
8			8		
9			9		
10			10		

2. 请你说一说。完成表1-2。

表1-2　工业机器人相关问题解答

问题	答案
1. 世界上第一台工业机器人是什么？是谁发明的？有何特点？	
2. Verstran 机器人的样式特点是什么？	
3. PUMA 机器人最先用于什么领域？	
4. SCARA 机械臂最先由谁发明的？有何特色？	
5. 在汽车制造过程中的哪些生产环节使用了工业机器人？	
6. 对比几大工业机器人主产国之间的技术优势。	
7. 说一说中国机器人之父及他的故事。	
8. 你怎么看待国产工业机器人四十年来的奋进之路的？	

3. 工业机器人的四大特征是什么？请分别举例说明。

4. 试一试给工业机器人一个适合的定义。

5. 请使用思维导图，绘制从1956年到现今工业机器人发展的时间轴线，标注工业机器人发展历史过程中一些标志性事件或产品。

6. 请你谈一谈。工业机器人是助力企业数字化、自动化转型的重要角色，近年来，移动机器人、智能机器人大量兴起，人形机器人也处于研究的热浪中，一场技术革命滚滚而来，构建终身学习型社会已成必然，当前，你有哪些关于工业机器人的学习规划呢？

🔧 知识拓展

著名的机器人三原则

智能型机器人的出现和广泛应用无疑是 21 世纪的一项重大事件，不但会引起新的工业革命和社会变革，而且会颠覆许多传统的社会结构和人类观念。早在 1942 年，著名科幻小说家艾萨克·阿西莫夫在其科幻小说《环舞》中就提出了著名的机器人三原则：

1）机器人不得伤害人类，或看到人类受到伤害而袖手旁观。

2）在不与第一条相矛盾的情况下，机器人必须服从人类的命令。

3）机器人必须保护自己，除非这种保护与以上两条相矛盾。

这不但是机器人设计中应当遵循的基本原则，也是机器人立法中必须充分考虑的原则。面对以人工智能为代表的飞速发展的现代科学技术，人类必须高度关注技术对社会关系和社会观念所带来的巨大冲击，同时充分利用法律的引导、规制和促进功能，实现法律与技术进步的良性互动。

🔧 技能训练

1.【单选】"木牛流马"与我国古代哪位历史人物有关？（　　　　）

A. 张恒　　　　　　B. 鲁班　　　　　　C. 诸葛亮　　　　　　D. 蔡伦

2.【单选】"robot"一词最初的意思是（　　　　）。

A. 机器人　　　　　B. 机械　　　　　　C. 人造人　　　　　　D. 服务于人类的家伙

3.【单选】世界上的第一台工业机器人"Unimate"出现在哪个国家？（　　　　）

A. 中国　　　　　　B. 美国　　　　　　C. 日本　　　　　　D. 德国

4.【单选】当前国际市场上的工业机器人"四大家族"是指（　　　　）。

A. 库卡、ABB、安川、发那科　　　　　　B. 川崎、ABB、安川、新松

C. 松下、ABB、发那科、新松　　　　　　D. 爱普生、ABB、埃斯顿、库卡

5.【单选】我国工业机器人起步较晚，但发展也十分迅速，以下不是国产工业机器人品牌的是：（　　　　）。

A. 新松　　　　　　B. 埃夫特　　　　　　C. 华数　　　　　　D. 那智

6.【单选】以下不能描述工业机器人主要特征的是（　　　　）。

A. 通用性　　　　　B. 独立性　　　　　　C. 智能型　　　　　　D. 普遍性

7.【单选】哪一年，中科院沈阳自动化研究所成功研制出我国第一台工业机器人？（　　　　）

A. 1990　　　　　　B. 1982　　　　　　C. 1988　　　　　　D. 1989

8.【单选】最早的 PUMA 机器人，平面双关节型 SCARA 机器人分别出现在哪个国家？（　　　　）

A. 美国、日本　　　B. 德国、英国　　　　C. 美国、法国　　　D. 日本、德国

任务 1.2　工业机器人的百变身姿

在菜鸟物流中心，满车间的 AGV 移动机器人（见图 1-12）让大家耳目一新；在一汽汽车焊接车间，巨大的机械臂正在有条不紊地进行生产作业，如图 1-13 所示。在不同的

应用场地、不同的生产作业中有着不同形态的工业机器人。下面我们一起来认识工业机器人的分类。

工业机器人的
百变身姿 1

图 1-12　AGV 移动机器人

图 1-13　汽车焊接车间机械臂

任务描述

图 1-14 显示的是市场上常用的几类工业机械臂。假设你是一名机器人资深工程师，你能从专业的角度对它们进行分类吗？请区分图 1-14 中工业机器人的结构类型，并简单介绍其特点和适用场合。

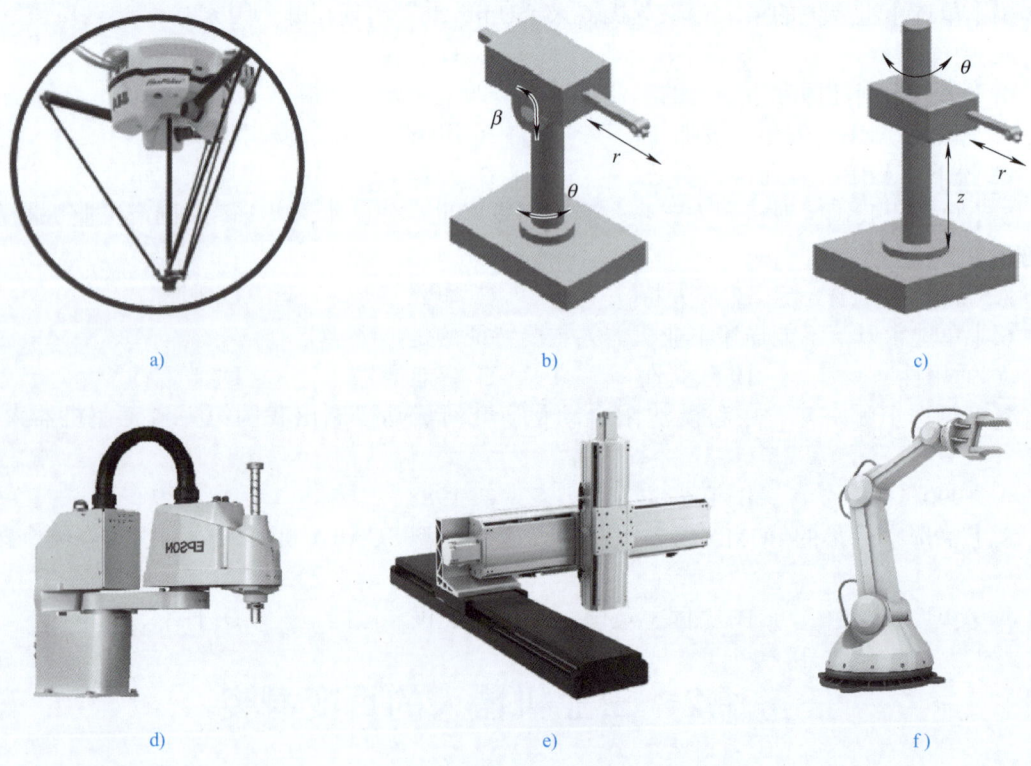

a)

b)

c)

d)

e)

f)

图 1-14　几类工业机械臂

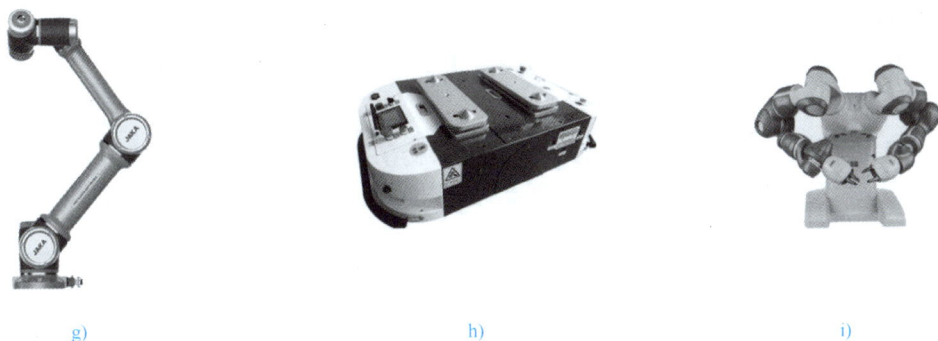

g)　　　　　　　　　　　　　h)　　　　　　　　　　　　　i)

图 1-14　几类工业机械臂（续）

知识储备

工业机器人的种类很多，其功能、特征、驱动方式、应用场合等参数不尽相同。目前，国际上还没有形成机器人的统一分类标准。一般可从机器人的结构特征、控制方式、驱动方式、应用场合等几个方面进行分类。

1.2.1　按结构特征分类

按照结构特点，工业机器人可以分为直角坐标机器人、柱面坐标机器人、球面坐标机器人、多关节机器人及 AGV 移动机器人。

1. 直角坐标机器人

直角坐标机器人适用于各种自动化生产线中，可以完成诸如焊接、搬运、上下料、包装、码垛、检测、探伤、分类、装配、贴标、喷码、打码、喷涂、目标跟随、排爆等一系列工作。如图 1-15 所示，直角坐标机器人以直线运动轴为主，各个轴对应直角坐标系中的 x、y、z 轴，通常运动轴间的夹角都是直角。

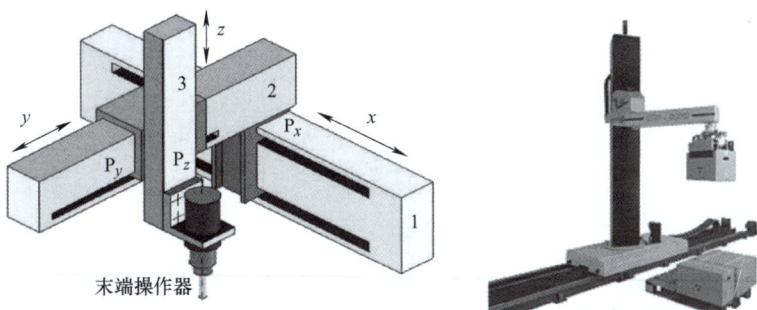

图 1-15　直角坐标机器人

直角坐标机器人常见的有悬臂式、龙门式、壁挂式或倒挂式结构，由直线运动单元、驱动电动机、控制系统、末端操纵器组成。直角坐标系机器人结构简单、定位精度较高、空间轨迹容易求解，但其动作范围较小、空间利用率较低、机身体积较大。

2. 柱面坐标机器人

柱面坐标机器人如图 1-16 所示。它由旋转基座形成的一个转动关节，和垂直、水平移动的两个移动关节共同构成。著名的 Verstran 机器人就是典型的柱面坐标机器人，主要用于重物的装卸、搬运等工作。柱面坐标机器人空间结构小、工作范围较大，工作时，必须有沿 r 轴线前后方向的移动空间，空间利用率较低。

3. 球面坐标机器人

球面坐标机器人具有一个移动关节和两个转动关节，如图 1-17 所示。世界上第一台 Unimate 机器人就是典型的球面坐标机器人，球面坐标机器人同样占用空间小，操作灵活且范围大，但运动学模型较复杂，难以控制。

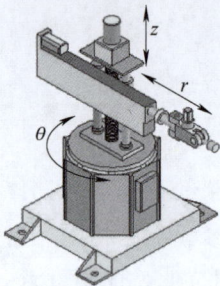

图 1-16　柱面坐标机器人　　　　　　　　　　图 1-17　球面坐标机器人

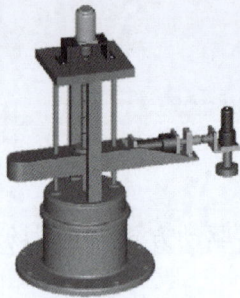

4. 多关节机器人

多关节机器人也称为关节手臂机器人或关节机械手臂，是当今工业领域中应用广泛的一种机器人。多关节机器人按照关节的构型又可分为垂直多关节型机器人、水平多关节型机器人和并联型机器人。

多关节机器人同样占用空间小，操作灵活且范围大，但运动学模型较复杂，难以控制。机器人由多个旋转和摆动关节组成，其结构紧凑、工作空间大、动作接近人类。工作时能绕过机座周围的一些障碍物，对装配、喷涂、焊接等多种作业都有良好的适应性，且适合电动机驱动，关节密封、防尘比较容易。

图 1-18 所示为垂直多关节机器人，模拟人类的手臂功能，由垂直地面的腰部旋转轴、相当于大臂旋转的肩部旋转轴、带动小臂旋转的肘部旋转轴及小臂前端的手腕构成，一般具有 4～7 个自由度，其动作空间近似一个球体的一部分，所以也被称作多关节球面机器人。市场上也有双臂型的机器人，多是协作型机器人，自适应性更好，可以通过双臂合作完成作业，一般单臂结构是垂直多关节的形式，如 ABB 公司的 IRB140000 型机器人，单臂拥有 7 个自由度，双臂拥有 14 个自由度，内置康耐视视觉处理系统，能够进行人机协作。

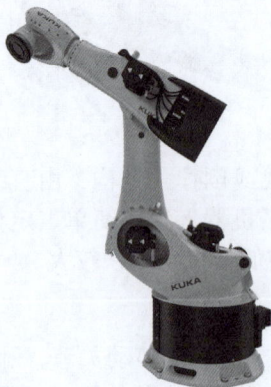

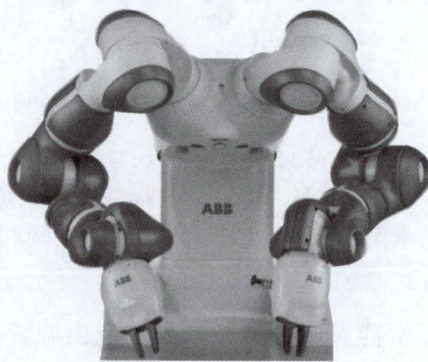

图 1-18　多关节机器人

图 1-19 所示为水平多关节机器人，也被称作 SCARA 机器人，在结构上具有串联配置的两个能在水平面内旋转的手臂，其自由度一般为 2～4 个，非常适合做平面装配作业，其动作空间为一圆柱体。SCARA 机器人当前市场占有率仅次于垂直多关节型工业机器人，使用非常普遍。

图 1-19　SCARA 机器人

垂直多关节和水平多关节型机器人一般是串联型机器人，使用开式链结构。图 1-20 所示为并联型机器人，也被称为 Delta 机器人，其运动链是闭合的，由动平台和定平台组成，具有两个或两个以上的自由度。并联型机器人具有高刚度、高负载、高精度等优点，其工作空间相对较小，结构较为复杂，刚好和串联型机器人形成互补，广泛地应用于装配、搬运、上下料、分拣、打磨及雕刻等需要高刚度、高精度或大载荷且比较狭窄空间的场合。

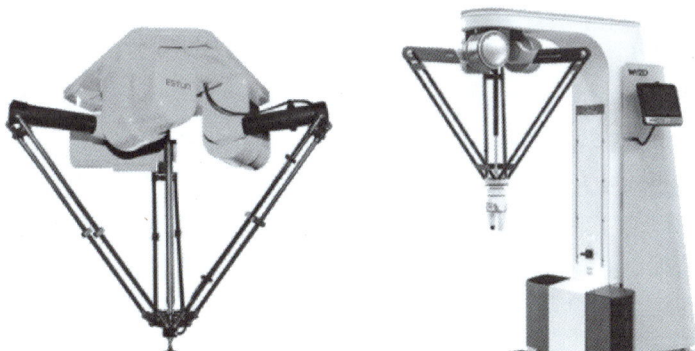

图 1-20　Delta 机器人

5. AGV 移动机器人

AGV 移动机器人如图 1-21 所示，AGV 通常装有电磁或激光导航装置，能够沿着规定的导引路径行驶，有可充电的蓄电池作为动力来源，具备安全保护和移动功能，类似自动运输小车，在当今的物流仓储中使用非常广泛。

AGV 结构形式较其他类型工业机器人差别较大，通常以轮式移动为特征，其行动快捷、工作效率高、结构简单、可控性强、安全性好。

图 1-21　AGV 移动机器人

1.2.2　按控制方式分类

根据控制方式的不同，工业机器人可分为非伺服控制机器人和伺服控制机器人，我们都知道，"伺服"的意思就是"跟随"，意味着控制系统让机器人走多少，机器人就走多少，因此伺服控制的机器人精度更高。

1. 非伺服控制机器人

非伺服控制机器人又被称为端点机器人或开关式机器人，其工作能力比较有限，它们按照预先编好的程序顺序进行工作，使用终端限位开关、制动器、插销板和定序器来控制机器人的运动。

非伺服控制框图如图1-22所示，下面来分析其工作原理，插销板用来预先规定机器人的动作顺序，顺序可调。定序器是一种定序开关或步进装置，它能够按照预定的正确顺序接通驱动装置的能源，驱动装置接通后才能带动机械手运动，当机械手移动到限位开关时，限位开关切换工作状态，送给定序器一个"规定动作已完成"的信号，使得终端制动器动作，切断驱动能源，机械手就停止运动。

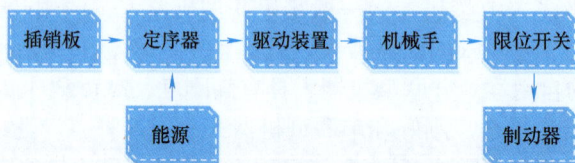

工业机器人的
百变身姿2

插销板 → 定序器 → 驱动装置 → 机械手 → 限位开关

能源 　　　　　　　　　　　　　　　制动器

图 1-22　非伺服控制框图

2. 伺服控制机器人

伺服控制机器人比非伺服控制机器人有更强的工作能力，因而价格较贵。伺服控制框图如图1-23所示，伺服系统的输出量可为机器人端部执行装置的位置、速度、加速度和力等。用比较器通过对比反馈装置取得的反馈信号与来自控制系统的给定值，得到误差信号，经过放大后用以修正和补偿控制驱动装置的输出量，以达到所需要的位置或速度，这是一个典型的反馈控制系统。伺服控制机器人可以进行点位控制和轨迹控制，点位控制是实现到达目标点的运动，轨迹控制则是实现点和点之间的任意连续曲线运动。

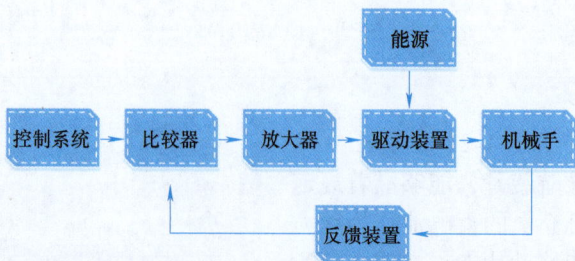

能源

控制系统 → 比较器 → 放大器 → 驱动装置 → 机械手

反馈装置

图 1-23　伺服控制框图

1.2.3　按驱动方式分类

根据驱动方式的不同，工业机器人可以分为气压驱动机器人、液压驱动机器人和电力驱动机器人。

1. 气压驱动机器人

气压驱动机器人是以压缩空气来驱动执行机构的，空气驱动有非常多的优点，如气源方便、动作迅速、结构简单，但工作的稳定性和精度不高，抓力较小，所以常用于负载小的场合。图 1-24 为气压驱动的机械臂。

2. 液压驱动机器人

液压驱动机器人使用液压油来驱动执行机构，与气压驱动相比，液压驱动机器人具有大得多的负载能力。其结构紧凑、传动平稳，但液体容易泄漏、密封维护成本高，不宜在高温、低温下工作。图 1-25 是液压驱动的机械臂。

图 1-24　气压驱动的机械臂　　　　　图 1-25　液压驱动的机械臂

3. 电力驱动机器人

电力驱动是利用电动机产生的力矩驱动执行机构，目前越来越多的机器人采用电力驱动。电力驱动易于控制、运动精度高、成本低。新型驱动是随着科学技术的进步出现的，如静电驱动器、压电驱动器、形状记忆合金驱动器。

1.2.4　按应用场合分类

按照工业机器人典型应用的场合，工业机器人又可分为焊接机器人、喷涂机器人、装配机器人、搬运机器人、码垛机器人及抛光打磨机器人等，如图 1-26 ～图 1-30 所示。

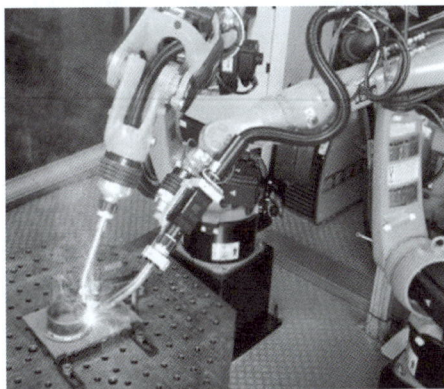

图 1-26　焊接机器人　　　　　图 1-27　喷涂机器人

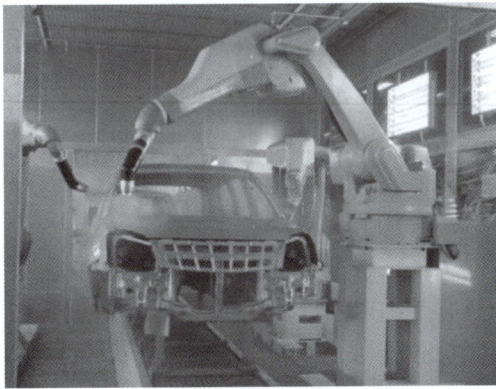

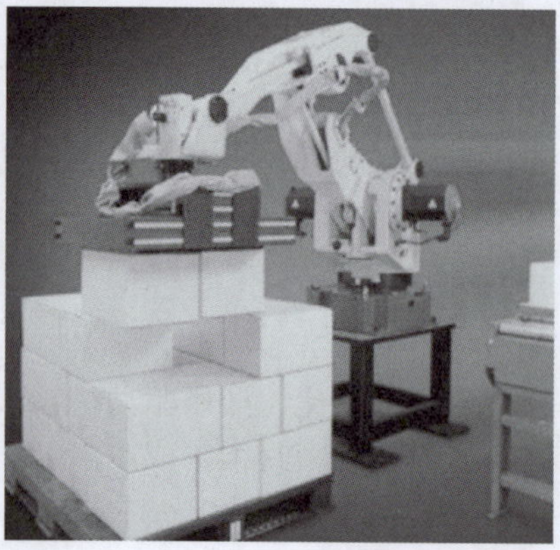

图 1-28　码垛机器人

图 1-29　装配机器人

图 1-30　抛光打磨机器人

1. 焊接机器人

焊接机器人一般分为点焊机器人、弧焊机器人和激光焊机器人。焊接机器人作为一种广泛使用的自动化设备，具有通用性强、工作稳定等优点，且操作简单、功能丰富。焊接机器人大大解放了劳动力，提高了生产效率，目前已广泛应用在汽车制造业——汽车底盘、座椅骨架、导轨、消声器及液力变矩器等的焊接，尤其在汽车底盘焊接生产中得到了广泛的应用。

2. 喷涂机器人

喷涂机器人又称为喷漆机器人，是一种自动喷漆或喷涂其他涂料的工业机器人。喷涂机器人广泛应用于汽车、仪表、电器、搪瓷等工艺生产部门。

3. 装配机器人

装配机器人主要用于各种电器制造，包括家用电器（如电视机、洗衣机、电冰箱、吸尘器）、小型电动机、汽车及其部件、计算机、玩具、机电产品及其组件的装配等方面。

4. 码垛机器人

码垛机器人主要应用于智能化码垛作业，不仅可以改善劳动环境，而且能够减轻劳动强度，保证人身安全，减少辅助设备，提高生产率，是实现生产制造"新自动化""新无人化"的必备工具。

5. 搬运机器人

搬运机器人可以安装不同的末端执行器，以完成不同形态和形状的工件搬运，大大减轻了人类繁重的体力劳动，目前搬运机器人被广泛应用在机床上下料、冲压机自动化生产线、集装箱搬运等场合。

6. 抛光打磨机器人

抛光打磨是制造业中一项不可或缺的基础工序。抛光打磨机器人代替人工处理烦琐、机械化且对工人伤害很大的抛光打磨作业，既保证了产品质量的稳定性，又提升了生产效率，提高了产品合格率。

任务实施

1. 查阅品牌机器人官网，记录公司主营工业机器人相关产品，填写表 1-3。

表 1-3　工业机器人产品类别调查

产商 / 品牌	产品 1			产品 2		
	控制方式	坐标结构	应用场合	控制方式	坐标结构	应用场合
埃斯顿自动化						
沈阳新松						
汇川技术						
埃夫特						
KUKA 机器人						
ABB 机器人						

产商 / 品牌	产品 3			产品 4		
	控制方式	坐标结构	应用场合	控制方式	坐标结构	应用场合
埃斯顿自动化						
沈阳新松						
汇川技术						
埃夫特						
KUKA 机器人						
ABB 机器人						

2. 结合图 1-14 和本任务知识内容，填写表 1-4。

表 1-4　不同结构工业机器人对比

结构形式	所属图片序号	坐标特点	优缺点	应用场合
直角坐标机器人				
柱面坐标机器人				
球面坐标机器人				
垂直多关节型机器人				
水平多关节型机器人				
并联型机器人				
AGV 移动机器人				

3. 小组协作绘制思维导图，将工业机器人的分类方式、所分类别、优缺点进行展示。

知识拓展

智能移动机器人和人形机器人

　　智能移动机器人（见图1-31a），是一个集环境感知、动态决策与规划、行为控制与执行等多功能于一体的综合系统。它集中了传感器技术、信息处理、电子工程、计算机工程、自动化控制工程及人工智能等多学科的研究成果，是机电一体化的高度集成，是目前科学技术发展最活跃的领域之一。随着机器人性能不断地完善，移动机器人的应用范围大为扩展，不仅在工业、农业、医疗、服务等行业中得到广泛的应用，而且在城市安全、国防和空间探测等领域也取得了很好的应用。因此，移动机器人技术已经得到世界各国的普遍关注。

　　人形机器人（见图1-31b），又称为仿人机器人，是一种具有人形的机器人。现代的人形机器人是一种智能化机器人，例如，小米仿生机器人CyberOne，又名"铁大"，CyberOne的身高达1.77m，重量为52kg，有聪明的大脑，能感知45种人类语义情绪，可分辨85种环境语义，它的小脑也特别发达，小米自研全身控制算法，协调运动21个关节自由度；其视觉敏锐，应用Mi Sense视觉空间系统，三维重建真实世界；其四肢强健：全身由5种关节驱动，峰值扭矩达300N·m。

a) 智能移动机器人　　　　　b) 人形机器人

图 1-31　智能机器人

技能训练

1.【多选】按照结构特点，工业机器人可以分为（　　　）。

A. 直角坐标机器人　　　　　　　　B. 柱面坐标机器人

C. 球面坐标机器人　　　　　　　　D. 多关节型机器人

E. AGV 机器人

2.【单选】（　　　）机器人以直线运动轴为主，各个轴对应直角坐标系中的 x、y、z 轴，通常运动轴间的夹角都是直角。

A. 柱面坐标　　　　　　　　　　　B. 直角坐标

C. 球面坐标　　　　　　　　　　　D. 多关节型

3.【单选】著名的 Verstran 机器人属于（　　　）。

A. 柱面坐标机器人　　　　　　　　B. 直角坐标机器人

C. 球面坐标机器人　　　　　　　　D. 多关节型机器人

4.【单选】柱面坐标机器人由（　　　）个转动关节、（　　　）个移动关节构成。
A. 1，2　　　　　　　B. 2，3　　　　　　　C. 2，1　　　　　　　D. 3，2

5.【单选】球面坐标机器人具有（　　　）个移动关节和（　　　）个转动关节。
A. 1，2　　　　　　　B. 2，3　　　　　　　C. 2，1　　　　　　　D. 3，2

6.【单选】世界上第一台 Unimate 机器人是典型的（　　　）。
A. 柱面坐标机器人　　　　　　　　　　B. 直角坐标机器人
C. 球面坐标机器人　　　　　　　　　　D. 多关节型机器人

7.【单选】（　　　）是当今工业领域中应用最为广泛的一种机器人。
A. 柱面坐标机器人　　　　　　　　　　B. 直角坐标机器人
C. 球面坐标机器人　　　　　　　　　　D. 多关节型机器人

8.【单选】（　　　）在结构上具有串联配置的两个能在水平面内旋转的手臂，其自由度一般为 2～4 个，非常适合做平面装配作业，其动作空间为一圆柱体。
A. SCARA 机器人　　　　　　　　　　B. 直角坐标机器人
C. 球面坐标机器人　　　　　　　　　　D. AGV 机器人

9.【单选】（　　　）通常装有电磁或激光导航装置，能够沿着规定的导引路径行驶，有可充电的蓄电池作为动力来源，具备安全保护和移动功能。
A. 码垛机器人　　　　　　　　　　　　B. AGV 机器人
C. 装配机器人　　　　　　　　　　　　D. SCARA 机器人

10.【单选】（　　　）可以进行点位控制和轨迹控制。
A. 伺服控制机器人　　　　　　　　　　B. 非伺服控制机器人
C. 端点机器人　　　　　　　　　　　　D. 开关式机器人

任务 1.3　工业机器人的组成

任务描述

　　工业机器人是面向工业领域的多功能机械手，其结构形式多样，应用场合多样。这些工业机器人虽然工作环境、工作时间不一样，但是也有共通的地方，它们的基本组成是类似的，一台通用的六轴工业机器人由哪些部件构成呢？各部件之间有着怎样的关联呢？

知识储备

1.3.1　工业机器人的外部组成

　　一台通用工业机器人通常由机器人本体、控制器及控制系统、示教器三大部分构成，如图 1-32 所示。

一身装备，
全副武装

1. 本体

　　工业机器人的本体也称为操作机，是工业机器人的工作主体，是完成各种动作的执行机构。它主要由机械臂、驱动装置与传动机构、各种内外传感器组成。

　　（1）机械臂的结构　如果将本体机械臂比喻为人类的手臂，那我们可以将其看作

是由 4 个独立的关节串联起来的机构，分别是腰关节、肩关节、肘关节和腕关节。关节可以旋转或移动，把关节之间连接的部件划分为机座、腰部、臂部、腕部和手部，如图 1-33 所示。

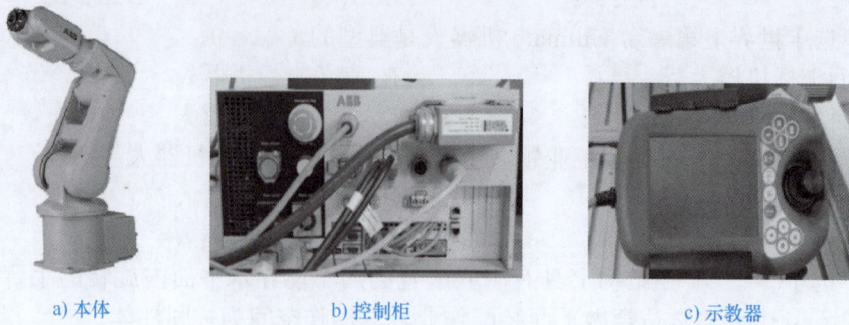

a) 本体   b) 控制柜   c) 示教器

图 1-32　通用工业机器人组成

1）机座：机座是机器人的支持部分，有固定式和移动式两种。该部件必须具有足够的刚度、强度和稳定性。

2）腰部：即立柱，是支撑手臂的部件，其作用是带动臂部运动，与臂部运动结合，把腕部传递到所需到达的工作位置。

3）臂部：即手臂，用于连接腰部和腕部，用以带动腕部运动。

4）腕部：连接手部和臂部的部件，其作用是调整或改变手部的姿态。

5）手部：末端执行器，其作用是直接抓取和放置物件。

（2）驱动装置和传动机构　机械臂每个关节的运动都是通过驱动装置和传动机构实现的。驱动装置向关节提供原动力，再通过传动机构将力和力矩传递给执行机构。不同驱动方式的工业机器人，其动力源也不同，例如，气压驱动、液压驱动、电力驱动等。电力驱动机械臂大多采用电动机加减速器的驱动方案，如图 1-34 所示。

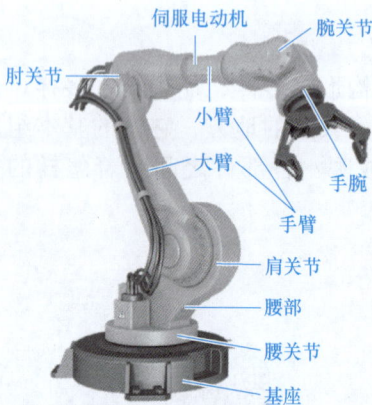

图 1-33　机械臂结构组成

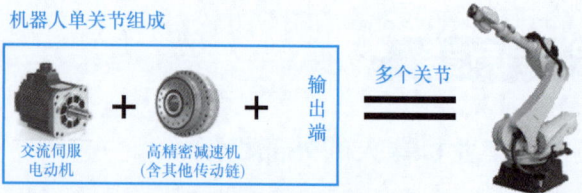

图 1-34　驱动装置和传动机构

（3）本体 – 传感器　除了机械臂和驱动传动机构，传感器也是工业机器人操作机构的重要组成部分。传感器是用来检测作业对象及外部环境的，决定着工业机器人的智能程度，如触觉传感器、视觉传感器、接近觉传感器、超声波传感器和听觉传感器。工业机器人系统的反馈控制必须借助传感器来实现，如图 1-35 所示。多传感器综合应用技术是工业机器人迈向更加智能化的标志。

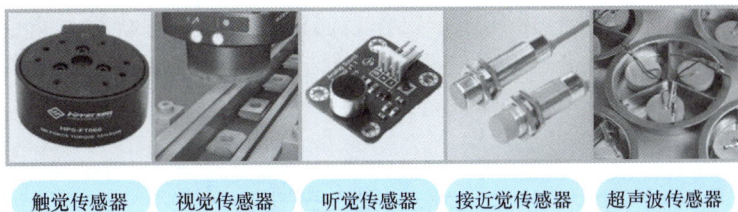

触觉传感器　视觉传感器　听觉传感器　接近觉传感器　超声波传感器

图 1-35　机器人传感器

2. 控制器及控制系统

就像人有了身体还需要有头脑，以控制身体的一举一动，工业机器人也如此，有了本体还需要有控制器和控制系统，控制器是工业机器人的神经中枢或控制中心，由计算机硬件、软件和一些专用电路、控制器和驱动器组成。控制器主要用来处理工业机器人工作的全部信息，它根据工程人员编写的指令、设置的参数及传感器获取的信息来控制本体完成一定的动作。为了实现本体的控制，不仅仅需要计算机硬件系统，还需要相应的软件控制系统，各个工业机器人公司都有自己完善的控制器产品和控制系统。图 1-36 为常见机器人控制器。

图 1-36　常见机器人控制器

3. 示教器

有了控制器和控制系统的工业机器人如何接收人类的指令呢？示教器正是一个人机交互的接口，也称为示教盒或示教编程器，主要由液晶屏和可触摸操作按键组成。通过示教器可以进行工业机器人的手动操作、参数修改和监视、程序编写，可以通过手动操作让工业机器人达到某个需要的位置和姿态，并记录下来，可以通过编程语言形成指

图 1-37　示教器

令代码，然后根据指令代码执行相应的逻辑和动作。图 1-37 为常见机器人示教器。

1.3.2　工业机器人的功能结构组成

根据工业机器人各部分的功能，可将其分为三大部分和六大系统。三大部分分别是机械部分、传感部分和控制部分，六大系统分别为机械结构系统、驱动系统、感受系统、机器人 – 环境交互系统、控制系统和人机交互系统。例如，电动机属于驱动系统，示教器属于人机交互系统，光电编码器属于感受系统，手臂、手腕则属于机械结构系统。三大部分

和六大系统之间的关系如图 1-38 所示。操作者通过人机交互系统输入指令，控制系统接收指令并完成控制计算，命令驱动系统驱动机械结构系统执行相应的运动任务，通过感受系统完成信息检测和反馈，形成一个闭环的控制。

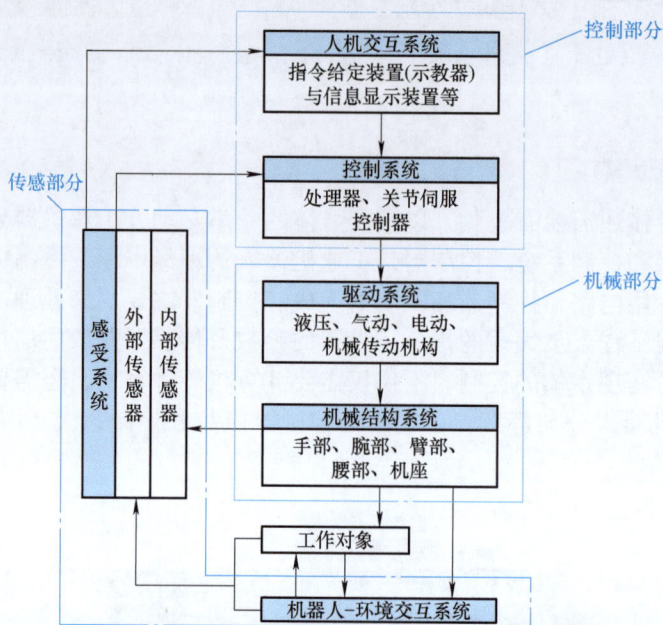

图 1-38　工业机器人系统组成关系框图

任务实施

1. 请指出图 1-39 中的部件是工业机器人的哪部分？

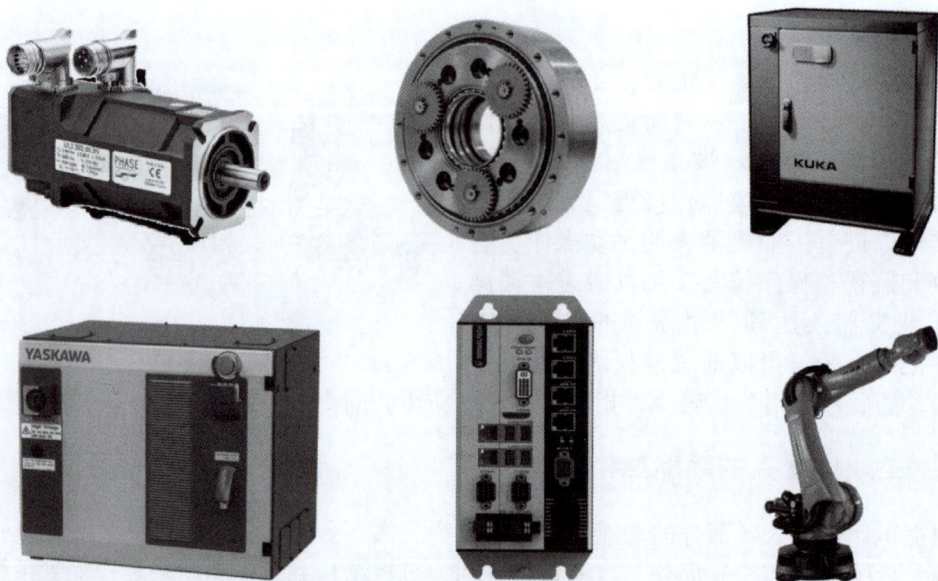

图 1-39　工业机器人部件

2. 请说一说图 1-40 所示机械臂各个部分的结构特点。

知识拓展

机器人的核心零部件

工业机器人的核心零部件主要包括控制器、伺服电动机和减速器。这些部件对于工业机器人的正常运作至关重要。

控制器是工业机器人的"大脑"，它负责接收指令并控制机器人的动作。随着科技的发展，控制器在从下位机到上位机的应用软件方面取得了显著进展，控制器的性能直接影响机器人的灵活性和精确度，目前国内外主流机器人厂商都在基于通用的多轴运动控制器平台进行自主研发，国内企业在控制器领域的产品已经较为成熟，与国外产品的主要差距集中在控制算法和二次开发平台的易用性方面。

伺服电动机主要用于驱动机器人的关节，对其性能要求非常高。交流伺服电动机在工业机器人中

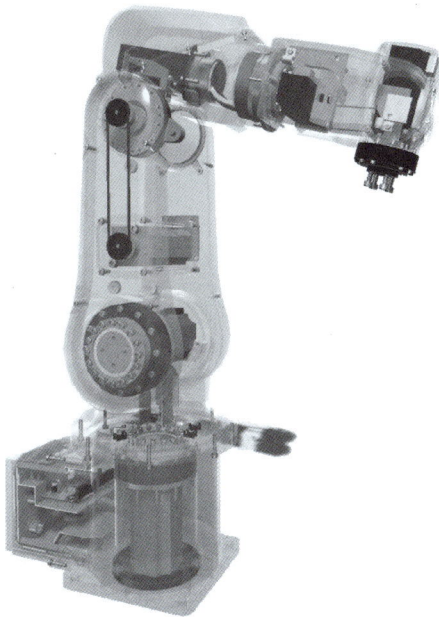

图 1-40　IRB120 机械臂

得到了广泛应用。当前，国内高端伺服电动机市场主要由日本和欧美的品牌占据，如松下、三菱电机等，它们凭借良好的性价比和可靠性占据了较高的市场份额。未来，随着产业升级和技术进步，国产伺服电动机有很大的替代进口的空间。

减速器是工业机器人中另一个关键部件，主要用于降低速度、增加力矩。根据结构的不同，工业机器人用精密减速器主要分为 RV 减速器和谐波减速器两大类。这两种减速器在精度、扭矩、刚度、传送效率等方面表现优异。目前，国内企业在减速器领域的自主化程度也在不断提高。

技能训练

1.【多选】本体也称为操作机，是工业机器人的工作主体，是完成各种动作的执行机构，主要由（　　）组成。

A. 机械臂　　　　　　　　　　　　B. 驱动装置与传动机构

C. 各种内外传感器　　　　　　　　D. 控制器

2.【多选】常见通用型六轴工业机械臂由哪几种关节组成？（　　）

A. 腰关节　　　　　B. 肩关节　　　　　C. 肘关节　　　　　D. 腕关节

3.【单选】（　　）向关节提供原动力，再通过传动机构将力和力矩传递给执行机构。

A. 驱动装置　　　　B. 传动装置　　　　C. 控制装置　　　　D. 检测装置

4.【单选】当前，工业机器人一般采用（　　）。

A. 步进电动机或伺服电动机　　　　B. 力矩电动机

C. 普通电动机　　　　　　　　　　D. 有刷直流电动机

5.【单选】（　　）决定着工业机器人的智能化程度。

A. 传感器　　　　　B. 伺服电动机　　　C. 机械结构　　　　D. 辅助机构

6.【单选】（　　）是工业机器人的神经中枢或控制中心，由计算机硬件、软件和一些专用电路、控制器、驱动器组成。

　　A. 传感器　　　　　　B. 控制器　　　　　　C. 驱动装置　　　　　D. 机械系统

　　7.【多选】控制器主要用来处理工业机器人工作的全部信息，它可以根据（　　）来控制本体完成一定的动作。

　　A. 指令　　　　　　　　　　　　　　　B. 流程

　　C. 传感器获取的信息　　　　　　　　　D. 消息

　　8.【单选】（　　）可以进行工业机器人的手动操作、参数修改和监视、程序编写。

　　A. 示教器　　　　　　　　　　　　　　B. 控制器

　　C. 操作机　　　　　　　　　　　　　　D. 传感器

　　9.【多选】工业机器人在构成上也可分为三大部分，分别是（　　）。

　　A. 机械部分　　　　　　　　　　　　　B. 传感部分

　　C. 控制部分　　　　　　　　　　　　　D. 驱动部分

　　10.【单选】光电编码器属于（　　）。

　　A. 机械部分　　　　　　　　　　　　　B. 传感部分

　　C. 控制部分　　　　　　　　　　　　　D. 驱动部分

任务 1.4　工业机器人的技术参数

任务描述

　　如果机器人用于制造电路板，就需要机器人具有超高重复精度。如果所从事的应用精度要求不高，那么机器人的重复精度也可以不用那么高。假设你是一名工业机器人现场工程师，现在产线需要购置一批工业机械臂，需要你来设计购买方案，你会如何选用工业机器人呢？

知识储备

　　工业机器人的技术参数反映了机器人的适用范围和工作性能，是设计、选择、应用机器人必须考虑的问题。机器人的主要技术参数有自由度、工作精度、工作空间、最大工作速度、承载能力和分辨率。

1. 自由度

　　自由度是机器人具有的独立运动的坐标数，可以用轴的直线运动、摆动或旋转动作的数目来表示，反映了机器人动作的灵活性。自由度越高，灵活性越好，但是控制算法难度越高，一般工业机器人具有 3～6 个自由度，7 个自由度的机器人为冗余自由度机器人，常为协作型机器人。图 1-41 所示为常见 6 自由度、7 自由度机器人。

2. 工作精度

　　机器人有定位精度和重复定位精度两个精度指标。定位精度是指机器人末端执行器的实际位置与目标位置之间的偏差，由机械误差、控制算法与系统分辨率等因素引起，如图 1-42 所示。

　　重复定位精度是指工业机器人在同一条件下用同一方法操作时，重复 n 次所测得的位置与姿态的一致程度。对于往复运动的物体，重复定位精度是指每次停止的位置与设定次数取得的平均值之间角度或长度的差值，差值越小，精度越高。重复定位精度与机器人驱动器的分辨率及反馈装置有关，受到进给系统的间隙与刚性及摩擦特性等因素的影响，如图 1-43 所示。

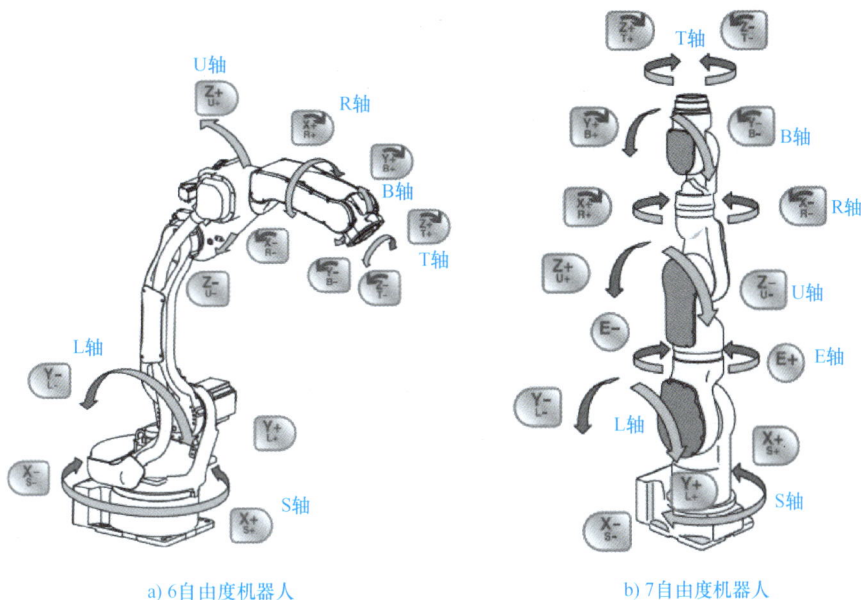

a) 6自由度机器人   b) 7自由度机器人

图 1-41 常见机器人自由度

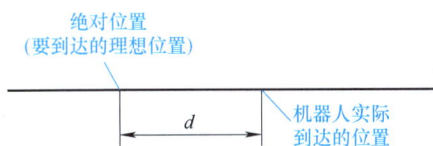

图 1-42 定位精度

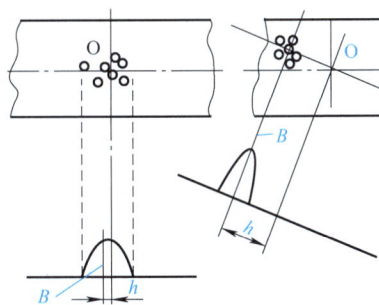

图 1-43 定位精度和重复定位精度

工业机器人具有绝对精度低、重复定位精度高的特点。一般而言,工业机器人的绝对定位精度比重复定位精度低一到两个数量级。造成这种情况的原因是机器人控制系统根据机器人的运动模型来确定机器人末端执行器的位置,然而这个理论上的模型和实际机器人的物理模型存在误差,如机器人本身的制造误差、工件加工误差、机器人和工件的定位误差等。

因重复定位精度不受工作载荷变化的影响,故通常用重复定位精度作为衡量示教 – 再现型工业机器人的重要性能指标,目前,工业机器人的重复定位精度可达到 ±(0.01 ~ 0.5)mm。

3. 工作空间

工作空间指机器人手腕参考点或末端操作器安装点(不包括末端操作器)所能到达的所有空间区域,一般不包括末端操作器本身所能到达的区域。机器人手臂展开后能覆盖的最大水平半径一般是以机器人第二轴的中心为原点,其值为机器人手臂完全展开的半径值,工作空间如图 1-44 所示。

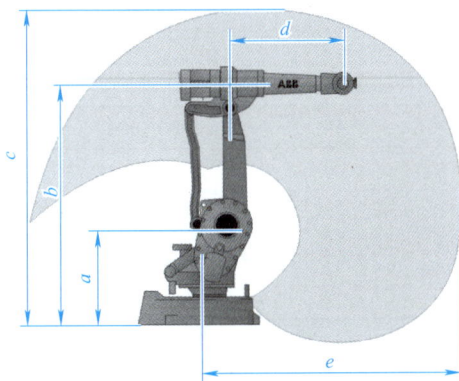

图 1-44 工作空间

4. 最大工作速度

最大工作速度指的是在各轴联动的情况下，机器人手腕中心所能达到的最大线速度（角速度）。对于更长距离的运动，最大速度受伺服电动机的总线电压或电动机最大允许转速所限制。对于大型机器人，典型的末端执行器峰值速度可高达20m/s。很明显，工作速度越高，工作效率越高，生产节拍越大。

5. 承载能力

承载能力是指机器人在作业范围内的任意位置上所能承受的最大质量，它不仅取决于负载的质量、末端执行器的质量，还与机器人运行的速度及加速度的大小和方向有关。承载能力这一技术指标是指高速运行时的承载能力。

6. 分辨率

分辨率指的是机器人每个关节能够实现的最小移动距离或最小转动角度，分辨率反映实际需要的运动距离和命令所能够设定的距离之间的差距。例如，实际需要机器人移动0.01mm，而编程指令能够设定的最小距离为0.05mm，机器人的分辨率是达不到所要求的运动的。

分辨率不仅与关节位置编码器的分辨率、伺服电动机和传动装置的步长有关，还受系统摩擦、扭曲、齿隙游移和运动配置的影响。

任务实施

1. 请查阅资料，列举 ABB 的 IRB14000 机器人的性能参数。
2. 请仔细阅读表 1-5 中的各项参数，了解其意义。

表 1-5　安川 MH 系列机器人的性能参数

项目		技术参数
控制轴		6
负荷能力 /kg		6
重复定位精度 /mm		+0.08
最大动作范围 / (°)	S	+170
	L	+155 ～ −90
	U	+250 ～ −175
	R	+180 ～ −180
	B	+225 ～ −45
	T	+360 ～ −360
最大速度 / (m/s)		1.5
重量 /kg		130
周围条件	温度 /℃	0 ～ 45
	湿度 /%RH	20 ～ 80
	振动 /m/s²	4.9
工作范围 /mm		381 ～ 1422
功率 /kW		1.5

3. 了解一款工业机器人产品（如 ABB 的 IRB120）的组成、技术参数、性能及应用案例，并撰写一份调研报告。报告的主要内容是介绍产品的类型、组成、技术参数、性能及应用案例。

知识拓展

怎样选择一款合适的工业机器人

对于自动化行业资深的机电工程师来说，选择合适的机器人也许是一个简单的工作。但是对于那些第一次准备购买、导入机器人的设计人员或工厂来说，也许会有些迷茫。如何选择一款合适的工业机器人呢？下面简单介绍下工业机器人选型需要考虑的原则。

1）任务需求：首先需要明确机器人需要完成的任务类型和任务难度，如焊接、喷涂、装配、搬运等。

2）负载和工作空间要求：根据工件的形状、尺寸、重量等要素选择合适的机器人负载能力和工作空间大小，以确保机器人能够完成工艺要求。

精挑细选，选型讲究

3）精度要求：根据工艺要求的精度（如位置、角度、力矩、控制精度等）选择符合要求的机器人型号。

4）控制方式：根据实际应用场景的控制方式（如远程控制、编程控制、手持操作控制等）选择适合的机器人控制方式。

5）技术支持：选择具有完善的售后服务、可靠的技术支持和培训服务的机器人厂商，以确保后期使用和维护的便捷高效。

6）成本效益：评估机器人的成本效益，包括采购、维护、升级、更换等方面，以确保投入产出比在合理范围内。

7）安全要求：根据现场安全要求选择具备安全防护功能的机器人，以确保人员和设备的安全。

技能训练

1.【单选】（　　）是指机器人在作业范围内的任何位姿上所能承受的最大质量。
A. 承载能力　　　　B. 工作空间　　　　C. 重复定位精度　　　D. 定位精度

2.【单选】（　　）是指机器人每个关节所能实现的最小移动距离或最小转动角度。
A. 工作空间　　　　B. 运动速度　　　　C. 定位精度　　　　D. 分辨率

3.【单选】（　　）是指机器人末端执行器的实际位置和目标位置之间的偏差，由机械误差、控制算法与系统分辨率等部分组成。
A. 工作空间　　　　B. 重复定位精度　　　C. 定位精度　　　　D. 承载能力

4.【单选】关于自由度的说法，以下不正确的是（　　）。
A. 自由度越大，越灵活　　　　　　　B. 自由度越大，控制越复杂
C. 最大 6 个自由度　　　　　　　　　D. 机器人的自由度数一般等于关节数目

5.【单选】承载能力不光和承载质量有关，还和（　　）相关。
A. 工作空间　　　　　　　　　　　　B. 运动速度及加速度
C. 定位精度　　　　　　　　　　　　D. 分辨率

6.【单选】下面选项描述机器人最大工作速度的是（　　）。
A. 15rad/s　　　　　　B. 30°/s　　　　　　C. 20mm/s

7.【单选】承载能力不仅要考虑负载，还要考虑（　　）的质量。

A. 机器人末端操作器　　　　　　　　B. 工件　　　　　　C. 自身

8.【单选】重复性是指机器人手臂返回到前一点的能力。（　　）是描述重复性的。

A. 15m　　　　　　B. 30°　　　　　　C. ± 0.02mm

9.【单选】下面选项描述工作范围的是（　　）。

A. 550mm　　　　　　B. 30°　　　　　　C. ± 0.01mm

10.【单选】ABB 的 IRB14000 机器人的自由度是（　　）。

A. 6　　　　　　B. 7　　　　　　C. 12　　　　　　D. 14

项目总结图谱

知识点归纳思维导图

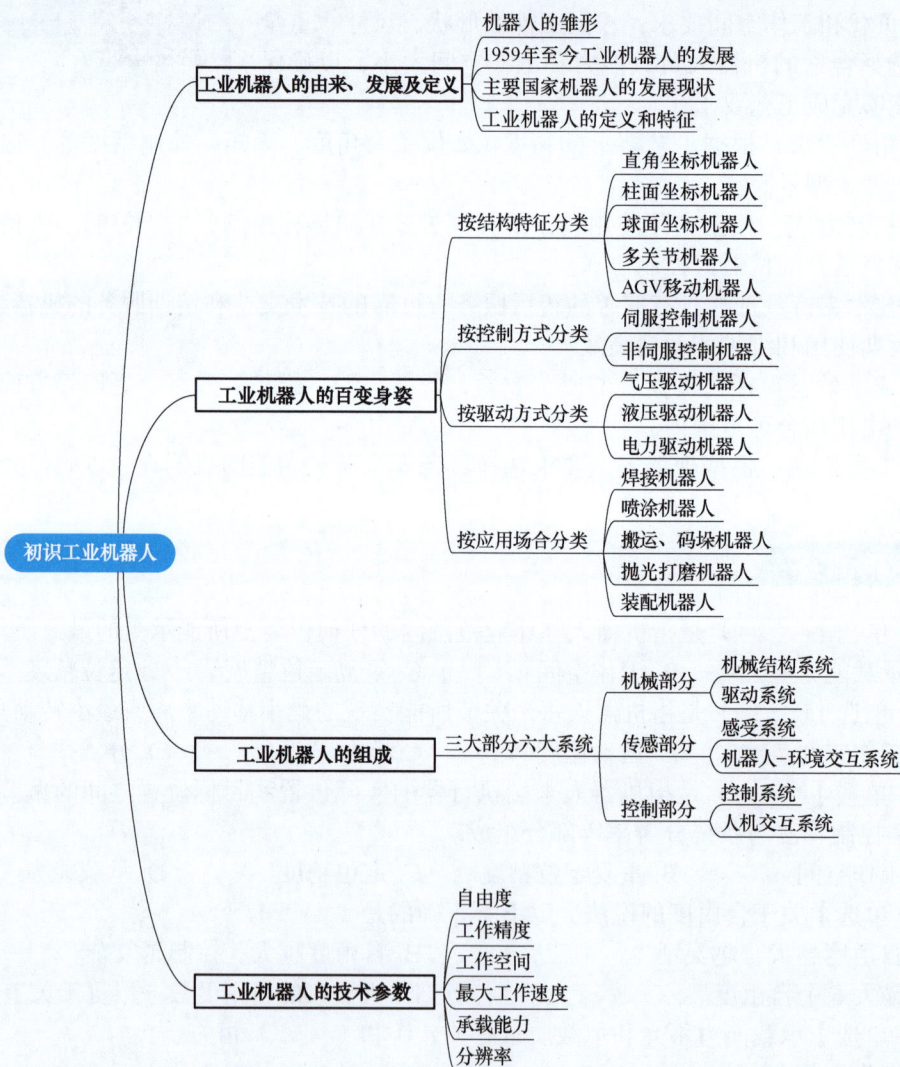

初识工业机器人

- 工业机器人的由来、发展及定义
  - 机器人的雏形
  - 1959年至今工业机器人的发展
  - 主要国家机器人的发展现状
  - 工业机器人的定义和特征

- 工业机器人的百变身姿
  - 按结构特征分类
    - 直角坐标机器人
    - 柱面坐标机器人
    - 球面坐标机器人
    - 多关节机器人
    - AGV移动机器人
  - 按控制方式分类
    - 伺服控制机器人
    - 非伺服控制机器人
  - 按驱动方式分类
    - 气压驱动机器人
    - 液压驱动机器人
    - 电力驱动机器人
  - 按应用场合分类
    - 焊接机器人
    - 喷涂机器人
    - 搬运、码垛机器人
    - 抛光打磨机器人
    - 装配机器人

- 工业机器人的组成
  - 三大部分六大系统
    - 机械部分
      - 机械结构系统
      - 驱动系统
    - 传感部分
      - 感受系统
      - 机器人-环境交互系统
    - 控制部分
      - 控制系统
      - 人机交互系统

- 工业机器人的技术参数
  - 自由度
  - 工作精度
  - 工作空间
  - 最大工作速度
  - 承载能力
  - 分辨率

项目 2

工业机器人机械部分
——精密的身体架构

🔍 项目导入

机械臂如同人的手臂一样，能够灵活、自由地舞动，工作在各个生产现场，上天入海，无处不在。你见过在太空中工作的机械臂吗？我国自主知识产权设计研发的空间站机械臂——"天和"机械臂，在太空可以实现类似人类手臂的运动，如在太空舱外辅助宇航员工作（见图 2-1）。"天和"机械臂具有 7 个自由度，工作时的最长长度可达 18m、直径约 4m，可以在太空抓取物体，方便设备的对接、安装、变轨、分离等操作。到底是怎样精密的身体架构来支撑机械臂的运动呢？机械臂各部分又是如何协作的呢？

一表人才，身体构造

IRB120 型机械臂结构揭秘

图 2-1 空间站"天和"机械臂

🔷 教学指引

教学重点	工业机器人的末端执行器、手腕、手臂、腰部、基座
教学难点	工业机器人末端执行器的工作原理、手腕的自由度
推荐教学方式	1. 引导学生通过互联网或实地考察等方式了解机械臂、末端执行器等产品的市场应用情况 2. 采用虚拟仿真平台观察机械臂的内部结构，了解手臂内部的构造 3. 引导学生查阅国内外知名品牌工业机器人官网，了解最新产品及应用案例 4. 带领学生去往校企合作机器人企业、实训中心参观，结合在线图片、视频了解工业机器人的机械臂、末端执行器，确保企业课堂、学校课堂、在线课堂三课堂同步 5. 设定课堂任务，引导学生自主进行工业机器人手臂的拆解和安装，探索手腕、手臂、手部的结构原理

（续）

素养提升	1.了解国产减速器的发展历史，以及典型企业进行攻坚克难，完成精密减速器量产的故事，激励年轻一代树立"强国有我""奋斗不止"的理想信念 2.以机械臂各部件的设计和互相配合为例，引导学生注重"和谐""配合""匠心"等理念 3.以工业机器人各类先进末端执行器为案例，培养学生的创新意识
推荐学习方法	通过"动手做一做""动脑想一想""动口说一说""出去看一看"等活动进行探究式学习
参考学时	8学时

任务2.1 工业机器人的末端执行器

任务描述

工业机器人的末端执行器作为工业机器人作业的工具，在一定程度上决定了工业机器人的功能和用途。当你在实际生产线中遇见这些携带末端工具的工业机器人时，你能够迅速地识别出它的特性吗？如工具的用途、类别、结构特点、工作原理。当工具出现故障时，能否进行维修或更换？当机器人缺少工具时，能否根据应用需求去购买或设计合适的末端工具？

心灵手巧——
末端执行器1

知识储备

2.1.1 工业机器人末端执行器的定义和特点

工业机器人的末端执行器（即机器人手部或机器人夹具）是直接安装在机器人手腕上的用于夹持工件，或让工具按照规定的程序完成工作的机构，主要具有以下特点。

1）末端执行器和机器人腕部相连处可拆卸，从而保证一个机器人有多个末端执行器。

2）机器人的末端执行器形态各异，可以有手指或无手指，可以有手爪或作业工具。

3）末端执行器的通用性较差，往往一种执行器只能进行一种作业任务。

4）末端执行器是一个独立的机器人部件，是工业机器人机械系统的三大部件之一。

2.1.2 工业机器人末端执行器的分类

由于机器人所能完成的工作非常广泛，末端执行器很难做到标准化，因此在实际应用中，末端执行器一般都是根据实际工况进行定制，主要有以下几种。

1.夹持式末端执行器

夹持式末端执行器通常也称为夹钳式末端或夹钳式取料手，是工业机器人较常用的一种末端执行器形式，在搬运、装配流水线上使用较为广泛。夹持式末端执行器能用手爪的开闭动作实现对物体的夹持。其实物如图2-2所示。

2.吸附式末端执行器

图2-2 夹持式末端执行器

吸附式末端执行器靠吸附力取料，适用于大平面、易碎（玻璃、磁盘）、微小的物体，因此使用面较广。根据吸附力的不同，可分为气吸附式和磁吸附式两种。

（1）气吸附式末端执行器　气吸附式末端执行器是利用轻型塑胶或塑料制成的皮碗吸盘，通过抽空与物体接触平面密封型腔的空气而产生的负压真空吸力，从而抓取和搬运物体。其实物如图2-3所示。

（2）磁吸附式末端执行器　磁吸附式末端执行器是利用磁铁或电磁铁通电后产生的磁力来吸附工件的，适用于金属物件，不会破坏被吸工件表面。其实物如图2-4所示。

图2-3　气吸附式末端执行器

图2-4　磁吸附式末端执行器

3. 专用末端执行器

机器人是一种通用性很强的自动化设备，可根据作业要求完成各种动作，再配上各种专用末端执行器，就能完成各种不同的工作。例如，在通用机器人上安装焊枪就成为一台焊接机器人，安装拧螺母机则成为一台装配机器人。目前有许多由专用电动、气动工具改型而成的操作器，末端执行器有拧螺母机、焊枪、电磨头、电铣头、抛光头、激光切割机等。这些专用末端执行器形成系列供用户选用，可使机器人胜任各种工作。其实物如图2-5所示。

4. 工具快换装置

机器人工具快换装置是一种用于机器人快速更换末端执行器的装置，可以在数秒内快速更换不同的末端执行器，使机器人具有更好的柔性、更高效，被广泛应用于自动化行业的各个领域。工具快换装置在一些重要的应用中能够提供备份工具，有效避免意外事件。相对于人工更换工具需要数小时时间，工具快换装置自动更换备用工具只需数秒。其实物如图2-6所示。

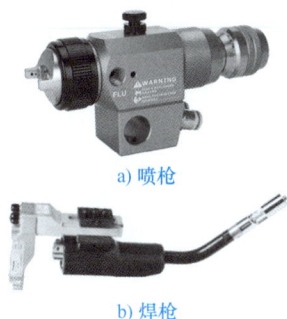

a）喷枪

b）焊枪

图2-5　专用末端执行器

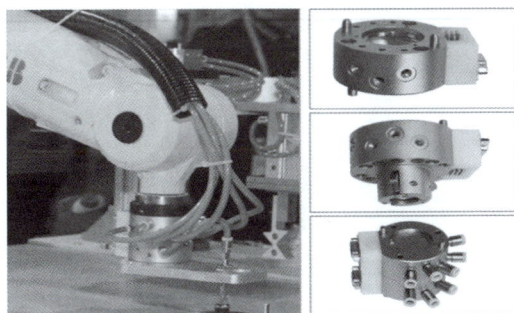

图2-6　工具快换装置

5. 多工位换接装置

某些机器人的作业任务相对较为集中，需要换接一定量的末端执行器，又不必配备数量较多的末端操作器库，这时，可以在机器人手腕上设置一个多工位换接装置（见图 2-7）。多工位换接装置就像数控加工中心的刀库一样，可以有棱锥型和棱柱型两种形式。

（1）棱锥型多工位换接装置　该装置可保证手爪轴线和手腕轴线一致，受力较合理，但其传动机构较为复杂。

（2）棱柱型多工位换接装置　该装置的传动机构较为简单，受力优良，但其手爪轴线和手腕轴线不能保持一致。

6. 仿生机器人末端执行器

目前，大部分工业机器人的末端执行器只有两个手指，而且手指上一般没有关节，无法对复杂形状的物体实施夹持和操作。而仿生机器人末端执行器能像人手一样进行各种复杂的作业，如装配作业。仿生机器人末端执行器有两种，一种称为柔性手，一种称为仿生多指灵巧手。

（1）柔性手　柔性手可对不同外形物体实施抓取，并使物体表面受力比较均匀，每个手指由多个关节串接而成，手指传动部分由牵引钢丝绳及摩擦滚轮组成，一侧为紧握状态，另一侧为放松状态，这样的结构可抓取凹凸外形的物体，且使物体受力均匀，如图 2-8 所示。

（2）仿生多指灵巧手　机器人末端执行器和腕部的仿生形式就是模仿人的多指灵巧手。多指灵巧手有多个手指，每个手指有三个回转关节，每一个关节的自由度都是独立控制的，因此，它几乎能模仿人手指能完成的各种复杂的动作，如拧螺钉、弹钢琴、礼仪手势等动作，如图 2-9 所示。

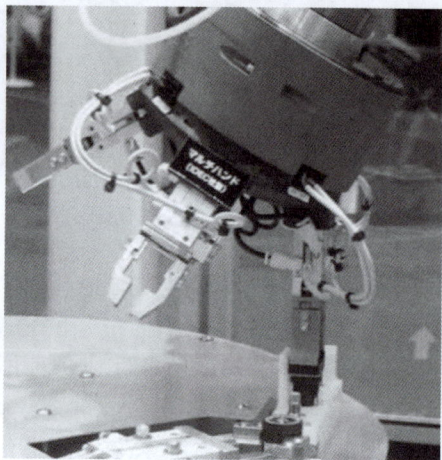
图 2-7　多工位换接装置

图 2-8　柔性手

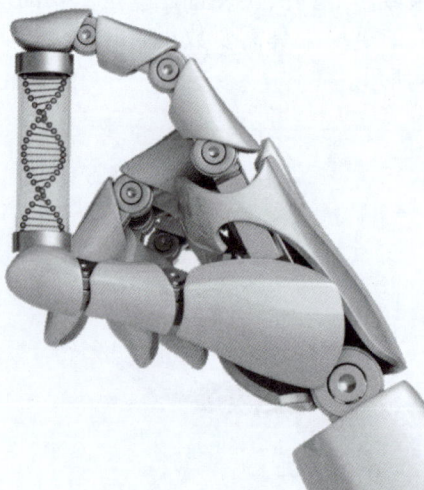
图 2-9　多指灵巧手

2.1.3　夹持式末端执行器

夹持式末端执行器一般由手指（手爪）、驱动装置、传动机构、连接支架组成，如图 2-10 所示。

手指用来直接接触工件，根据形状的不同，常有 V 形指、平面指、尖形指和特形指，如图 2-11 所示。V 形指适用于夹持圆柱形工件，特点是夹紧平稳可靠、夹持误差小，如滚珠 V 形指可快速夹持旋转中的圆柱形工件；平面指一般用于夹持方形工件；尖形指一般用于夹持小型或柔性工件；特形指一般用于夹持形状不规则的工件，如拧瓶盖。根据工件形状、大小及其被夹持部位材料软硬、表面性质等不同，手指可分为光滑指、齿形指、柔性指，指面材料一般可选碳素钢或合金钢。

图 2-10　夹持式末端执行器

1—手指　2—传动机构　3—驱动装置　4—连接支架　5—工件

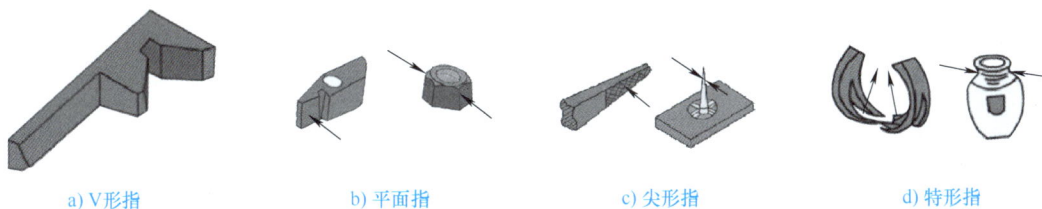

a) V 形指　　　　b) 平面指　　　　c) 尖形指　　　　d) 特形指

图 2-11　常见手指类型

驱动装置是向传动机构提供动力的装置，通常采用气动、液动、电动和电磁来驱动，气动夹具最为常见。图 2-12 所示为气压驱动的夹钳式手爪（气动夹爪，简称气爪）。气缸 1 中的压缩空气推动活塞 2，使连杆 3 摆动，带动手爪 4 平行地快速张合。

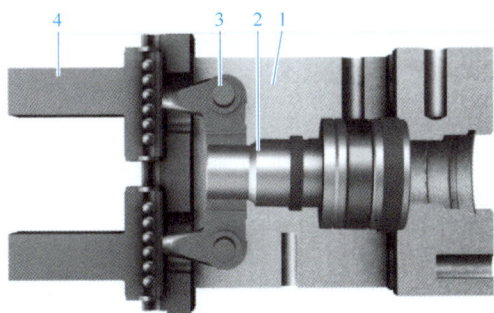

图 2-12　气动夹爪

1—气缸　2—活塞　3—连杆　4—手爪

驱动源通过传动机构驱动手指开合并产生夹紧力。按手指夹持工件时运动方式的不同，传动机构可分为回转型和平移型。回转型传动机构可使手指做回转运动，如图 2-13 所示。平移型传动机构使手指做平面平行移动或直线往复运动，如图 2-14 所示。回转型、平移型传动机构一般由连杆、斜楔、滑槽、齿轮齿条、蜗轮蜗杆等机构组成。

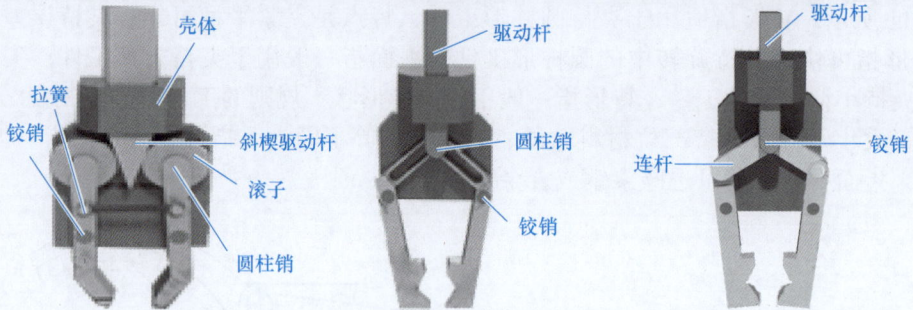

图 2-13   回转型传动机构

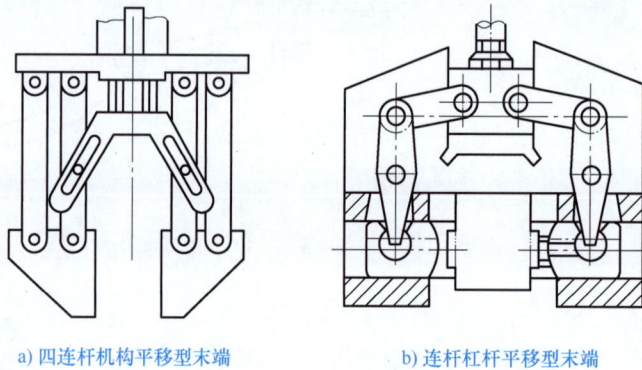

a) 四连杆机构平移型末端   b) 连杆杠杆平移型末端

图 2-14   平移型传动机构

2.1.4   吸附式末端执行器

1. 气吸附式末端执行器

气吸附式末端执行器是工业机器人常见的一种吸持工件的装置。它由吸盘（一个或多个）、吸盘架及进排气系统组成，具有结构简单、质量小、使用方便可靠等优点。气吸附式末端执行器广泛应用于非金属材料（如板材、玻璃、纸张等物体）或不可有剩磁的材料的吸附。

气吸附式末端执行器的另一个特点是对工件表面没有损伤，且对被吸工件预定的位置精度要求不高。但是要求工件与吸盘的接触面光滑平整、清洁，被吸工件材质致密，没有透气空隙。

气吸附式末端执行器是利用吸盘内的压力与大气压之间的压力差而工作的。按形成压力差的方法不同，可分为真空吸盘、气流负压吸盘、挤压排气吸盘和真空发生器。

（1）真空吸盘   如图 2-15 所示，其真空是利用真空泵或真空装置产生的。取料时，碟形橡胶吸盘与物体表面接触，橡胶吸盘边缘既起到密封作用，又起到缓冲作用，然后真空抽气，吸盘内腔形成真空，吸取物料。放料时，管路接通大气，失去真空，物体被放下。

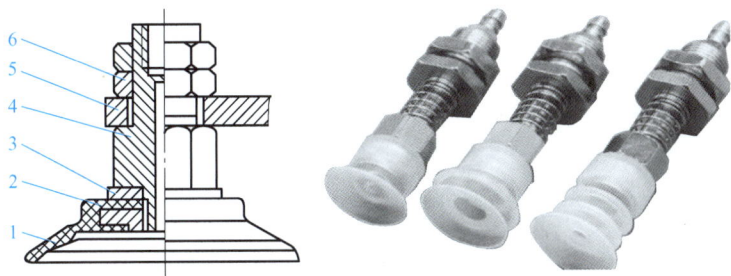

图 2-15　真空吸盘

1—橡胶吸盘　2—固定环　3—垫片　4—支承杆　5—基板　6—螺母

（2）气流负压吸盘　如图 2-16 所示，它是利用流体力学的原理，当需要取物时，压缩空气高速流经喷嘴 5，其出口处的气压低于吸盘腔内的气压，于是腔内的气体被高速气流带走而形成负压，完成取物动作；当需要释放物体时，切断压缩空气即可。

（3）挤压排气吸盘　如图 2-17 所示，取料时，末端执行器先向下，吸盘压向工件，橡胶吸盘发生形变，将吸盘内的空气挤出，吸盘内腔形成负压，将工件牢牢吸住。释放时，用碰撞力或电磁力使吸盘腔与大气连通而失去负压，释放工件。这种吸盘的吸附力和吸附时间均比较有限。

图 2-16　气流负压吸盘

1—橡胶吸盘　2—心套　3—透气螺钉
4—支承杆　5—喷嘴　6—喷嘴套

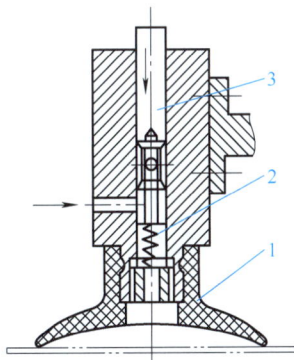

图 2-17　挤压排气吸盘

1—橡胶吸盘　2—弹簧　3—拉杆

（4）真空发生器　真空发生器就是利用正压气源产生负压的一种新型、高效、清洁、经济、小型的真空元器件，这使得在有压缩空气的地方，或在一个气动系统中同时需要正、负压的地方获得负压变得十分容易和方便。真空发生器广泛应用在机械、电子、包装、印刷及机器人等领域。真空发生器和真空吸盘配合，可实现各种物料的吸附、搬运（见图 2-18）。真空发生器的缺点是只能用在所需抽气量小、真空度要求不高且为间歇工作的场合。

2. 磁吸附式末端执行器

磁吸附式末端执行器是利用永久磁铁或电磁铁通电后产生的磁力来吸附工件的，其应用比较广泛，不会破坏被吸件表面质量。这种末端执行器具有较大的单位面积吸力，对工件表面粗糙度及通孔、沟槽等无特殊要求，但是被吸工件存在剩磁，吸附头上常吸附有磁性屑（如铁屑），会影响正常工作，另外，磁吸附式末端执行器对温度也有要求。磁吸附式末端执行器的结构如图 2-19 所示。在线圈通电瞬间，由于空气间隙的存在，磁阻很大，线圈的电感和启动电流很大，这时产生磁吸力将工件吸住，一旦断电，磁吸力消失，工件就被松开。若采用永久磁铁作为吸盘，则必须强迫性取下工件。

图 2-18 真空发生器

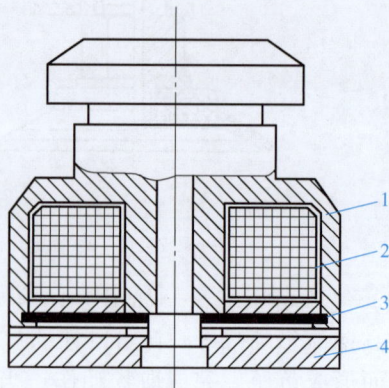

图 2-19 磁吸附式末端执行器

1—外壳体 2—线圈 3—防尘盖 4—电磁吸盘

2.1.5 机器人工具快换装置

机器人工具快换装置也称为换枪盘、自动工具快换装置、机器人连接器、机器人连接头等。它分为主侧和工具侧，主侧安装在一台机器人上，工具侧安装在工具上。图 2-20 所示为带快换接头的焊钳工具。

心灵手巧——
末端执行器 2

a) 主侧   b) 工具侧

图 2-20 带快换接头的焊钳工具

主侧换枪盘及其周边模块安装于机器人第六轴，连接机器人管线包内的信号、能源、流体介质等线路；工具侧换枪盘及其周边模块安装在工具（抓手、焊枪等）上，连接工具所需要的信号、能源、流体介质等线路。

🔧 任务实施

1）气动手指又名气动夹爪、气动夹指或手指气缸，是利用压缩空气作为动力，来夹取或抓取工件的执行装置，被自动化企业广泛使用。工业机器人的气动夹钳式手爪工作原理与其类似。

请仔细观察气动手指的结构（见图 2-21、图 2-22），介绍此气动手指的组成部分及各部分的特点（对应书中夹持式末端执行器），并标出驱动部分、传动机构和手指结构。

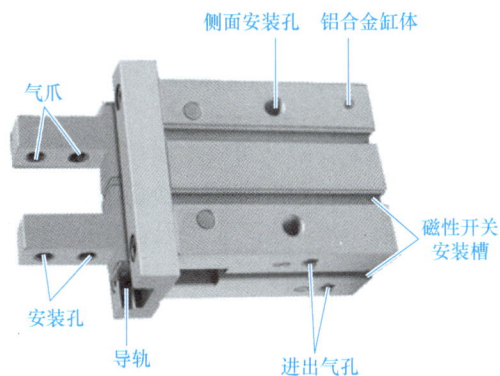

图 2-21　平行气动手指外观

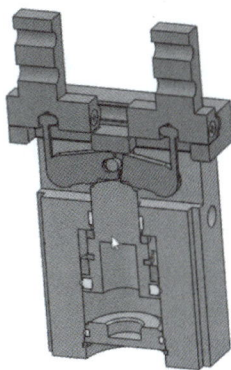

图 2-22　气动手指内部结构

2）图 2-23 展示了机器人气动末端执行器控制原理，结合我们学习的两类末端执行器——夹持式末端执行器和吸附式末端执行器，说说气动手指和真空吸盘的工作过程。

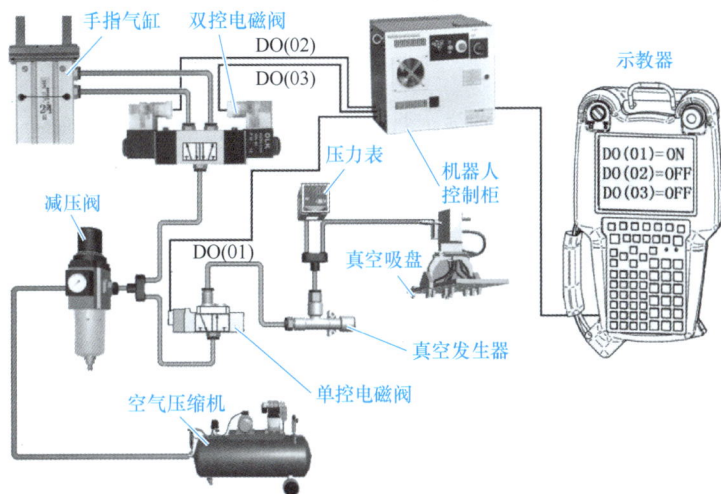

图 2-23　气动末端执行器控制原理图

知识拓展

新型软体末端执行器

北京软体机器人科技股份有限公司推出的 SRT 智能柔性夹持器应用软体气动抓手技术，非常适合在食品、药品和3C电子等领域中抓取形状不规则、易碎或表面光滑的物品。SRT 智能柔性夹持器具有以下特点。

1. 软体气动抓手

SRT 智能柔性夹持器通过气动原理驱动软体材料抓手，能精确控制夹持力度，适应不同物品的尺寸和形状。它比传统刚性抓手更灵活，适用于复杂形状物品的抓取。

2. 灵敏安全

该夹持器内置力控反馈系统，能够在抓取过程中自动调整力度，确保物品不被挤压或损坏，非常适合处理易碎品和对卫生有严格要求的物品，如食品。

3. 模块化设计

可以灵活适配各种机械臂，能够快速更换抓手，便于适应多样化生产任务，提升工厂自动化生产线的灵活性。

SRT智能柔性夹持器在国内某大型食品加工厂的分拣线上得到了成功应用。该工厂需要对形状多样、质地脆弱的水果进行分拣和装箱。传统机械手容易导致水果破损，影响产品质量和成本。使用SRT智能柔性夹持器后，可以轻柔、快速地抓取水果，保证了操作效率的同时降低了破损率。此外，夹持器便于清洗，符合食品安全要求，已成为食品行业自动化的理想解决方案。

🛠 技能训练

1.【单选】光滑指适于夹持哪种工件？（　　　）

A. 表面粗糙的毛坯或半成品　　　　　　B. 脆性工件

C. 薄壁件　　　　　　　　　　　　　　D. 已加工表面工件

2.【单选】齿形指适于夹持哪种工件？（　　　）

A. 表面粗糙的毛坯或半成品　　　　　　B. 脆性工件

C. 薄壁件　　　　　　　　　　　　　　D. 已加工表面工件

3.【多选】柔性指适于夹持哪两种工件？（　　　）

A. 表面粗糙的毛坯或半成品　　　　　　B. 脆性工件

C. 薄壁件　　　　　　　　　　　　　　D. 已加工表面工件

4.【单选】在上下料工作过程中，机器人利用气动夹爪抓取工件；在点焊作业中，焊接机器人通过焊钳进行焊点的定位和焊接；在喷漆过程中，喷涂机器人利用喷枪来喷涂漆料。这些属于（　　　）。

A. 通用末端工具　　　　　　　　　　　B. 专业末端工具

C. 特制末端工具　　　　　　　　　　　D. 普通末端工具

5.【多选】夹持类手爪一般由手指、（　　　）组成。

A. 驱动装置　　　　　　　　　　　　　B. 传动机构

C. 连接支架　　　　　　　　　　　　　D. 夹板

6.【多选】手指的运动形式有（　　　）。

A. 回转型　　　　B. 平移型　　　　C. 转动型　　　　D. 升降型

7.【单选】（　　　）的一个特点是对工件表面没有损伤，且对被吸工件预定的位置精度要求不高；但是要求工件与吸盘的接触面光滑平整、清洁，被吸工件材质致密，没有透气空隙。

A. 气吸式手部　　　　　　　　　　　　B. 夹持式手部

C. 磁吸式手部　　　　　　　　　　　　D. 抓取式手部

8.【单选】（　　　）是利用流体力学的原理，当需要取物时，压缩空气高速流经喷嘴，其出口处的气压低于吸盘腔内的气压，于是腔内的气体被高速气流带走而形成负压，完成取物动作；当需要释放物体时，切断压缩空气即可。

A. 气流负压吸盘　　　　　　　　　　　B. 真空吸盘

C. 挤压排气吸盘　　　　　　　　　　　D. 吸盘

9.【多选】主侧换枪盘及其周边模块，安装于机器人第六轴，连接机器人管线包内的（　　　）。

A. 信号　　　　　　　　　　　　　　　B. 能源

C. 流体介质　　　　　　　　　　　　　D. 定位销

10.【单选】磁吸附式末端执行器不可以吸附（　　　）。

A. 钢板　　　　　　　　　　　　　　　B. 轴承

C. 塑料　　　　　　　　　　　　　　　D. 齿轮

任务 2.2　工业机器人的手腕

📋 任务描述

说到手腕，我们总会想到人的手腕，大家先来想想人的手腕所处的位置及作用，再推想一下机器人的手腕所处的位置及作用。图 2-24 给出了三种常见手腕结构，你能说出它们的作用、运动形式、自由度及特点吗？

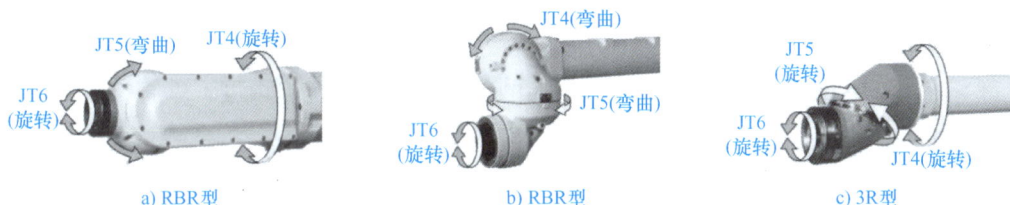

图 2-24　手腕结构

📋 知识储备

2.2.1　工业机器人手腕的定义

工业机器人的手腕是连接手臂和末端执行器的部件（也称腕部），用以调整末端执行器的方位和姿态。因此，它具有独立的自由度，以使机器人手部完成复杂的姿态，通常由两个或三个自由度组成。例如，弧焊机器人进行焊接作业时，需要焊枪保持某种姿态进行焊接，这时便需要调整手腕让焊枪获得合适位姿。图 2-25 所示为一台 KUKA 六自由度机械手臂，手腕一端连接手臂，一端连接末端执行器。

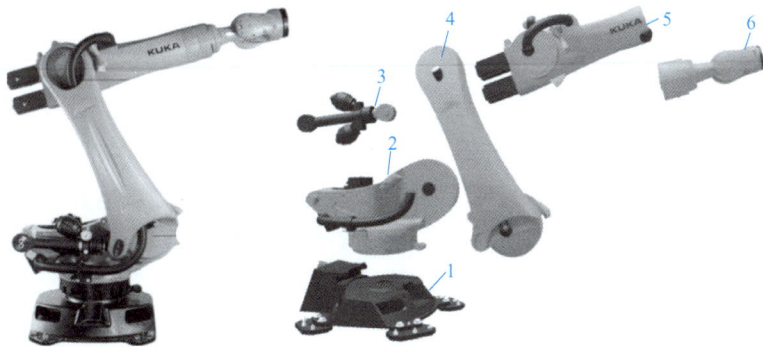

图 2-25　KUKA 六自由度机械手臂

1—底座　2—腰部转盘　3—平衡钢　4—大臂　5—小臂　6—手腕

2.2.2　手腕的运动形式

为了使工业机器人的手部能处于空间任意方向，要求手腕能实现对空间三个坐标轴 x、y、z 方向的转动。如图 2-26 所示，手腕的运动形式有翻转、偏转、俯仰三种。翻转是指腕部绕小臂轴线的转动，又称为腕部旋转；俯仰是指腕部的上下摆动，又称为腕部弯曲；偏转是指机器人腕部水平摆动。

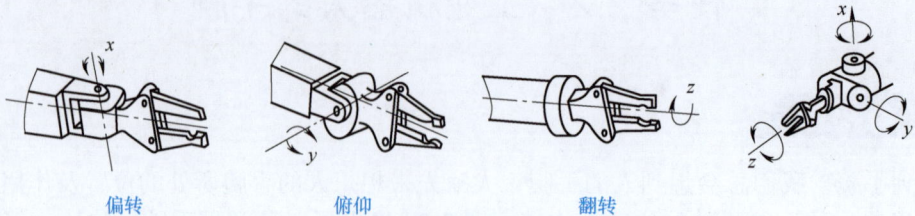

图 2-26　KUKA 机械手臂手腕运动形式

2.2.3　手腕的自由度

手腕根据实际使用的工作要求和机器人的工作性能来确定自由度，手腕按自由度数目可分为单自由度手腕、二自由度手腕和三自由度手腕。

1. 单自由度手腕

如图 2-27 所示，单自由度手腕可分为以下三种。

（1）单一的翻转功能　腕部关节轴线与手臂的纵轴线共线，其回转角度不受结构限制，可以回转 360° 以上，该运动用翻转关节（R 型关节）实现。

（2）单一的俯仰功能　腕部关节轴线与臂部及手部的轴线相互垂直，两者回转角度都受结构限制，通常小于 360°，该运动用弯转关节（B 型关节）实现。

（3）单一的偏转功能　腕部关节轴线与臂部及手部的轴线在另一个方向上相互垂直，转角受结构限制，通常小于 360°，该运动用折曲关节（B 型关节）实现。

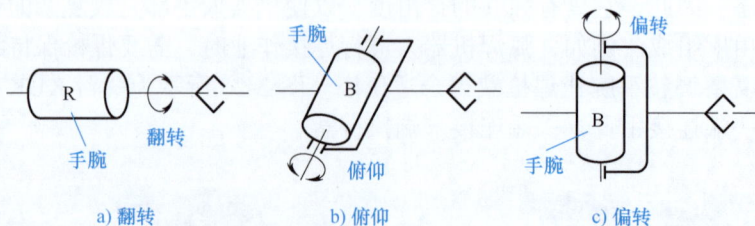

图 2-27　单自由度手腕

2. 二自由度手腕

二自由度手腕可以由一个 R 型关节和一个 B 型关节联合构成 BR 型关节，或由两个 B 型关节构成 BB 型关节，但是不能由两个 R 型关节构成，因为两个 R 型关节的功能重复，实际上只起到单自由度的作用，如图 2-28 所示。

3. 三自由度手腕

三自由度手腕可以由 B 关节和 R 关节组成多种形式，实现翻转、俯仰和偏摆功能。事实证明，三自由度手腕能使手部取得空间任何姿态。此外，B 关节和 R 关节排列的次序不同，也会产生不同的效果，因而也产生了其他形式的三自由度手腕。图 2-29 为常见三自由度手腕。

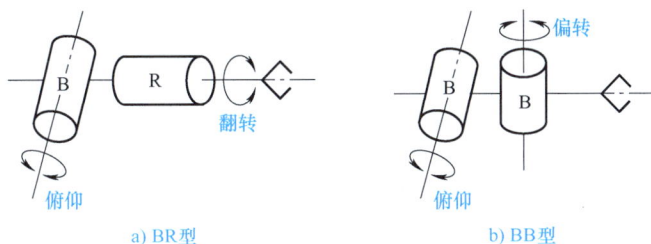

图 2-28　二自由度手腕

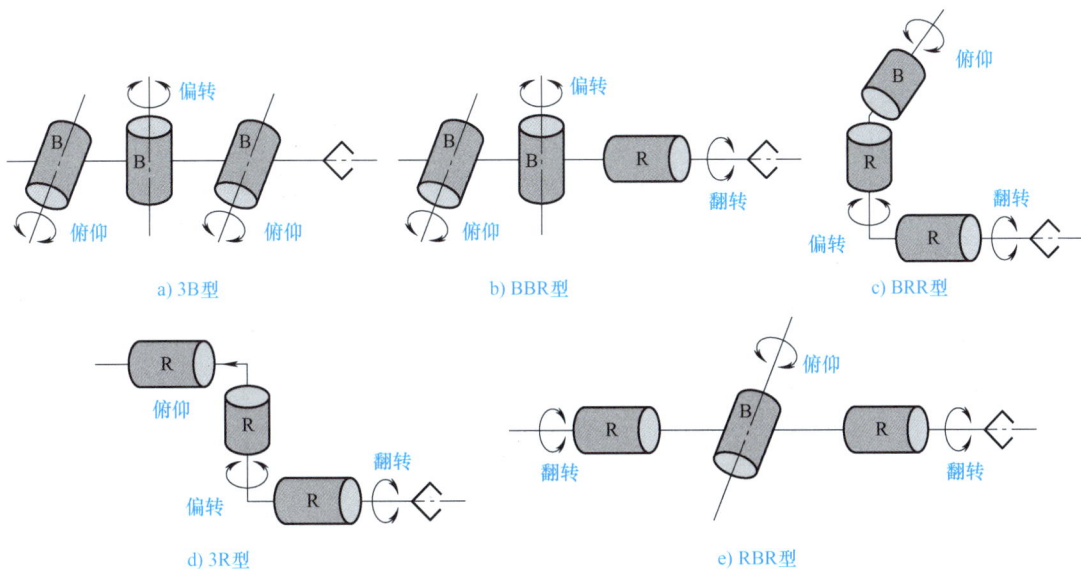

图 2-29　常见三自由度手腕

2.2.4　手腕的驱动方式

手腕的驱动可以分为直接驱动和远距离驱动。直接驱动的驱动源直接安装在腕部，其关键在于能否设计和加工出尺寸小、质量小且驱动扭矩大、性能好的电动机。有时为了确保足够大的驱动力，驱动装置不能太小，同时，为保证腕部的质量，可以采取远距离的驱动方式，这种远距离驱动的好处是可以把尺寸、质量都较大的驱动源放在远离手腕处，有时放在手臂的后端作平衡质量用，这不仅减轻了手腕的整体质量，而且改善了机器人整体结构的平衡性。

任务实施

RBR 型手腕具有三个轴线相交于一点的结构特点，又称为欧拉手腕，运动学的求解简单，是一种主流的机器人手腕结构。3R 手腕的三个关节轴线不相交于一点，与 RBR 手腕相比，其优点是三个关节均可实现 360° 的旋转，旋转、灵活性和工作空间都得以提升。由于其手腕灵活性强，特别适合复杂曲面及狭小空间内的喷涂作业，能够高效、高质量地完成涂装任务。请判断图 2-30 中哪种是 RBR 型手腕？哪种是 3R 型手腕？

图 2-30　手腕结构

知识拓展

一种柔顺手腕

工业机器人的柔顺手腕（compliant wrist）是指一种可以在外力作用下产生柔顺位移的机器人手腕装置。柔顺手腕的主要功能是增加机器人与环境的适应性，使其在完成操作任务时具有更高的灵活性和安全性，特别适用于存在不确定性或柔性接触的作业环境。

柔顺手腕的控制多依赖于控制算法，如力–位置混合控制、阻抗控制等，使机器人能在感知外力变化的同时进行动态调整，从而实现柔顺操作。这通常需要结合传感器和反馈系统，使机器人能够实时调节姿态和力度。

柔顺手腕通常使用弹性元件（如弹簧或柔性材料）或特定的机构设计来实现位移和力的柔顺特性。该结构使机器人在遇到外力时能产生一定的位移来吸收冲击，避免了刚性接触带来的机械损伤，并保持稳定的接触力。

如图 2-31 所示，在装配作业中，如遇夹具定位不准或机器人手爪定位不准，受到阻力作用时，柔顺手腕可使手爪有一个微小的修正量，从而自行校正。

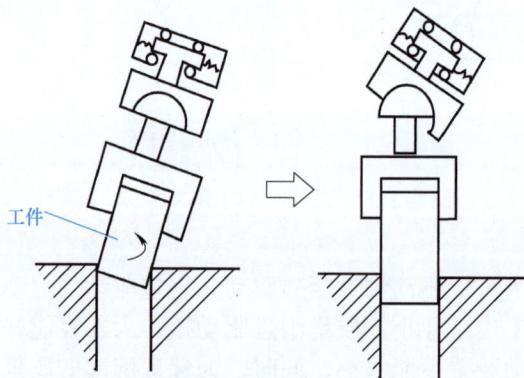

图 2-31　柔顺手腕

技能训练

1.【单选】（　　）是连接手臂和手部末端执行器的部件，起支撑末端执行器和改变末端执行器姿态的作用。

A. 腰部　　　　　　B. 臂部　　　　　　C. 手腕　　　　　　D. 基座

2.【单选】在三自由度的手腕结构中，哪一种应用最为广泛？（　　）

A. 3R　　　　　　B. RBR　　　　　　C. BBR　　　　　　D. RRB

3.【单选】单自由度手腕可以进行单一方向的移动或旋转，假设其腕部关节轴线和臂部的纵轴线共线，称之为（　　　）。

A. R 型手腕　　　　B. B 型手腕　　　　C. T 型手腕　　　　D. P 型手腕

4.【单选】手腕的驱动方式有（　　　）和远距离驱动。

A. 直接驱动　　　　B. 间接驱动　　　　C. 远程驱动　　　　D. 内部驱动

5.【单选】折曲手腕可以使用字母（　　　）表示。

A. R　　　　B. B　　　　C. P　　　　D. Y

6.【单选】手腕自由度一般为（　　　）个自由度。

A. 1～3 个　　　　B. 1～5 个　　　　C. 1～7 个　　　　D. 1～6 个

7.【单选】BR 型手腕的自由度是（　　　）。

A. 2 个　　　　B. 1 个　　　　C. 3 个　　　　D. 4 个

8.【单选】3R 型手腕的自由度是（　　　）。

A. 2 个　　　　B. 1 个　　　　C. 3 个　　　　D. 4 个

9.【多选】手腕的运动形式有（　　　）。

A. 翻转　　　　B. 偏转　　　　C. 俯仰　　　　D. 后摆

10.【单选】柔顺手腕可以由（　　　）实现。

A. 控制算法　　　　B. 机械结构　　　　C. 两者均可　　　　D. 两者均不可

11.【单选】3R 型手腕常用在（　　　）场合。

A. 搬运　　　　B. 喷涂　　　　C. 装配　　　　D. 焊接

任务 2.3　工业机器人的手臂、腰部、机座

任务描述

大部分工业机器人为关节型机器人。关节型机器人的机械臂是由关节连在一起的许多机械连杆的集合体。其本质是一个拟人手臂的空间开链式机构，一端固定在机座上，另一端可自由运动。关节通常是移动关节和旋转关节，移动关节允许连杆做直线移动，旋转关节仅允许连杆之间发生旋转运动。如图 2-32 所示，你能够找到其手臂、腰部、机座所在位置吗？其结构有什么特点？在工作中起什么作用呢？工作原理是什么呢？

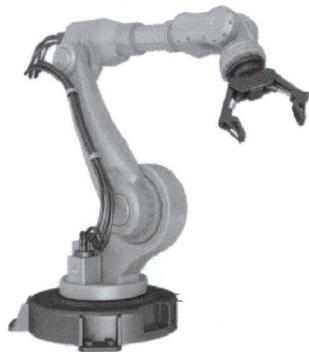

知识储备

图 2-32　六轴工业机器人

2.3.1　工业机器人的手臂

机器人的手臂部件（简称臂部）是机器人的主要执行部件，它的作用是支撑腕部和末端执行器，并带动腕部和手部进行运动，让机器人的手部或末端执行器可以达到任务要求达到的位置。手臂常见的驱动方式有液压驱动、气压驱动和电力驱动。其中，电力驱动方式最为通用。机器人手臂一般具有三个自由度，分别为手臂的升降、手臂的径向运动和手臂的回转。

1. 手臂的特点

手臂的质量较大、结构类型多、受力复杂，运动时，直接承受手腕、末端执行器和工件的动、静载荷，特别是高速运动时，将产生较大的惯性力，有可能引起冲击，影响末端执行器定位的准确性。因此，臂部设计往往要求刚度高、质量小、运动平稳、定位精度高。

为提高手臂的刚度，手臂臂杆通常采用刚度较高的横截面设计，如空心管结构、工字钢、槽钢结构、平行四边形的连杆机构等。为减轻质量，制造材料的选择也极为重要，一般选用合金钢、经过热处理的优质钢、轻型合金，如镁铝合金等材料。碳和玻璃纤维合成物、热塑性塑料也常用在轻负载的机器人上。

2. 手臂的组成

常见关节型工业机器人的手臂主要包括肩关节、大臂、小臂、肘关节（两关节两臂杆），以及与其伸缩、屈伸或自转等运动有关的传动装置、导向定位装置、支承连接和位置检测元件、配管配线等，如图 2-33 所示。

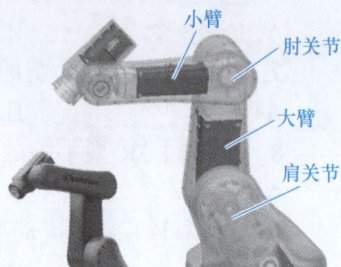

图 2-33　手臂

3. 手臂的类型

机器人手臂按照结构可分为单臂、双臂和悬臂，如图 2-34 所示。

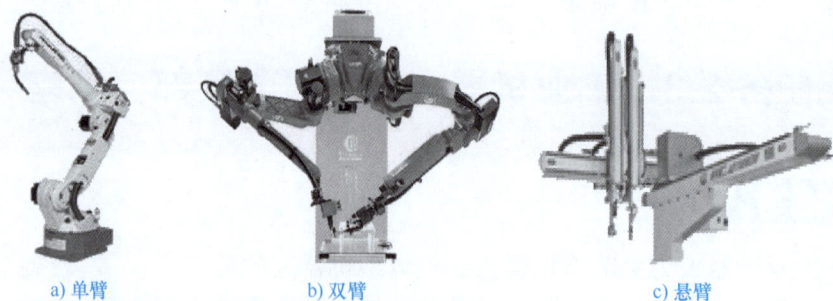

a) 单臂　　　　　　　b) 双臂　　　　　　　c) 悬臂

图 2-34　手臂类型

按照机器人手臂的运动方式可分为直线运动型臂部结构、回转运动型臂部结构和复合运动型臂部结构。

（1）直线运动型臂部结构　机器人手臂的伸缩、升降及横向（或纵向）移动均属于直线运动，而实现手臂往复直线运动的机构形式较多，常用的有活塞液压（气）缸、活塞缸和齿轮齿条机构、丝杠螺母机构及活塞缸和连杆机构等。双导向杆手臂的伸缩结构如图 2-35 所示。

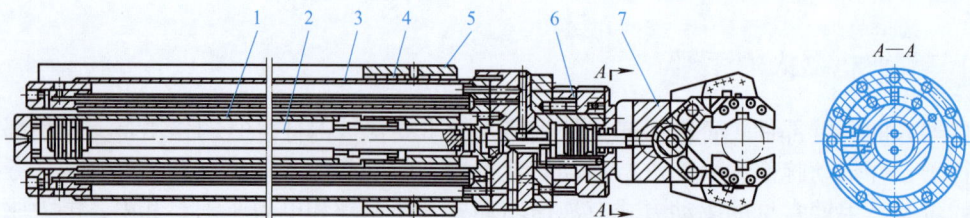

图 2-35　直线运动型臂部结构——双导向杆手臂的伸缩结构

1—双作用液压缸　2—活塞杆　3—导向杆　4—导向套　5—支承座　6—手腕回转缸　7—手部

（2）回转运动型臂部结构　实现机器人手臂回转运动的机构形式是多种多样的，常用的有叶片式回转缸、齿轮传动机构、链轮传动机构、连杆机构等。回转运动型手臂结构如图 2-36 所示。

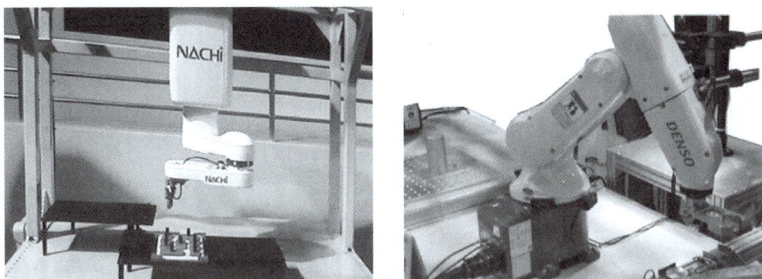

图 2-36　回转运动型手臂结构

（3）复合运动型臂部结构　手臂复合运动机构多用于动作程序固定不变的专用机器人，它不仅可使机器人的传动结构简单，而且可简化驱动系统和控制系统，并使机器人传动准确、工作可靠，因而在生产中应用得比较多。除手臂实现复合运动外，手腕和手臂的运动也能组成复合运动。

2.3.2　工业机器人的腰部

腰部是支撑手臂的部件，其作用是带动臂部做回转运动，与臂部运动结合，把腕部传递到所需到达的工作位置。腰部的机械强度大、动作范围大（可达 ±170°）、最大速度低（相对腕关节）、功率大。腰部主要由交流伺服电动机、减速器、结构件等组成，如图 2-37 所示。

2.3.3　工业机器人的机座

工业机器人必须安装在机座上。工业机器人机座有固定式和移动式两种。固定式机器人的机座直接接地安装，也可以固定在机身上。机座往往与机身做成一体，机身与臂部相连，机身支承臂部，臂部又支承腕部和手部。

1. 固定式机座

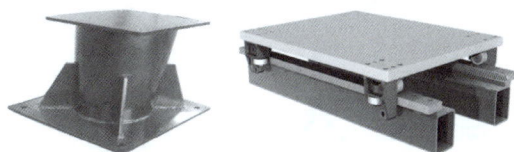

如图 2-38 所示，固定式机座结构比较简单。固定机器人的安装方法分为直接地面安装、台架安装和底板安装三种形式。

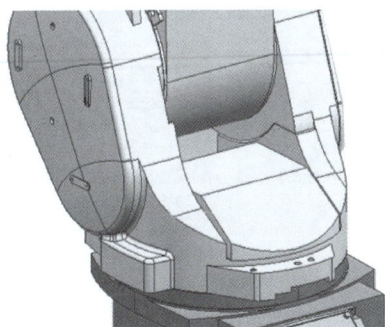

图 2-37　腰部　　　　　　　　　图 2-38　固定式机座

1）机器人机座直接安装在地面上时，是将底板埋入混凝土中或用地脚螺栓固定。底板要求尽可能稳固，以承受机器人手臂的反作用力。底板与机器人机座用高强度螺栓联接。

2）机器人台架安装在地面上时，与机器人机座直接安装在地面上的要领基本相同。机器人机座与台架用高强度螺栓固定联接，台架与底板用高强度螺栓固定联接。

3）机器人机座用底板安装在地面上时，用螺栓将底板安装在混凝土地面或钢板上。机器人机座与底板用高强度螺栓固定联接。

2. 移动式机座

移动式机座充当了机器人的行走机构，它是机器人的重要执行部件，由驱动装置、传动机构、位置检测元件、传感器、电缆及管路等组成。它一方面支承机器人的机身、臂部和手部；另一方面带动机器人按照工作任务的要求进行运动。机器人的行走机构按运动轨迹分为固定轨迹式行走机构和无固定轨迹式行走机构。

（1）固定轨迹式行走机构　固定轨迹式工业机器人的机座安装在一个可移动的拖板座上，靠丝杠螺母驱动，整个机器人沿丝杠纵向移动，如图 2-39 所示。这类机器人除了采用这种直线驱动方式外，有时也采用类似起重机梁行走方式。这种可移动机器人主要用在作业区域大的场合，如大型设备装配，立体化仓库中的材料搬运、材料堆垛和储运，大面积喷涂等。

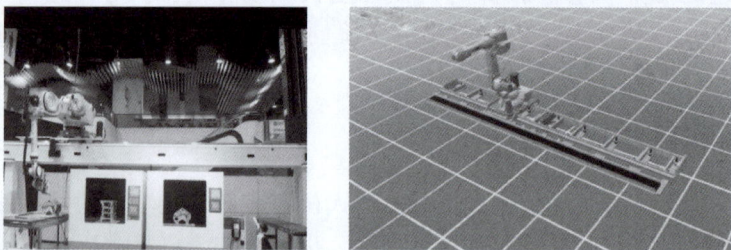

图 2-39　固定轨迹式行走机构

（2）无固定轨迹式行走机构　一般而言，无固定轨迹式行走机构主要有车轮式行走机构、履带式行走机构、足式行走机构等，此类移动式机构在智能型机器人中较为常见，如图 2-40 所示。

图 2-40　无固定轨迹式行走机构

🤖 任务实施

图 2-41a 所示为一 6 自由度垂直多关节型工业机械臂，请标出其机座、腰部、手臂、手腕的位置，并说一说该机器人的机座、腰部、手臂、手腕的结构特点。图 2-41b 是一台

4 自由度的水平多关节型工业机械臂，其手臂、手腕结构有何不同？图 2-41c 是一台 14 自由度的双臂机器人，其手臂有什么特点？

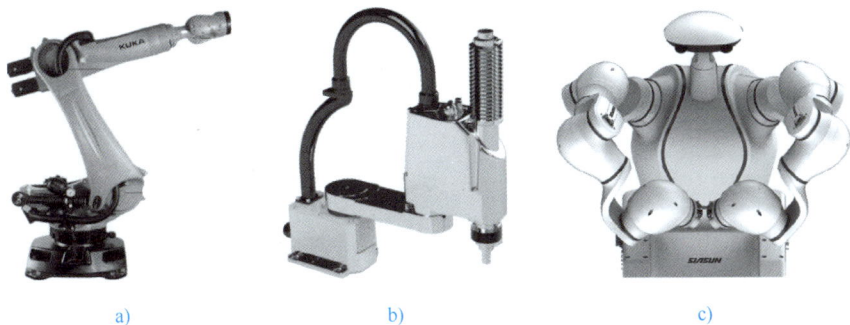

a)   b)   c)

图 2-41   机械臂

知识拓展

获得红点奖的机械手臂产品

红点奖（Red Dot）是世界三大设计奖之一，在全球设计领域拥有极高的知名度和影响力。下面介绍几款获得红点奖的机械臂产品。

KUKA KR FORTEC-2 ultra 是世界上第一款采用双连杆臂的系列化生产机器人（见图 2-42），可以在高达 800kg 的负载下高速移动并精准定位，其载重比大，在长期运行中显示出很高的抗弯强度和抗扭刚度。

塔斯克机器人的 E 系列托盘机器人 E10DB/E10DC（见图 2-43）结合了机器人和无人叉车的功能，可以在没有额外载体的情况下直接运输托盘。它可以执行高难度的动作，如原地转弯或任何角度的移动，还可以应用于狭窄的通道，载重量高达 1.2t。它还可以通过添加载具（如机械臂）来适应各种应用场景。

图 2-42   KUKA KR FORTEC-2 ultra

图 2-43   E10DB/E10DC

Delta 机器人（见图 2-44）专为快速、高效的货物分拣和高效包装而设计，特别是零售现成包装，产品可以垂直放置。该机器人有 4 个或 5 个轴，可使二次包装更省时，从而节省成本。结合制造商的机器人软件，它还可以实现批量分拣的屏幕控制。其白色配色方案和纤细的结构传达了速度和高精度的理念。

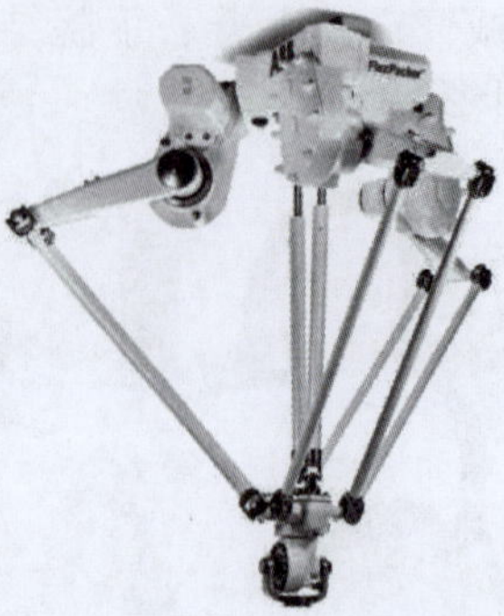

图 2-44　Delta 机器人

技能训练

1.【单选】手臂用来支撑腕部和末端执行器，将机器人的腕部送达到指定位置的部分，（　　　）。

A. 手臂通常由大臂和小臂（或多臂）组成，包括两个臂杆（大臂和小臂）和两个关节（肩关节和肘关节）

B. 手臂通常由大臂和小臂（或多臂）组成

C. 手臂通常由大臂和小臂（或多臂）组成，包括两个臂杆（大臂和小臂）和一个肩关节

D. 手臂通常由大臂和小臂（或多臂）组成，包括两个臂杆（大臂和小臂）和一个肘关节

2.【单选】（　　　）结构比较简单，通常设计为立柱式、机座式和屈伸式，固定方法一般使用直接地面安装、台架安装和底板安装三种。

A. 固定式机座　　　　　　　　　　B. 移动式机座

C. 固定轨迹式机座　　　　　　　　D. 非固定轨迹式基座

3.【单选】工业机器人的（　　　）是连接臂部和机座的部件，腰部通常是回转部件，要实现腕部的空间运动，就离不开腰部的回转和手臂的运动。

A. 腰部　　　　　　　　　　　　　B. 臂部

C. 腕部　　　　　　　　　　　　　D. 手部

4.【单选】手臂要求刚度高。为了防止手臂在运动过程中产生过大的形变，手臂的断面形状要合理选择，常选择（　　　）。

A. 工字形断面、空心管结构　　　　B. 实心轴

C. 四边形截面　　　　　　　　　　D. 正方形截面

5.【多选】手臂的材料要轻，特殊实用材料和几何学都被用于减少手臂的质量，如（　　　）。

A. 铸铁　　　　　　　　　　　　　B. 合金钢

C. 镁铝合金、碳和玻璃纤维　　　　D. 铜

6.【单选】（　　　）机械强度大、动作范围大、最大速度低（相对腕关节）、功率大。

A. 腰部　　　　　　　　　　　　　B. 臂部

C. 腕部　　　　　　　　　　　　　D. 手部

7.【多选】工业机器人手臂常见的驱动方式有（　　　）。

A. 液压驱动　　　　　　　　　　B. 气压驱动

C. 电力驱动　　　　　　　　　　D. 流体驱动

8.【多选】工业机器人手臂一般具有三个自由度，分别为（　　　）。

A. 手臂的升降　　　　　　　　　B. 手臂的径向运动

C. 手臂的回转　　　　　　　　　D. 手臂的平移

9.【单选】（　　　）的设计往往要求刚度高、质量轻、运动平稳、定位精度高。

A. 腰部　　　　　　　B. 臂部　　　　　　C. 腕部　　　　　　D. 手部

10.【多选】非固定轨迹式机器人有（　　　）等形式。

A. 车轮式机器人　　　　　　　　B. 履带式机器人

C. 足式机器人　　　　　　　　　D. 滑轨机器人

任务 2.4　工业机器人的传动机构

任务描述

工业机器人的驱动源通过传动部件来驱动关节的移动或转动，从而实现机身、手臂和手腕的运动，因此，传动部件是构成工业机器人的重要部件。精密减速器是工业机器人的核心传动部件，关节就是由它构成的，每个关节都要用到不同的减速器产品。据调查统计，一台通用工业机器人的制造成本中，减速器约占 36%，伺服电动机约占 24%，控制器约占 12%，本体约占 22%，其他约占 6%。减速器到底是有着怎样神秘的面貌呢？它的工作原理又是怎样的？

知识储备

2.4.1　工业机器人的减速器

在工业机器人中，减速器是连接机器人动力源和执行机构的中间装置，是保证工业机器人到达目标位置精确度的核心部件。合理选用减速器，可精确地将机器人动力源转速降到工业机器人各部位所需要的速度。与通用减速器相比，应用于机器人关节处的减速器应当具有传动链短、体积小、功率大、质量小和易于控制等特点。

走进机器人的小心脏——精密减速器

目前应用于工业机器人上的减速器产品主要有三类，分别是谐波减速器、RV 减速器和摆线针轮减速器。其中，关节机器人主要采用谐波减速器和 RV 减速器。在关节型机器人中，由于 RV 减速器具有更高的刚度和回转精度，一般将其放置在机座、大臂、肩部等重负载的位置，而将谐波减速器放置在小臂、腕部或手部等轻负载的位置。

1. 谐波减速器

谐波减速器（见图 2-45）广泛用于航空航天、工业机器人、机床微量进给、通信设备、纺织机械、化纤机械、造纸机械、差动机构、印刷机械、食品机械和医疗器械等领域。

（1）结构组成　谐波减速器是利用行星齿轮传动原理发展起来的一种新型减速

器，是依靠柔性零件产生弹性机械波来传递动力和运动的一种行星齿轮传动。它由固定的内齿刚轮、柔轮和使柔轮发生径向变形的波发生器三个基本构件组成，如图 2-46 所示。

图 2-45　谐波减速器

图 2-46　谐波减速器结构

1）波发生器。波发生器与输入轴相连，对柔轮齿圈的变形起主导作用。它由一个椭圆形凸轮和一个薄壁柔性轴承组成。柔性轴承不同于普通轴承，它的外环很薄，容易产生径向变形，在未装入凸轮之前，外环是圆形的，装上之后，外环为椭圆形。

2）柔轮。柔轮有薄壁杯形、薄壁圆筒形或平嵌式等多种。薄壁圆筒形柔轮的开口端外侧有齿圈，它随波发生器的转动而变形，筒底部分与输出轴连接。

3）刚轮。它是一个刚性的内齿轮。双波谐波传动的刚轮通常比柔轮多 2 齿。谐波齿轮减速器多由刚轮固定，外部与箱体连接。

（2）工作原理　当波发生器装入柔轮后，迫使柔轮的剖面由原先的圆形变成椭圆形，当波发生器沿某一方向连续转动时，柔轮的变形不断改变，使柔轮与刚轮的啮合状态也不断改变，啮入—啮合—啮出—脱开—再啮入……，周而复始地进行，柔轮的外齿数少于刚轮的内齿数，从而实现柔轮相对刚轮沿波发生器相反方向的缓慢旋转。谐波减速器传动原理图如图 2-47 所示。

（3）传动比及传动特点　双波传动（刚轮与柔轮的齿数差为 2）的柔轮应力较小，结构比较简单，易于获得大的传动比，目前应用十分广泛。工作时，固定钢轮，由电动机带动波发生器转动，柔轮作为从动轮带动负载运动。当刚轮固定、波发生器主动、柔轮从动时，谐波齿轮的传动比 $i=-z_1/(z_2-z_1)$，其中 z_1、z_2 分别为柔轮、刚轮的齿数，$z_2-z_1=2$。

谐波减速器结构简单、体积小、质量小、传动比范围大。单级传动比可达到 50～300，优选 75～250 之间的数值。因同时啮合的齿数较多，其传动精度高、承载能力大、运动平稳无冲击、噪声小、传动效率高，可实现高增速运动。

2. RV 减速器

RV 减速器的传动装置采用的是一种新型二级封闭行星轮系，是在摆线针轮传动基础上发展起来的一种新型传动装置。它不仅克服了一般摆线针轮传动的缺点，而且因为具有体积小、质量小、传动比范围大、寿命长、精度保持稳定、效率高、传动平稳等一系列优点，日益受到国内外的广泛关注，在机器人领域占有主导地位。RV 减速器与机器人中常用的谐波减速器相比，具有较高的疲劳强度、刚度和寿命，而且回差精度稳定，不像谐波减速器那样随着使用时间增长，运动精度显著降低，因此世界上许多高精度机器人传动装置多采用 RV 减速器（见图 2-48）。

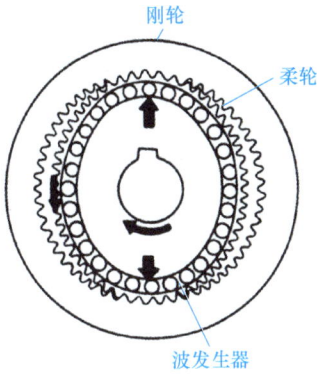

图 2-47   谐波减速器传动原理图

图 2-48   RV 减速器

（1）结构组成   图 2-49 所示为 RV 减速器结构示意图，主要由太阳轮（渐开线中心轮 / 输入花键）、行星轮、曲柄轴、摆线轮（RV 齿轮）、针轮、刚性盘和输出盘等零部件组成。

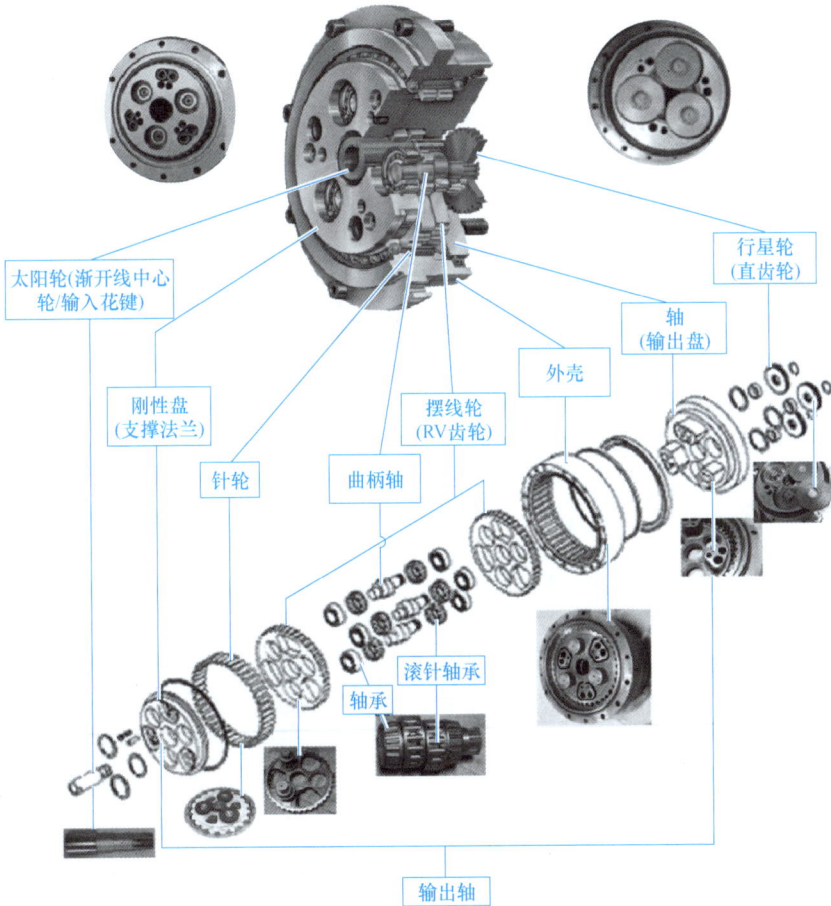

图 2-49   RV 减速器结构示意图

1）太阳轮（输入花键）：用来传递输入动力，且与行星轮互相啮合。

2）行星轮：起功率分流的作用，把功率分流传递给摆线轮行星机构。

3）曲柄轴：既可以带动摆线轮产生公转，也可以使摆线轮产生自转。

4）摆线轮：在传动机构中实现径向力的平衡，一般要安装两个完全相同的摆线轮。

5）针轮：针轮上安装有多个针齿，与壳体固连在一起，统称为针轮壳体。

6）刚性盘：刚性盘是动力传动机构，曲柄轴的输出端通过轴承安装在刚性盘上。

7）输出盘：与刚性盘相互连接成为一体，输出运动或动力。

（2）工作原理　如图 2-50 所示，RV 传动装置是由第一级渐开线圆柱齿轮行星减速机构和第二级摆线针轮行星减速机构两部分组成，伺服电动机的旋转经由输入花键的齿轮传动到行星轮，从而使速度减慢。如果输入花键的齿轮沿顺时针方向旋转，那么行星齿轮在公转的同时还有逆时针的自转，与行星轮相连接的曲柄轴也以相同的速度旋转，作为摆线针轮传动部分的输入，即第一级减速。

由于两个 RV 齿轮被固定在曲柄轴的偏心部位，所以当曲柄轴旋转时，会带动两个相距 180° 的 RV 齿轮做偏心运动。此时，RV 齿轮绕其轴线公转，由于还受到固定于针齿壳上针齿的反作用力，会形成反向自转，即顺时针转动，RV 齿会和所有针齿啮合，当曲柄轴旋转一周时，RV 齿轮会旋转一个针齿的间距。

运动的输出通过两个曲柄轴使 RV 齿轮与刚性盘构成平行四边形的等角速度输出机构，将摆线针轮的转动等速传递给刚性盘及输出盘，这样就完成了第二级减速。总的减速比等于第一级减速比乘以第二级减速比。

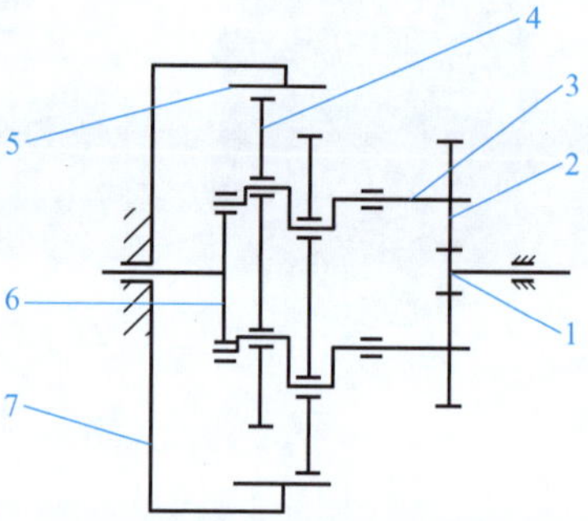

图 2-50　RV 减速器传动原理图

1—渐开线中心轮　2—渐开线行星轮　3—曲柄轴　4—摆线轮
5—针轮　6—输出盘　7—针轮壳体（机架）

（3）传动比及传动特点　RV 减速器具有两级变速：一是太阳轮和行星轮之间的变速即一级变速，称为正齿轮变速；二是有 RV 齿轮摆动产生的缓慢旋转变速即二级变速，称为差动齿轮变速。

1）正齿轮变速。正齿轮变速是由行星轮和太阳轮实现的齿轮变速。假设太阳轮齿数为 z_1，行星轮齿数为 z_2，则传动比为 z_1/z_2，转速相反。

2）差动齿轮变速。当行星轮带动曲轴旋转时，曲轴上的偏心段将带领 RV 齿轮转动，此时的 RV 齿轮 – 针轮类似于谐波减速器，针轮比 RV 齿轮的齿数多 1（$z_4-z_3=1$），当偏心轴带动 RV 齿轮顺时针旋转 360° 时，RV 齿轮的基准将偏移（相对针轮）一个齿，因此针轮输出 /RV 齿轮输入的减速比为 $1/z_4$。

二级传动共计传动比 $i=(z_1/z_2)(1/z_4)$。

RV 减速器传动比范围大，传动效率高，扭转刚度高，远大于一般摆线针轮减速器的输出机构，在额定转矩下弹性回差误差小，传递同等转矩与功率时 RV 减速器较其他减速器体积小。

2.4.2 工业机器人其他传动机构

除减速器之外，机器人还采用轴承传动、丝杠传动、齿轮传动、链条（带）传动、绳传动等，如图 2-51 所示。

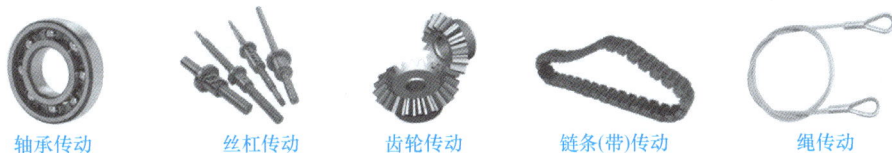

| 轴承传动 | 丝杠传动 | 齿轮传动 | 链条(带)传动 | 绳传动 |

图 2-51 机器人常见传动机构

1. 轴承传动

轴承是支承元件，其主要功能是支承机械旋转体，用以降低设备在传动过程中的机械载荷摩擦系数。轴承是工业机器人的关键配套件之一，最适用于工业机器人的关节部位和旋转部位。交叉滚子轴承和等截面薄壁轴承是工业机器人中应用较为主要的两大类。

工业机器人所使用的轴承可承受轴向、径向、倾覆等方向的综合载荷，通常是薄壁型，具有高回转定位精度。图 2-52 所示为交叉滚子轴承，其内部采用圆柱滚子或圆锥滚子呈 90° 相互垂直交叉排列，滚子之间装有间隔保持器或隔离块。这种设计使其可承受径向、轴向及力矩等多方向的负荷。其内外圈尺寸被小型化，具有高刚度，且精度可达到 P5、P4、P2 级，因此适合于工业机器人的关节部位和旋转部位。

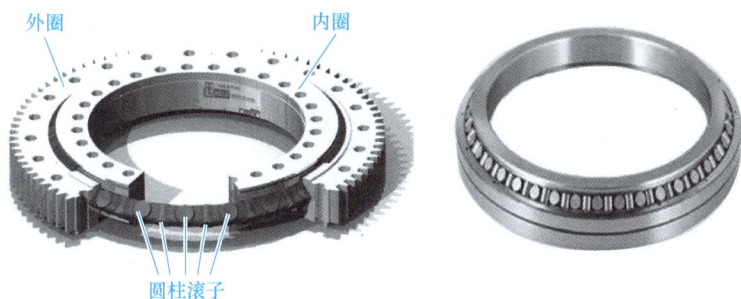

图 2-52 交叉滚子轴承

等截面薄壁轴承又称为薄壁套圈轴承，如图 2-53 所示。它质量小、惯性小、运动平稳、摩擦力小，具有较高的转动精度。等截面薄壁轴承可以是深沟球轴承、四点接触轴承、角接触球轴承及横截面相同的薄壁轴承，其横截面大多为正方形。这些轴承即使具有更大的轴直径和轴承孔，其横截面也保持不变，因此称为等截面薄壁轴承。小外径钢球得到了低摩擦扭矩、高刚度、良好的回转精度，中空轴确保了轻量化和配线的空间，极薄型的轴承断面实现了产品的小型化、轻量化。

2. 丝杠传动

丝杠传动有滑动式、滚珠式和静压式等。机器人传动用的丝杠具备结构紧凑、间隙小和传动效率高的特点。工业机器人常采用滚珠丝杠，其

图 2-53 等截面薄壁轴承

传动效率、传动精度和定位精度均很高，传动时灵敏度和平稳性也很好，磨损小，使用寿命比较长，但是成本较高。图 2-54 所示为滚珠丝杠的基本组成。

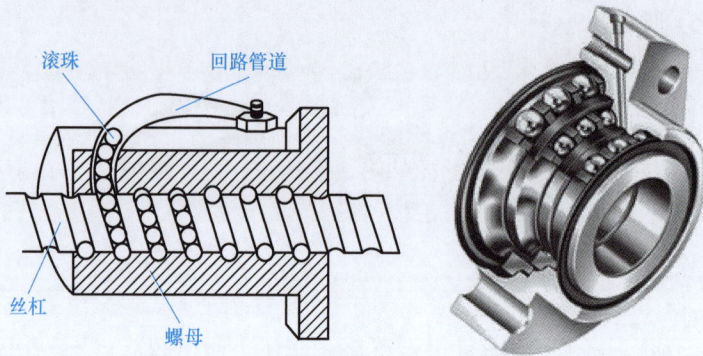

图 2-54　滚珠丝杠的基本组成

3. 行星齿轮传动

图 2-55 所示为行星齿轮传动结构简图。行星齿轮传动尺寸小、惯量低，一级传动比大、结构紧凑，载荷分布在若干个行星齿轮上，内齿轮也具有较高的承载能力。

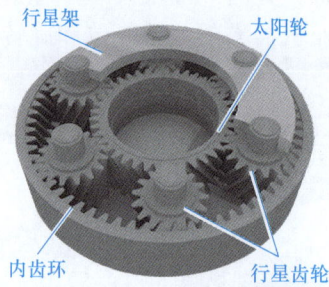

图 2-55　行星齿轮传动结构

4. 同步带传动

在工业机器人中，同步带传动主要用来传递平行轴间的运动。同步传送带和带轮的接触面都制成相应的齿形，靠啮合传递功率，其传动原理如图 2-56 所示，齿的节距用包络带轮时的圆节距 t 表示。同步带传动比较准确且平稳，速比范围大，初始拉力小，轴与轴承不易过载。

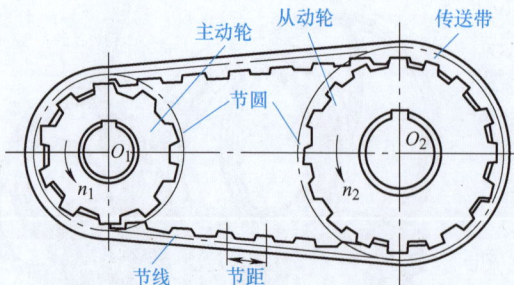

图 2-56　同步带的传动原理

5. 缆绳传动

缆绳传动是靠紧绕在槽轮上的绳索与槽轮间的摩擦力来传递动力与运动的。传动常用的绳索有棉绳索、麻绳索、涤纶绳索和钢丝绳索等，如图 2-57 所示。

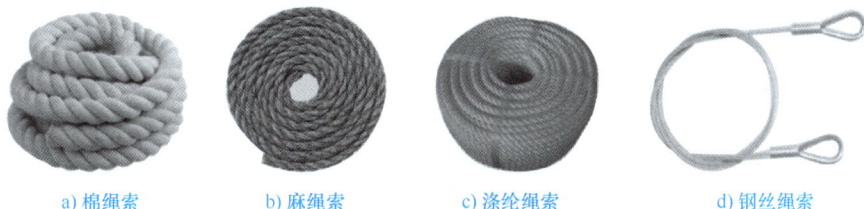

a) 棉绳索   b) 麻绳索   c) 涤纶绳索   d) 钢丝绳索

图 2-57 缆绳传动

任务实施

1. 谐波减速器、RV 减速器是工业机器人常用的两类主要减速器，它们也常用于医疗设备、国防、航空航天等领域。精密减速器是机器人的核心部件之一，其生产难度较高。请在表 2-1 中列出谐波减速器、RV 减速器的组成部分，并描述其工作原理及主要特点。

表 2-1 减速器的结构原理

项目	谐波减速器	RV 减速器
组成部分		
工作原理		
特点		

2. 请搜集资料了解谐波减速器、RV 减速器的国内外生产厂家。并进入一两家公司的官网查看其相应的产品及企业应用案例，将查阅到的信息记录至表 2-2 中。

表 2-2 减速器产品类型

产品	产品 1	产品 2	产品 3	产品 4	产品 5
产品类型					
公司					
应用					
其他					

3. 根据转矩 $T=9550P/n$，可知，减速器除了可进行减速外，还可增大扭矩，增加电动机的拖动能力。假设谐波减速器的刚轮齿数是 62，柔轮齿数为 60，当刚轮固定、发生器主动、柔轮从动时，请计算其减速比。

知识拓展

人形机器人上的精密减速器

如图 2-58 所示，电动机＋减速器的集成为人形机器人关节的主要动力组合。随着人形机器人的盛行，减速器的需求空间再次被打开。人形机器人肩部、肘部、腿部、腕部、腰部、颈部等主要关节的谐波减速器用量为 9 ～ 14 个，其腰部、髋部空间较大，且对承载能力要求较高，预计配备 RV 减速器 2 ～ 4 个。

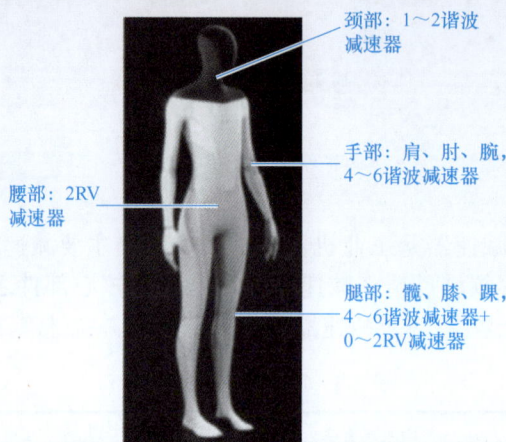

图 2-58　人形机器人携带减速器

技能训练

1.【单选】对于工业机器人为什么要使用减速器，以下说法不正确的是（　　　）

A. 降低转速　　　　　　　　　　　　B. 增大扭矩

C. 提高控制分辨率和闭环精度　　　　D. 减小控制精度

2.【单选】以下不是工业机器人常用减速器的是（　　　）

A. RV 减速器　　　　　　　　　　　B. 行星减速器

C. 谐波减速器　　　　　　　　　　　D. 涡轮蜗杆减速器

3.【单选】柔轮变形后呈什么形状？（　　　）

A. 圆形　　　　　　B. 椭圆形　　　　　　C. 扇形　　　　　　　D. 方形

4.【多选】谐波减速器具有哪些显著的驱动优势？（　　　）

A. 体积小、传动比范围大　　　　　　B. 运动平稳、无冲击、噪声少

C. 传动效率高，可实现高速增长　　　D. 传动效率低

5.【单选】柔轮相对刚轮旋转的方向与波发生器旋转的方向（　　　）。

A. 相同　　　　　　　　　　　　　　B. 相反

C. 不确定　　　　　　　　　　　　　D. 不具有比较关系

6.【单选】通常负载小的工业机器人，或者机器人小臂、腕部或手部等轻负载位置使用（　　　）。

A. RV 减速器　　　　　　　　　　　B. 谐波减速器

C. 行星齿轮减速器　　　　　　　　　D. 蜗轮蜗杆减速器

7.【多选】RV 减速器主要由太阳轮、行星轮、转臂（曲柄轴）、摆线轮（RV 齿轮）、（　　）组成。

A. 针齿 　　　　　　　　　　　　B. 刚性盘

C. 输出盘 　　　　　　　　　　　D. 轴承

8.【单选】摆线轮在传动机构中实现径向力的平衡，一般要安装（　　）完全相同的摆线轮。

A. 1 个　　　　　　B. 2 个　　　　　　C. 3 个　　　　　　D. 4 个

9.【单选】RV 减速器传动平稳、寿命长，有很高的运动精度和很小的回差。具有更大的刚度和抗冲击性能，其采用（　　）减速装置。

A. 1 级　　　　　　B. 2 级　　　　　　C. 3 级　　　　　　D. 4 级

10.【多选】国内哪些厂家在生产机器人减速器及相关产品。（　　）

A. 绿的谐波、秦川机床、大族激光

B. 恒丰泰、南通振康、武汉精华

C. 正上科技、苏州华震、巨轮股份

D. 华中数控、广州数控、固高科技

☑ 项目总结图谱

知识点归纳思维导图

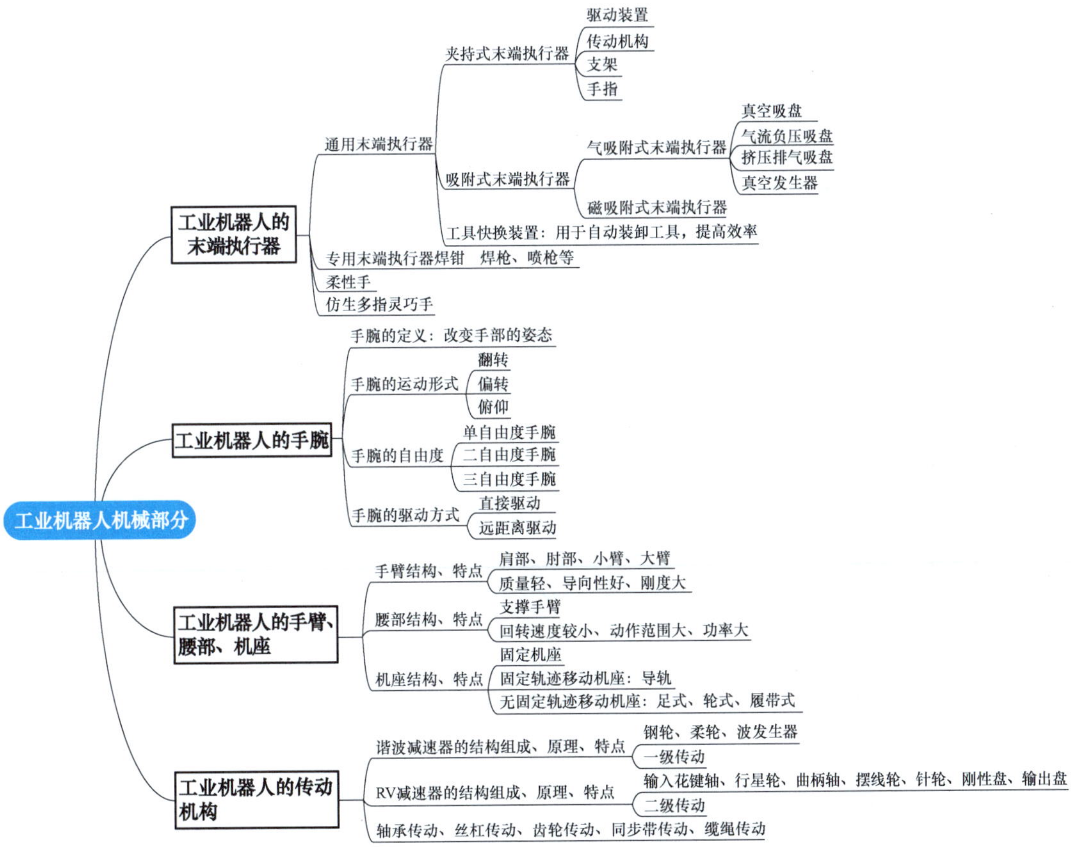

工业机器人动力系统
——平稳的生命之源

🔍 项目导入

在前期的学习中，我们认识了工业机器人的身体架构，工业机器人作为工业现场的典型应用设备，需要强而有力的动力源来维系其永不停歇的生命。工业机器人的动力系统相当于机器人的"肌肉"与"筋络"，负责向机械系统各部件提供源源不断的动力。本项目将带你走进工业机器人的动力系统，近距离体味其无穷的生命力量。

📚 教学指引

教学重点	1. 电力、液压和气压驱动的工作原理 2. 电力、液压和气压驱动的应用特点
教学难点	电力和液压伺服驱动系统的控制原理
推荐教学方式	1. 针对不同驱动类型的原理性知识，结合书中配套图片、动画和微视频进行讲解，使理论知识更加具象化 2. 不同驱动方式的优缺点可引导学生自主探讨得出 3. 以波士顿动力的人形机器人 Atlas 和特斯拉擎天柱 Optimus 采用的驱动方式作为典型案例，引导学生对不同驱动方式的特点进行深入思考
素养提升	1. 由知识拓展案例：新一代 Delta 并联机器人之直驱电动机，引导学生提升创新意识，树立强国有我的理想信念 2. 由伺服电动机实时反馈、实时校正的工作特点引导学生树立根据社会环境变化不断调整自我、与时俱进的人生观 3. 由不同驱动方式均有各自的优缺点，引导学生培养万事万物都有两面性的哲学思想
推荐学习方法	1. 结合教材中"动手查一查""动脑想一想""动口说一说"等活动进行探究式学习 2. 利用课程线上资源进行课前预习、课中讨论互动和课后巩固拓展
参考学时	4 学时

任务 3.1 工业机器人动力系统的驱动类型

🤖 任务描述

随着科技的不断进步与发展，传统的波轮式洗衣机已逐步淡出中国家庭，取而代之的是滚筒式洗衣机。"静音""节能"成为现代高端洗衣机的代名词，其中，变频直驱电动机在其中发挥了不可小觑的作用，你知道其中的原理与奥秘吗？请凝练关键词，用自己的语言说一说。

知识储备

工业机器人动力系统按动力源类型的不同，可分为电力驱动（电动机）、液压驱动和气压驱动三种基本驱动类型；按是否有中间机械传动环节（如减速齿轮箱、丝杠、带轮等），又可分为直接驱动方式和间接驱动方式。

3.1.1　按动力源分类

如图 3-1 所示，工业机器人动力系统按动力源的不同可分为电力驱动系统、液压驱动系统和气压驱动系统三种基本驱动类型。同时，结合工业机器人实际应用需求，也可将以上三种动力源进行组合使用，形成电液气复合式驱动系统。电液驱动系统是将电动机驱动的高运动控制精度与液压驱动的高功率输出相结合，突破了单一驱动方式的局限性。一般在重载机器人中多采用该种复合驱动方式，如搬运码垛机器人、焊接机器人等。

```
                  ┌─ 电力驱动系统 ┐
                  │  液压驱动系统 ├─ 基本驱动类型
    按动力源划分 ─┤  气压驱动系统 ┘
                  │  复合式驱动系统
                  └─ 新型驱动系统
```

图 3-1　驱动类型（按动力源划分）

此外，随着驱动技术的发展，涌现出一批不同于基本驱动类型的新型驱动器，如压电驱动器（PEA）和形状记忆合金驱动器（SMA）等。这种新型驱动器目前在柔性机器人中被广泛应用。

压电驱动器（PEA）是一种基于压电陶瓷材料的逆压电效应，通过施加电压控制其机械变形产生旋转或直线运动，将电能转换为机械能或机械运动的驱动器。它具有占用空间小，重量轻，不会产生磁场和噪声污染等特点。利用这些特点可以用压电晶体制造具有毫微英寸量级位移的直线电动机，如美国波士顿大学已经研制出的一台使用压电微电动机驱动的机器人——"机器蚂蚁"。"机器蚂蚁"的每条腿是长 1mm 或不到 1mm 的硅杆，通过不带传动装置的压电微电动机驱动各条腿运动。这种"机器蚂蚁"可用在实验室中收集放射性尘埃及从活着的病人体中收取患病的细胞。图 3-2 所示是美国哈佛大学微型机器人实验室研究出的压电双晶片多足机器人——三段节式蜈蚣微型机器人。

形状记忆合金属于形状记忆材料中的金属类，它具有在特定的外界激励条件下（如热或磁激励的情况下）记忆或保留原来形状的能力。形状记忆合金驱动器与传统基于电磁、气压和液压原理的驱动器相比，具有结构简单、功重比大、无噪声（电磁噪声）的特点，同时它还具有自感知功能、低压驱动、轻量化、小型化、结构多样化等特点。目前该驱动器的应用主要是为了实现现代机器人仿生化、柔性化、智能化、轻量化、小型化等目标。图 3-3 所示是应用形状记忆合金驱动的仿人机械手。

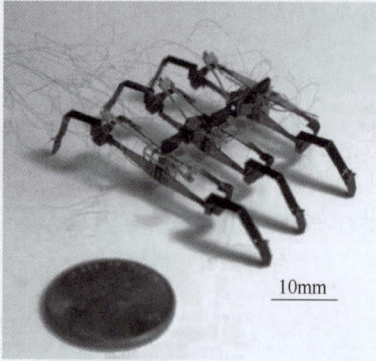

图 3-2 蜈蚣微型机器人

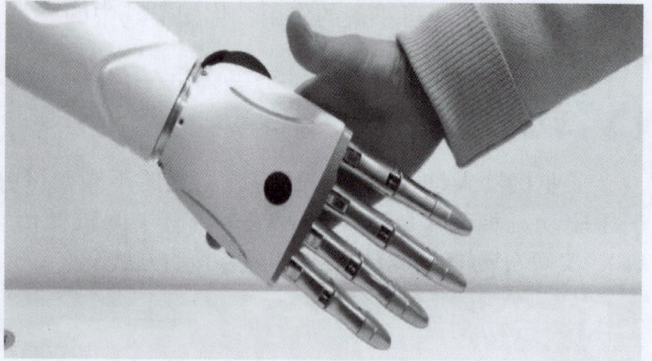

图 3-3 仿人机械手

3.1.2 按驱动方式分类

工业机器人动力系统按驱动方式的不同可分为直接驱动系统和间接驱动系统。

1. 直接驱动系统

直接驱动（Direct Drive）系统是指用新型的电动机直接和运动执行部分结合，即电动机直接驱动负载运转，没有中间的机械传动环节（如减速齿轮箱、链条、皮带轮等）。因直接驱动系统省去了许多组件和传动部件，简化了整体机械设计，使整个系统非常紧凑，同时能够减少摩擦等非线性因素的影响，控制性能好。它具有精度高、可靠性高、噪声低、维护方便等特点。然而，为了能够直接驱动机器人手臂的关节，驱动器的输出转矩必须很大，且控制系统还必须考虑动力学上对手臂运动的影响，实现较困难，故成本较高。目前，直接驱动技术的典型应用是直驱电动机，其运动形式包括以力矩电动机为核心驱动元件的回转运动和以直线电动机为核心驱动元件的直线运动。直驱式旋转电动机（DDR）和直驱式直线电动机（DDL）如图 3-4 所示。

直驱技术被国外工业界称为现代驱动技术中的先进方法和技术，越来越多地应用于各行各业中，如在医疗、电子、物流、机械制造和航空航天等领域。在机器人领域，采用直接驱动方式的机器人通常称为 DD 机器人（Direct drive robot）。该类机器人把高扭矩、低转速电动机直接与关节连接起来传递运动，而不使用减速机构，具有体积小、精度高、可靠性高、易维护等优点，适合有高速、高精度定位要求的机器人应用场合，如医疗手术机器人、康复机器人等。图 3-5 所示为国内首台达·芬奇 Xi 手术机器人。

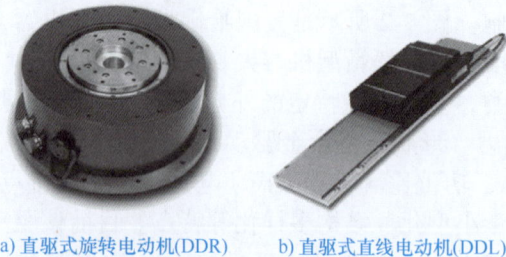

a) 直驱式旋转电动机(DDR)   b) 直驱式直线电动机(DDL)

图 3-4 直驱电动机

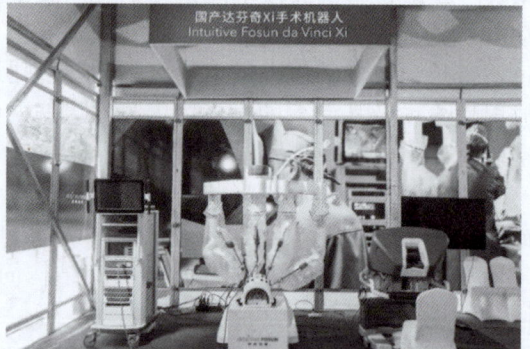

图 3-5 国产达·芬奇 Xi 手术机器人

动手查一查：目前国内直驱电动机品牌及发展状况如何？

2. 间接驱动系统

间接驱动系统是指把驱动器的动力通过减速器或钢丝绳、同步带、连杆机构等传动装置传递给机器人关节。

一般情况下，电动机输出速度较高，但输出转矩却小于驱动关节所需的转矩，因此必须使用带减速器的电动机驱动，从而降低速度，增大转矩。而工业机器人的手臂多为悬臂梁式结构，若将减速器安装在多自由度机器人关节上，势必会增大手臂根部关节驱动器的负载。针对一些对机器人关节体积和重量有较高要求的场合，可采用远距离间接驱动方式，即将驱动器和关节分离，从而达到减小关节体积和重量目的，如 SCARA 型关节机器人多采用远距离间接驱动。

间接驱动因中间传动机构的存在，受冲击振动的影响，传动效率会降低，且噪声、体积大，但可将电动机输出的小力矩转换为机器人关节输出的较大转矩。目前大部分工业机器人关节均采用间接驱动方式。

任务实施

变频直驱电动机在滚筒洗衣机中的应用使现代洗衣机更"节能""静音"。其奥秘在于：变频直驱技术改变了以往用皮带作为中间机构的运转方式，用电动机直接驱动，使电动机效能达到传统电动机的 16 倍，节能 35% 左右，打破了滚筒比传统波轮耗电的常规。同时，直驱电动机去掉了皮带、皮带轮等部件，也解决了滚筒洗衣机振动强、噪声高的难题。

针对滚筒洗衣机更"节能""静音"的奥秘，请根据上文描述凝练关键词，填入图 3-6 的方框中。

图 3-6　现代洗衣机"节能""静音"的奥秘

知识拓展

新一代 Delta 并联机器人之直驱电动机

新一代 Delta 机器人有一个共同点，它们用直驱力矩电动机取代了常见的带齿轮箱伺服电动机的设计。Brom mechatronics 与 Tecnotion（荷兰电动机供应商，以直线电动机和力矩电动机的独立开发和生产著称）一起设计并建造了第一条 Delta 机器人生产线，用于将花卉球茎放置到花盆中种植。其中，内置的 Tecnotion 无框力矩电动机在提高生产率和降低成本方面发挥着重要作用。

从最初的设计到生产，Brom mechatronics 和 Tecnotion 一直合作选择最合适的电动机，最终共有四个 Tecnotion 力矩电动机被装配在每台 Delta 机器人的三个手臂和工具中心点内。借助装配在工具中心的 QTR 力矩电动机，产品可以实现紧凑地旋转。QTL 力矩电动机直接集成到与机器人连接的外壳中。

在这类应用中，精度和连续性是主要驱动力，直驱力矩电动机比其他技术具有更多优势。最重要的是，力矩电动机不需要任何机械传动（如昂贵的齿轮箱），可以直接安装在机器人的手臂上，这使其拥有更高的精度、可调的刚性、高加速度和更少的维护。另外，由于力矩电动机的体积很小，机器人的尺寸也可以相应缩小。

🔧 技能训练

1.【填空】工业机器人三种基本驱动类型为_____、_____和_____。

2.【填空】在机器人中常用的新型驱动器有_____和_____等。

3.【判断】在机器人领域，采用直接驱动方式的机器人通常称为 DD 机器人。
（　　　）

4.【判断】压电驱动器（PEA）是一种将电能转换为机械能或机械运动的驱动器。
（　　　）

5.【判断】一般在重载机器人中多采用电液复合驱动方式，如搬运码垛机器人、焊接机器人等。
（　　　）

6.【多选题】下面哪些属于工业机器人动力系统的驱动类型？（　　　）

A. 电力驱动　　　　　B. 压电驱动　　　　　C. 液压驱动　　　　　D. 电液复合驱动

7.【简答】新型驱动器一般在哪种机器人中被广泛应用？

8.【简答】简述直接驱动的优缺点？

9.【简答】说说目前国内直驱电动机品牌有哪些？发展状况如何？

任务 3.2　工业机器人动力系统——电力驱动

🔧 任务描述

如图 3-7 所示，一个六自由度多关节机器人的每个轴均由一个伺服电动机进行驱动。伺服电动机作为工业机器人的核心零部件之一，在机器人运动控制（位置、速度、加速度或转矩）中具体发挥着怎样的作用呢？请想一想，说一说。

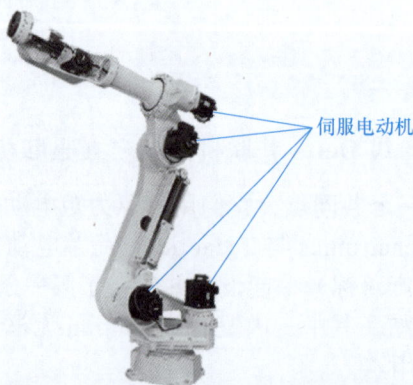

伺服电动机

探秘工业机器人关节驱动电动机

图 3-7　多关节机器人上的伺服电动机

🔧 知识储备

电力驱动即使用电动机作为动力源驱动机器人各关节轴动作，是目前工业机器人的主流驱动方式。电动机是一种将电能转换为机械能的装置。电动机的基本结构包括：定子（铁心、绕组和基座）和转子（铁心、绕组）。此外，不同类别电动机可能还配有电刷、传感器、驱动器、风扇等配件，其工作原理是基于电磁感应定律和电磁力定律，当电流通过电动机线圈时，会产生磁场，该磁场与线圈中的电流相互作用，产生转矩，使电动机的转子旋转。

动手查一查：世界上最原始的电动机雏形是谁制造的？

电动机种类繁多（见图 3-8），但其基本结构和工作原理大致相同。工业机器人使用的电动机主要包括直流（DC）伺服电动机、交流（AC）伺服电动机和步进电动机。其中，由伺服电动机构成的伺服驱动系统是控制机械臂运动的常用驱动方式，可实现机械臂精准抓取和定位。

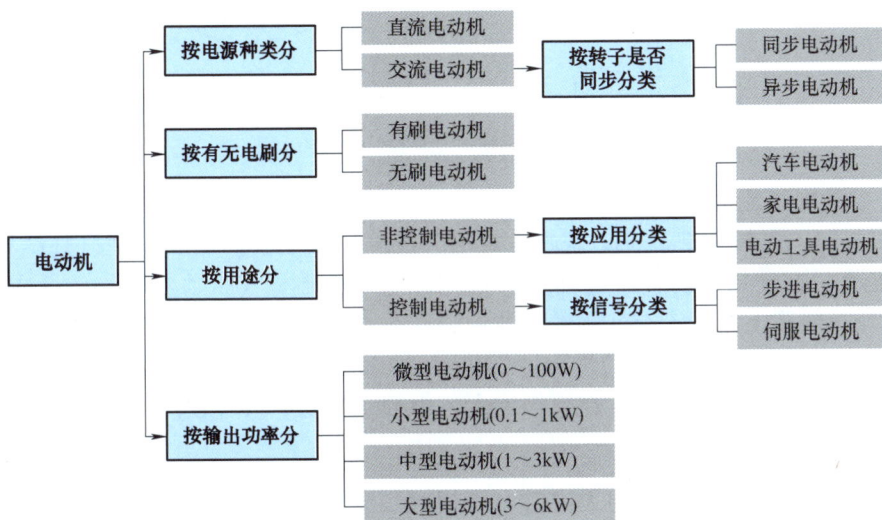

图 3-8 电动机分类

3.2.1 伺服电动机

"伺服"一词源于希腊语"奴隶"的意思。"伺服电动机"可以理解为绝对服从控制信号指挥的电动机，即在一般电动机基础上增加了伺服控制机构。在控制信号发出之前，伺服电动机转子静止不动；当控制信号发出时，其转子立即转动；当控制信号消失时，其转子能即时停转。伺服电动机是自动控制装置中被用作执行元件的微特电动机，其功能是将电信号转换成转轴的角位移或角速度。

伺服电动机可分为直流（DC）伺服电动机和交流（AC）伺服电动机。工业机器人上应用最多的是交流（AC）伺服电动机。

1. 直流（DC）伺服电动机

直流伺服电动机分为有刷电动机和无刷电动机。

图 3-9a 所示是永磁式有刷直流电动机的结构原理图。有刷直流电动机的定子上安装有固定的主磁极（永磁体）和电刷，转子上安装有电枢绕组和换向器。直流电源通过电刷和换向器进入电枢绕组，产生电枢电流，电枢电流产生的磁场与主磁场相互作用产生电磁

转矩，使电动机带动负载旋转。直流有刷电动机具有起动转矩大、调速范围宽、控制电路简单、成本低的特点，但在使用过程中因电刷与换向器不断接触摩擦，会产生磨损，须定时调整及更换，维护不方便，且电刷易产生火花，在易燃易爆工作环境中容易引起火灾，存在安全隐患。

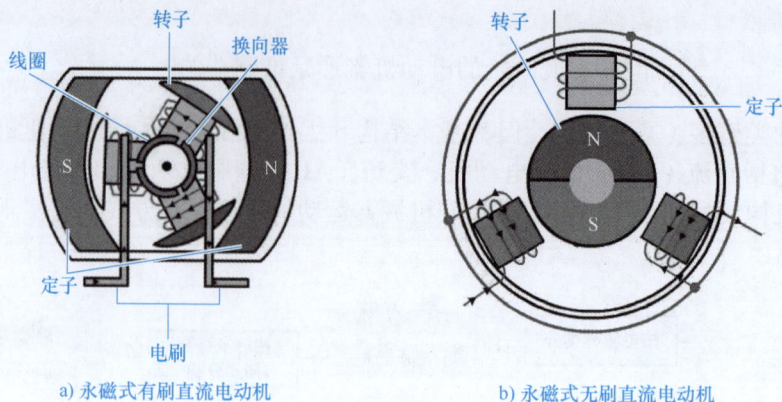

a) 永磁式有刷直流电动机　　　　　b) 永磁式无刷直流电动机

图 3-9　直流电动机结构原理图

永磁式无刷直流电动机采用永磁体做转子，即转子中没有线圈，而定子上有通电线圈。由于转子上没有线圈，因此不再需要用于线圈通电的换向器和电刷，其结构原理如图 3-9b 所示。永磁式无刷直流电动机通过闭环电子控制器（驱动器）代替换向器总成，改变输入定子线圈上的电流交变频率和波形，在线圈周围形成一个绕电动机几何轴心旋转的磁场，这个磁场驱动转子上的永磁体发生转动。无刷直流电动机具有体积小、效率高、能耗低、噪声低、寿命长、可靠性高等优点，但控制复杂，成本较高。

2. 交流（AC）伺服电动机

交流伺服电动机在结构上与无刷电动机相似，属于无刷电动机范畴。其内部转子是永磁体，直径较细；定子由三相绕组组成，可通过大电流，伺服驱动器控制的 U、V、W 三相交流电在定子线圈周围形成电磁场，驱动转子在该磁场下转动。同时，电动机自带编码器将反馈信号发送给驱动器，驱动器根据反馈信号与目标信号进行比较，实时调整转子转动的角度。交流伺服电动机适用于频繁的启动、停止工作，而且过载能力、力矩惯量比、定位精度等均优于直流伺服电动机，在工业机器人中应用十分广泛。

3.2.2　电动伺服驱动系统

为满足工业机器人在实际工作中对位置、速度和加速度等物理量的要求，须构建完整的伺服系统对各关节进行电力驱动。典型伺服驱动系统主要包含三个部件：带一个或多个反馈装置（如霍尔效应传感器、编码器或旋转变压器）的伺服电动机、为电动机供电并控制电动机驱动器和用于连接电动机和驱动器的电缆。整个系统通过一系列嵌入式控制回路实现运转，是一个带有输出反馈的自动闭环控制系统，如图 3-10 所示。

伺服驱动系统

图 3-10 中伺服驱动器接收到控制指令后，控制伺服电动机运转；伺服电动机上的编码器会将测得的伺服速度和位置信息反馈给伺服驱动器，伺服驱动器将实际值与期望值进行比较，并重新调整对伺服电动机的控制，实现实时反馈、实时调整的闭环控制。因此，

电动伺服驱动系统通常具有较高的动态精度，可满足高速、高精度控制要求。

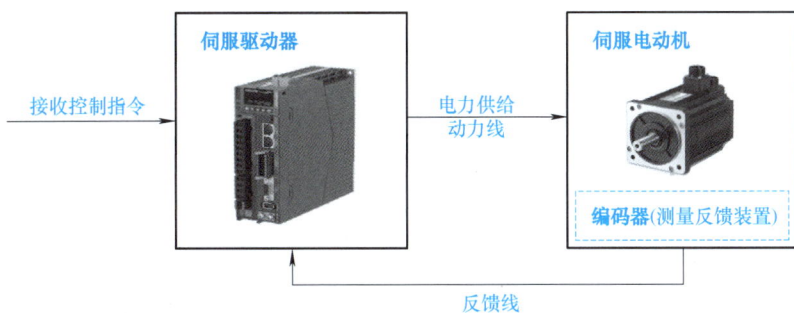

图 3-10　电动伺服驱动系统结构框图

1. 伺服驱动器

伺服驱动器（Servo Drives）又称为伺服控制器或伺服放大器，是用来控制、驱动伺服电动机的一种控制装置，其作用类似于变频器作用于普通交流电动机，是现代运动控制的重要组成部分，被广泛应用于工业机器人及数控加工中心等自动化设备中。伺服驱动器一般通过位置、速度和力矩三种方式对伺服电动机进行控制，实现高精度的传动系统定位。

驱动器电路一般包括功率放大器、电流保护电路、高低压电源、计算机控制系统电路等。因伺服电动机流经电流较大，故驱动电路多采用脉冲宽度调制（PWM）的方式。如交流伺服电动机通常采用电流型脉宽调制（PWM）变频调速伺服驱动器，将给定的速度与电动机的实际速度进行比较，产生速度偏差，再根据速度偏差对应的电流信号控制交流伺服电动机的转动速度。交流伺服驱动器具有转矩转动惯量比高的优点。图 3-11 所示为伺服驱动器的驱动原理图，由位置控制构成的位置环、速度控制构成的速度环和转矩控制构成的电流环组成。

图 3-11　伺服驱动器驱动原理图

2. 编码器

编码器是安装在伺服电动机上常用的位置检测传感器。当电动机旋转时，编码器跟随转动，用于实时检测伺服电动机的转角、转速和转向信号，并将信号反馈给伺服驱动器。编码器的输出精度直接影响伺服电动机的控制精度。

检测小达人——光电编码器

编码器根据物理介质不同，可分为光电编码器和磁电编码器，另外旋转变压器也算一种特殊的编码器。目前，光电编码器在市场上使用居多。光电编码器是利用光栅衍射原理实现位移 – 数字变换，通过光电转换将输出轴上的机械几何位移量转换成脉冲或数字量的传感器，一般由光源、码盘（光栅盘）和光敏元件组成。

此外，根据刻盘方式的不同，编码器可分为增量型编码器和绝对型编码器。增量型编码器码盘每转过单位角度就发出一个脉冲信号，用于测量角位移。而绝对型编码器码盘上每个角度位置都会有唯一的二进制编码（格雷码），通过编码可确定绝对的机械位置。目前大部分编码器均为增量型编码器。图 3-12 所示为增量型光电编码器的结构原理图，码盘是在一定直径的圆板上等分地开通若干个长方形孔，形成透光和不透光区，由于码盘与电动机同轴，电动机旋转时，码盘同步旋转，经发光二极管等电子元器件组成的检测装置检测输出若干脉冲信号，通过计算每秒光电编码器输出脉冲的个数就能反映当前电动机的转速。此外，为判断电动机旋转方向，码盘还可提供相位相差 90º 的两路脉冲信号。

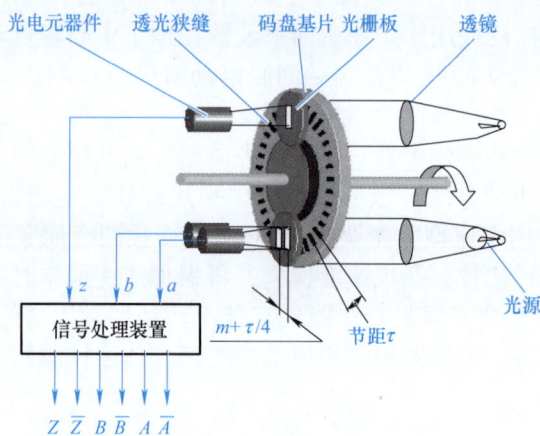

图 3-12　光电编码器结构原理图

3.2.3　步进电动机

步进电动机是一种将电脉冲信号转换成相应角位移或线位移的开环控制电动机。步进驱动器每接收一个脉冲信号，转子就转动一个角度或前进一步，其输出的角位移或线位移与输入的脉冲数成正比，转速与脉冲频率成正比。因此，步进电动机又称为脉冲电动机。

步进电动机结构简单、使用方便、没有长期积累误差，只需要脉冲信号就能工作，因此既可以使用 PLC 进行控制，也可以使用单片机等能产生脉冲信号的装置进行控制，在工业自动化控制中使用非常广泛。其缺点是过载或高速运行时易失步，过载能力差，且运行时噪声大，在工业机器人领域仅适用于一些小型或简易型机器人中及对精度要求不高的场合。

🔧 任务实施

伺服电动机、伺服驱动器及连接两者的电缆共同构成了工业机器人的电动伺服驱动系统。结合本任务学习情况，请补全表 3-1 中的空缺处。

表 3-1　电动伺服驱动系统的组成

序号	实物图	名称	作用
1			是一个控制装置，在电动伺服驱动系统中用来控制、驱动伺服电动机
2		伺服电动机	
3			在工业机器人伺服驱动系统中负责实时测量伺服电动机转角、转速和转向等信息，充当监督角色

知识拓展

伺服电动机与步进电动机的区别及选用指南

梳理伺服电动机和步进电动机的特点，了解它们的区别，有助于我们在实际应用中做出更合理的选择。在选用电动机时，要综合考虑应用场景、性能要求、成本等因素，确保电动机能够满足实际需求，发挥最佳性能。

1. 工作原理不同

1）伺服电动机：伺服电动机是一种以反馈信号为基础，实现精确闭环控制的电动机。它通过接收指令信号，与电动机内部的反馈信号进行比较，产生误差信号，再通过驱动器对电动机进行控制，使电动机能够运行在期望的状态。伺服电动机具有响应速度快、精度高、速度高等特点。

2）步进电动机：步进电动机是一种将电信号转换为角位移或线位移的执行元件。通过接收脉冲信号，驱动器将脉冲信号转换为相应的电流，控制电动机转动一定的角度，是一种开环控制电动机。步进电动机具有较高的定位精度和良好的重复性，但速度受脉冲信号频率的限制。

2. 性能不同

1）精度：步进电动机的定位精度较高，但速度受限于脉冲信号频率；伺服电动机具有较高的动态精度，可以满足高速、高精度的控制需求。

2）响应速度：伺服电动机的响应速度较快，适用于频繁起停、快速反转等工况；步进电动机响应速度相对较慢，适用于转速要求不高的场合。

3）过载能力：步进电动机一般不具有过载能力；而伺服电动机具有较强的过载能力。

4）低频特性不同：步进电动机在低速时会出现低频振动；而伺服电动机运行非常平稳，即使在低频也不会出现低频振动现象。

3. 应用领域不同

1）伺服电动机：广泛应用于数控机械、工业机器人、自动化生产线、电梯、起重机械、机床等领域，尤其适用于转速要求高、响应速度快的场合。

2）步进电动机：广泛应用于普通机床、机器人、纺织机械、印刷机械、医疗设备等领域，尤其适用于转速要求不高、负载较大的场合。

4. 选用指南

在实际应用中，针对伺服电动机和步进电动机如何选择的问题，可从以下几方面考虑。

1）了解应用场景：根据实际应用场景分析电动机的工作环境、转速、负载等要求，选择适合的电动机类型。

2）确定精度要求：对于定位精度要求较高的场合，优先选择步进电动机；对于动态精度要求较高的场合，优先选择伺服电动机。

3）考虑响应速度：对于频繁起停、快速反转等工况，优先选择伺服电动机；对于转速要求不高的场合，可选择步进电动机。

4）综合比较：在满足性能要求的前提下，综合考虑电动机的成本、能耗、维护等因素，做出经济、实用的选择。

技能训练

1.【填空】工业机器人常用的驱动电动机有直流伺服电动机、_____和_____。

2.【填空】根据刻盘方式的不同，编码器可分为_____和_____。

3.【填空】_____是安装在伺服电动机上常用的位置检测传感器。

4.【判断】由伺服电动机构成的伺服驱动系统是控制机械臂运动的常用驱动方式，可实现机械臂精准抓取和定位。   （   ）

5.【判断】伺服电动机是一种将电信号转换成轴的角位移或角速度的微特电动机。

（   ）

6.【判断】在对机器人速度、精度要求均很高的情况，多采用电力驱动方式。

（   ）

7.【判断】非伺服电动机比伺服电动机具有更高的可靠性和稳定性。   （   ）

8.【判断】直流有刷电动机换向时有火花，对环境的防爆性能较差。   （   ）

9.【判断】目前尚未研究出由电动机直接驱动的工业机器人。   （   ）

10.【判断】交流伺服电动机属于无刷电动机。   （   ）

11.【判断】步进电动机也是一种将电信号转换为角位移或线位移的执行元件，与伺服电动机不同的是，它是一种开环控制。   （   ）

12.【简答】请简述与步进电动机相比，伺服电动机具有哪些优势。

任务 3.3　工业机器人动力系统——液压和气压驱动

任务描述

图 3-13a 所示是美国波士顿动力液压版人形机器人 Atlas，该机器人不仅能像人一样行走，而且还具备奔跑、跳

驱动有力——
液压、气压
驱动

舞、搬运货物、后空翻等能力，甚至在被棍棒击打下也能保持平衡。然而，在 2024 年 4 月 16 日，波士顿动力发布了《再见，液压 Atlas》视频，正式宣告其研发的液压驱动双足人形机器人 Atlas 退役。取而代之的是波士顿动力推出的"更强壮、更灵巧、更敏捷"的电动 Atlas（见图 3-13b）。

请查阅资料，谈谈波士顿动力液压 Atlas 退出历史舞台的可能原因是什么。

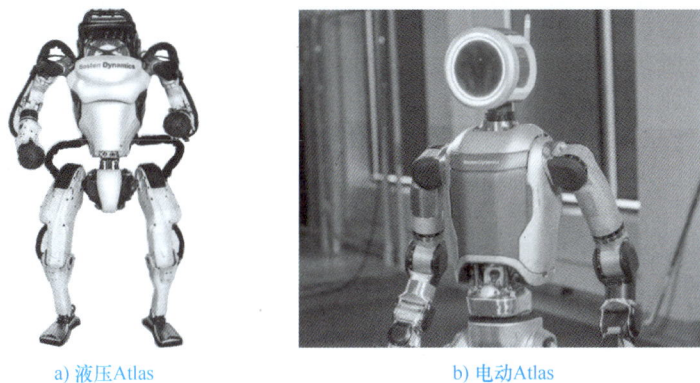

a) 液压Atlas　　　　　　　　　b) 电动Atlas

图 3-13　波士顿动力人形机器人

知识储备

3.3.1　液压驱动系统认知

1. 液压系统的基本组成

液压系统由液压动力元件（液压油泵）、液压控制元件（各种液压阀）、液压执行元件（液压缸和液压马达等）、液压辅助元件（管道和蓄能器等）和液压油组成。

1）动力元件：即液压泵，其职能是将原动机的机械能转换为液体的压力动能（表现为压力、流量），其作用是为液压系统提供压力油，是系统的动力源。

2）执行元件：指液压缸或液压马达，其职能是将液压能转换为机械能从而对外做功，液压缸可驱动工作机构实现往复直线运动（或摆动），液压马达可完成回转运动。

3）控制元件：指各种阀，利用这些阀可以控制和调节液压系统中液体的压力、流量和方向等，以保证执行元件能按照预期的要求进行工作。

4）辅助元件：如油箱、滤油器、蓄能器、管道和压力表等。

2. 液压伺服驱动系统的工作原理

工业机器人采用液压驱动时，常需构建液压伺服系统进行驱动控制，如波士顿动力液压 Atlas 就是采用液压伺服驱动系统。该系统是一种闭环液压控制系统，不仅包含控制器对被控对象的前向控制作用，还包含被控对象对控制器的反馈作用，从而使系统的输出量（如位移、速度或力等）能自动且快速准确地跟随输入量变化。

液压伺服驱动系统具体由液压源、驱动器、伺服阀、传感器和控制回路组成。其中，伺服阀可根据输入信号（如电信号、气信号等）调节液压源输出的压力和流量，控制液压缸或液压马达的运动，其工作原理如图 3-14 所示。输出位移 X_p 之所以能精确地复现输入位移 X_i 的变化，是因为缸体和阀体是一个整体，构成了闭环控制系统。在控制过程中，液压缸的输出位移能够实时通过位置检测传感器反馈到阀体上，与滑阀的输入位移 X_i 相比较，得出两者位置偏差（即伺服阀的开口量），迫使压力油进入并驱动液压缸运动，使阀的开口量（偏差）减小，直至输出位移与输入位移一致为止。

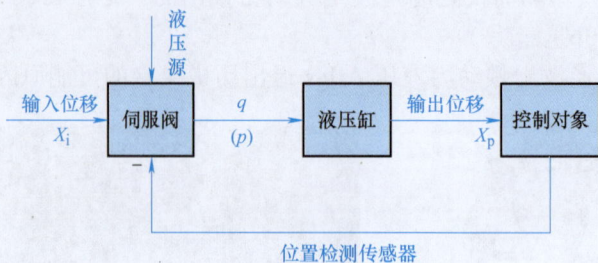

图 3-14　液压伺服系统工作原理框图

3. 液压机械臂的应用特点

图 3-15 所示是一款液压驱动的机械臂。目前，液压机械臂是一种多场景适用、高效率、高负载、高精度的机械臂类型，被广泛应用于各种特种作业领域，是工业自动化的得力助手。液压机械臂的优势主要体现在以下几方面。

（1）高负载能力　液压机械臂的液压缸双向压力均可调节，且机械臂负载大小灵活可控，能够适应不同复杂环境下的任务需求，如海底作业等。

（2）节能高效　液压机械臂通过连杆传动原理可实现无级调速，动力传递效率高。

（3）精度高　液压机械臂通过优化设计，可以实现对点位、姿态的精确定位，且可迅速地响应外部环境变化，具有较高的精度和灵敏度。

图 3-15　液压驱动的机械臂

当然，液压驱动在具备上述优势的同时，也存在一些不足之处，如因其工作介质为液压油，故不适合在高温或低温下工作，且对密封性要求较高，维护难。

动口说一说：你知道特斯拉的人形机器人擎天柱 Optimus 采用的是哪种动力源吗？

3.3.2　气压驱动系统认知

1. 气压驱动系统的工作原理及组成

气压驱动的原理与液压驱动相似，不同的是气压驱动靠压缩空气作为工作介质推动气缸动作，进而带动执行机构动作，将空气的压力能转换为机械能。

典型的气压驱动系统包括气源装置、控制元件、执行元件和辅助元件四部分。气源装置指获得压缩空气的设备和空气净化设备等，如空气压缩机，它将原动机供给的机械能转换为气体的压力能。控制元件是用以控制压缩空气的压力、流量、流动方向及系统执行元件工作程序的元件，如压力阀、流量阀、方向阀和逻辑阀等。执行元件是将气体的压力能转换成机械能的装置，也是系统能量输出的装置，如气缸、气马达等。辅助元件起辅助作用，如过滤器、油雾器、消声器、散热器、冷却器、放大器及管件等。图 3-16 所示为一个能够实现气缸伸缩运动的气压驱动系统结构框图。

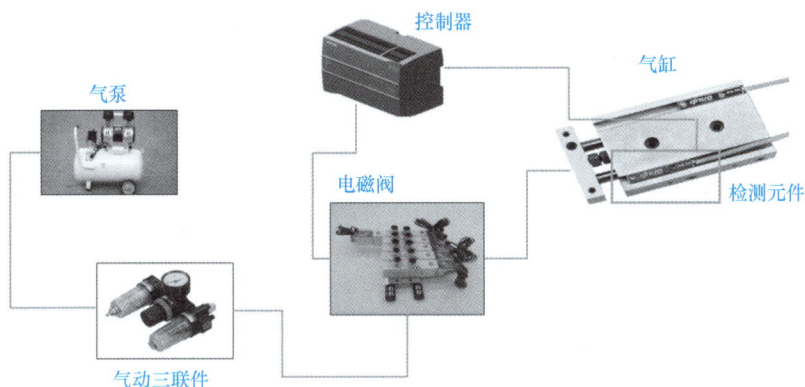

图 3-16 气压驱动系统结构框图

2. 常用气动元件介绍

（1）气动三联件 气动三联件包括分水滤气器、减压阀和油雾器。三联件一般设置在气源装置后或用气设备的进气管前，用于对供气气体进行精过滤，使过滤后的气体达到设备的气动系统用气要求。如分水滤气器主要用于除去压缩空气中的冷凝水、固态杂质和油滴；减压阀实现气路压力控制，满足各种压力要求或用以节能；油雾器是一种特殊的注油装置，它以空气为动力，将润滑油雾化后注入空气流中，并随空气进入需要润滑的部件，达到润滑的目的。

（2）电磁阀 电磁阀是气动系统的控制元件，可将其简单理解为一个开关，由电磁线圈、动铁心、静铁心、复位弹簧、阀体、阀芯、密封件、接线盒等组成。它通过一个电磁线圈来控制阀芯位置，切断或接通气源以达到改变流体流动方向的目的，从而达到对阀门开关的控制。根据电磁线圈数量的不同，可分为单控电磁阀和双控电磁阀，如图 3-17 所示。

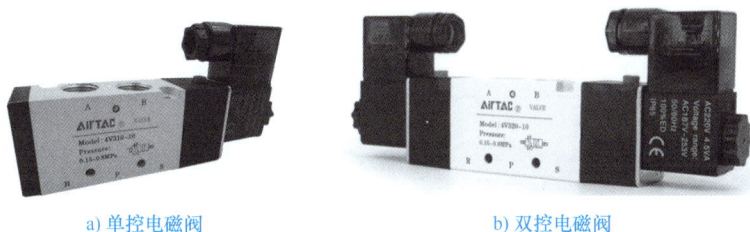

a) 单控电磁阀

b) 双控电磁阀

图 3-17 电磁阀

（3）气缸 气缸作为气动系统的执行元件，是一种在密封的缸体内使用气压的差异推动导杆作用，为运动提供动力的装置。根据气缸输出运动形式的不同，可分为直线气缸、摆动气缸和气爪。直线气缸又分为单作用气缸和双作用气缸。单作用气缸是指压缩空气仅可以作用于活塞的一个端面，通过控制该端面进出气电磁阀得失电，同时配合弹簧作用形成压力差推动活塞杆动作；双作用气缸则指压缩空气可作用于活塞的两个端面，分别控制两个端面进出气电磁阀，即可实现压力差推动活塞杆动作。摆动气缸输出运动形式为旋转运动，且旋转角度小于 360°，若旋转角度大于或等于 360°，则称为气马达。气爪是一种模拟人类手指夹取物料的特殊气缸，是工业机器人中一种常用的气动执行元件。

3. 气压驱动的特点

气压驱动在所有的驱动方式中属于最简单的驱动类型，其优势主要体现在以下几方面。

1）空气来源方便，用后直接排出，无污染。

2）空气黏度小，气体在传输中摩擦力较小，故可以集中供气和远距离输送。

3）环境适应性好，在易燃、易爆、多尘埃、强磁、辐射、振动等恶劣环境工作时，安全、可靠性优于液压驱动和电动驱动。

4）动作迅速、反应快、调节方便，可利用气压信号实现自动控制。

5）结构简单、易保养、成本低。

当然，气压驱动也存在一些不足，如因气体的可压缩性导致定位精度不高，其次，工作压力较低（0.3 ~ 1MPa），输出力或转矩较小，且有较大的排气噪声等。在工业机器人领域，气压驱动主要适于中、小负荷的机器人，且因其难于实现伺服控制，故多用于简单程序控制类机器人，如上、下料机器人和冲压机器人；其次，在机器人气动夹具中应用较多。

🖐 任务实施

请根据案例查阅相关资料，在表 3-2 中列出波士顿动力液压 Atlas 退出历史舞台的可能原因。

表 3-2　机器人动力系统案例分析

案例	可能原因
美国波士顿动力在 2024 年 4 月 16 日宣布液压 Atlas 正式"退役"，取而代之的是推出的电动 Atlas	1. 2.

🖐 知识拓展

机械手气动手爪——机器人技术的灵动之"手"

在机器人技术的广阔领域中，末端执行器扮演着至关重要的角色，它们相当于机器人的"手"，负责与外界环境进行直接接触。其中，机械手气动手爪以其独特的优势和灵活性，成为众多应用场景中的首选，如图 3-18 所示。

1. 气动手爪工作原理

气动手爪是基于气压驱动技术，通过向气缸内注入压缩空气，推动活塞和连杆机构运动，从而实现手爪的开合动作。其工作原理简单直接，响应速度快，通过气压的控制实现抓取力度和速度的调节。

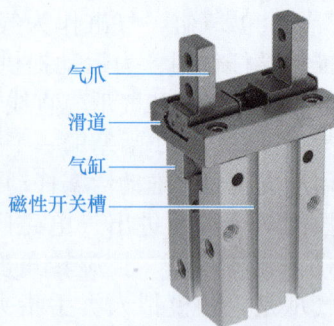

气爪
滑道
气缸
磁性开关槽

图 3-18　气动手爪

2. 气动手爪的特点

（1）轻便灵活　气动手爪采用轻量化材料设计，整体重量轻，易于操作和控制，能够实现快速而灵活的运动响应。

（2）高可靠性　气动手爪结构紧凑、故障率低，能够在恶劣环境下稳定工作，保障机器人的连续作业能力。

（3）易集成　气动手爪具有标准的接口和控制系统，可以方便地集成到各种类型的机器人上，实现快速部署和应用。

（4）成本低廉　相比其他类型末端执行器，气动手爪制造、维护成本相对较低，具有较高的性价比。

3. 应用场景

（1）自动化产线　气动手爪可以高效地完成工件的抓取、搬运和放置等任务，显著提高生产效率和降低人工成本。

（2）仓储物流　在智能仓储和物流领域，气动手爪可配合移动机器人实现货物的自动拣选、搬运和装卸等操作，提升仓储管理的智能化水平。

（3）食品包装　在食品加工和包装行业中，气动手爪可准确快速地抓取各种形状和大小的食品进行包装处理，保证产品的卫生和安全。

（4）汽车制造　在汽车制造领域，气动手爪可精准地抓取和定位各种零部件进行装配和焊接等操作，确保产品的质量和一致性。

技能训练

1.【填空】液压系统的基本组成包括：液压动力元件、_____、_____、液压辅助元件和液压油。

2.【填空】液压伺服驱动系统具体由液压源、_____、_____、_____和控制回路组成。

3.【填空】液压系统的执行元件一般指液压缸或液压马达。_____可驱动工作机构实现往复直线运动（或摆动），_____可完成回转运动。

4.【判断】液压动力系统的特点是结构简单、维修方便、价格低廉，适合于中小负荷工业机器人使用。　　　　　　　　　　　　　　　　　　　　（　　）

5.【判断】液压驱动的机械臂有效率高、负载高、精度高的特点。　　　　（　　）

6.【判断】液压驱动系统对密封性要求不高，且宜在高温或低温的场合工作。

　　　　　　　　　　　　　　　　　　　　　　　　　　　　　　　　　　（　　）

7.【判断】液压伺服驱动系统中能够根据输入信号（如电信号、气信号等）调节液压源输出压力和流量的部件是伺服阀。　　　　　　　　　　　　　　（　　）

8.【判断】气压驱动的工作原理与液压驱动相同，靠压缩空气来推动气缸动作，从而带动元件运动。　　　　　　　　　　　　　　　　　　　　　　　（　　）

9.【判断】液压驱动是将液压泵产生的工作油的压力能转换为机械能。　（　　）

10.【判断】在工业机器人领域，气压驱动主要适于中、小负荷的机器人。　（　　）

11.【简答】请简述液压驱动的优势有哪些。

12.【简答】请简述气压驱动的优势有哪些。

📋 项目总结图谱

图谱1：液压驱动、气压驱动和电力驱动对比

驱动类型	优势	不足	适用场景	应用广泛性	成本	速度
液压驱动	1）能够以较小的驱动器输出较大的驱动力/力矩，推力大 2）驱动液压缸直接做成关节的一部分，结构简单紧凑，刚性好 3）定位精度高于气压驱动，且可实现任意位置的开停 4）调速方便且平稳 5）润滑性好，寿命长	1）油液易泄漏，稳定性差，且会造成环境污染 2）维护困难，成本高	适用于要求输出力大且运动速度较低的场合；以电液伺服驱动系统为代表	中等	最高	较慢
气压驱动	1）速度较快，原因在于压缩空气黏性小，流速快 2）工作介质干净简单，废气可直接排入大气，不会造成污染 3）通过调节气量可实现无级调速 4）成本低且具有较好的缓冲性	1）驱动装置体积大，推力小 2）因气体的可压缩性，定位精度低 3）废气排出时噪声大	在中小负荷、快速驱动、精度要求较低的机器人中采用，如冲压机器人、机器人气动夹具等	较少	最低	中等
电力驱动	直接或经过机械传动装置驱动机器人关节动作，省去了中间能量转换的过程，所以比液压和气压驱动效率更高；且体积小、重量轻、速度变化范围大、噪声小、易于控制和实现精确定位等。是工业机器人中主流驱动类型	通常为获得较大的力和力矩输出，需搭配精密减速器进行间接驱动，维修较复杂	适于中小负载、位置控制精度要求高、速度较高的机器人，如AC伺服喷涂机器人、点焊机器人等	最高	中等	最快

图谱2：知识点归纳思维导图

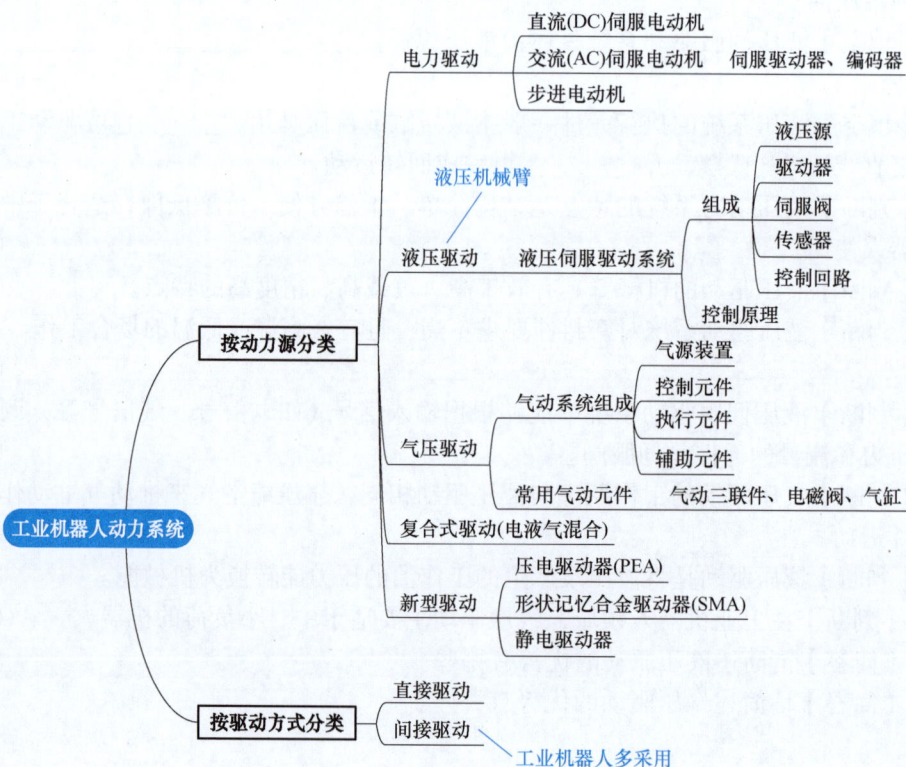

项目 4

工业机器人感知系统
——敏锐的五官

🔍 项目导入

随着工业 4.0 的推进，工业机器人已成为智能制造的核心装备，而其感知系统则是实现高精度自动化的关键。传感器系统如同机器人的"敏锐五官"，赋予其感知外界环境的能力。视觉传感器帮助机器人"看"见工作环境，触觉传感器使机器人"感受"接触的力，力觉传感器则确保机器人能够根据实时反馈调整动作，避免损坏物体或产生操作误差。

在宁波某智能制造工厂，一支青年工程师团队正在优化装配机器人的视觉和力觉系统，以应对多品种小批量的生产需求。研发团队结合实际生产，持续优化机器人视觉系统，使其能够精确识别不同类型的零部件，并通过力觉反馈系统精确装配，实现了装配精度的大幅提升。

负责人常对团队成员说："制造业不仅需要技术，更需要工匠精神。要做到精益求精，每一个细节都不容忽视。"他带领团队不断钻研视觉算法和力控技术，优化了机器人在不同工况下的自适应能力，成功将装配效率提升了 20%，大幅降低了生产线的停机时间。

工业机器人感知系统的优化与维护，要求工程师不仅要具备扎实的技术基础，还要有"干一行、爱一行"的职业精神和创新意识。正如该团队的成功实践，通过不断探索与改进，感知系统已经能够帮助机器人适应更加复杂的工作环境，实现更高效、更精准的生产。

工业机器人的"感觉器官"——感知系统，是机器人智能化程度的核心体现。通过视觉、触觉和力觉传感器，机器人能够"看见"环境，"感知"物体，并实时调整操作策略。这使得机器人能够高效应对生产中的复杂任务，确保生产质量与效率。感知系统的优化与维护，正是现代智能制造不可或缺的一环。

📋 教学指引

教学重点	1. 理解传感器的基本概念、分类和在工业机器人中的作用 2. 掌握常用传感器的工作原理和实际应用方法 3. 了解机器视觉技术的基本原理和在工业机器人中的应用领域
教学难点	掌握视觉、触觉和力觉传感器的精确调试与优化，以及它在不同生产任务中的应用
推荐教学方式	1. 将实际操作与理论结合，通过校企合作或实验室环境，带领学生亲自实践机器人传感器的调试与测试 2. 演示视频或企业案例展示，深入理解传感器如何在生产过程中应用与调试 3. 组织学生进行小组讨论，针对不同应用场景设计机器人的感知系统

（续）

素养提升	1. 职业素养培养：培养学生热爱本职工作、不断钻研、勇于创新的职业精神，激发学生对智能制造领域的热情 2. 安全意识：通过学习传感器的安全调试与应用，增强学生的生产安全意识，理解"安全第一"的企业文化 3. 团队协作与责任感：在机器人感知系统的调试中，强调团队合作和个人责任感，提升学生的职业素养
推荐学习方法	1. 在实际操作中，结合理论与实践，完成机器人传感器的调试与优化 2. 通过二维码链接观看视频或相关案例，直观理解机器人感知系统在工业环境中的应用
参考学时	4 学时

任务 4.1 工业机器人传感器概述

任务描述

传感器作为机器人的"感觉器官"，使其具有敏锐的五官。你知道工业机器人上主要有哪些传感器吗？它们具有怎样的作用呢？哪些属于内部传感器？哪些又属于外部传感器呢？

感知大千世界
——传感器

知识储备

工业机器人是现代制造业的重要组成部分，因其高效性、精确性和灵活性，使其在各个领域得到了广泛应用。为了使工业机器人能够准确感知自身状态和外部环境，传感器技术至关重要。传感器被称为机器人的"感觉器官"，赋予机器人类似人类的感知能力，使其能够对环境变化做出及时的反应和调整。

4.1.1 传感器的定义与作用

1. 传感器的定义

传感器是一种能够感受被测量（如位置、速度、力、温度等），并按照一定规律将被测量转换成可用输出信号的装置或装置的集合。其核心功能是将物理量、化学量等非电量转换为电信号，便于后续的信号处理、传输和控制。通常由敏感元件、转换元件、转换电路和辅助电源四部分组成。

2. 传感器在工业机器人中的作用

在工业机器人系统中，传感器的主要作用包括以下几点。

1）环境感知：获取外部环境的信息，如工件的位置、形状、颜色和纹理等，为机器人规划路径和操作提供依据。

2）自身状态监测：监测机器人的关节角度、速度、加速度、力和力矩等，实现精确的运动控制。

3）安全保障：检测异常情况，如碰撞、过载和温度异常等，及时采取保护措施，保障设备和人员安全。

4）智能交互：通过触觉、视觉和语音等传感器实现人机交互和协作，提高机器人智能化水平。

4.1.2　传感器的分类

工业机器人中用到的传感器种类繁多，根据传感器所在位置和功能的不同，可以分为内部传感器和外部传感器。

1. 内部传感器

内部传感器安装在机器人本体中，是以机器人本身的坐标轴来确定其位置，用来感知机器人自身的状态，采集机器人本体、关节和手爪的位移、速度、加速度等来自机器人内部的信息，以调整和控制机器人的行动。内部传感器通常包括位置传感器、速度传感器、加速度传感器及力矩传感器等。

1）位置传感器：用于测量机器人的各个关节或执行机构的具体位置，确保其精确运动。

2）速度传感器：用于监控关节或执行机构的运动速度，以调整机器人动作的平稳性和动态响应。

3）加速度传感器：评估机器人加速或减速时的运动情况，避免突然的速度变化导致的故障或不稳定状态。

4）力矩传感器：用于检测关节或执行机构上的扭矩负荷，以确保机械臂不会超过设计负载，避免损坏或失效。

2. 外部传感器

外部传感器用于机器人对周围环境、目标物的状态特征等信息的获取，使机器人和环境发生交互作用，采集机器人和外部环境及工作对象之间相互作用的信息，从而使机器人对环境有自校正和自适应能力。外部传感器通常包括视觉传感器和触觉传感器。

1）视觉传感器：通过摄像头或其他成像设备帮助机器人识别周围环境的物体，完成路径规划、物体识别及测量等任务。

2）触觉传感器：通过感知接触面压力模仿人类的触觉系统，用于检测物体接触时的力与触点位置。

传感器作为工业机器人的关键组件，赋予了机器人感知环境和自身状态的能力，使其能够完成复杂的任务并适应多变的工作环境。理解传感器的工作原理、分类和应用，对于设计和使用工业机器人具有重要意义。在后续的学习中，我们将进一步探讨常用传感器的详细原理和机器视觉技术的应用。

任务实施

1. 结合传感器的定义，请在图 4-1 方框中补充传感器的组成。

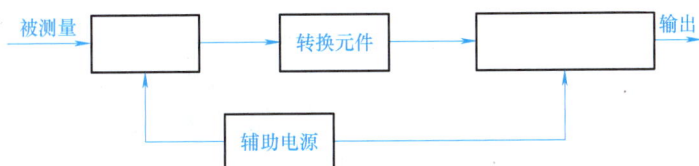

图 4-1　传感器的组成

2. 请在表 4-1 中分别列出工业机器人主要的内部传感器和外部传感器。

表 4-1　工业机器人内、外部传感器

内部传感器	外部传感器

知识拓展

机器人传感器的发展与应用

1. 传感器的小型化趋势

近年来，传感器的体积不断缩小，以适应工业机器人日益复杂且精密的需求。例如，MEMS（微机电系统）传感器凭借其小尺寸、低功耗、高灵敏度等特点，在机器人中得到了广泛应用。MEMS 加速度计和陀螺仪可以轻松集成到机器人关节中，实时监控机器人的姿态和运动状态。

案例：在手机制造行业，机器人进行精密组件安装时，需要高灵敏度的 MEMS 传感器，以确保极小的装配误差，提升产品的质量和一致性。

2. 物联网与机器人传感器

物联网（IoT）技术正在逐渐与工业机器人相结合，传感器通过与无线网络连接，实现远程监控和数据采集。例如，安装在机器人上的温度、湿度传感器，可以实时监测环境变化，将数据发送至中央系统，实现预防性维护。

案例：在电子产品生产企业中，机器人通过传感器与物联网技术相结合，实时监控生产环境，预防过热或湿度过高对产品质量造成的影响。

3. 自校准技术的应用

自校准传感器可以在使用过程中自动调整校准参数，确保数据始终准确，减少了手动校准的工作量，特别适用于长时间工作且无法频繁停机的机器人。例如，在极端温度或压力下工作的传感器会因为环境变化产生漂移，自校准技术能够动态调整传感器的基准值，保证数据精确度。

案例：在高温环境中的金属铸造工厂，安装在机器人上的自校准温度传感器可以实时调整校准值，确保机器人能够精确感知温度并实时调整操作。

技能训练

1.【判断】位置传感器可以帮助机器人精确控制关节的运动。　　　　　　　（　　）

2.【判断】力矩传感器仅用于机器人末端执行器的负载测量。　　　　　　　（　　）

3.【判断】传感器的分辨率越高，检测精度越高。　　　　　　　　　　　　（　　）

4.【多选】以下哪些是工业机器人内部传感器的功能？（　　　）

A. 监控机器人关节的角度　　　　　　　　B. 检测机器人执行器的速度

C. 测量机器人加速度　　　　　　　　D. 感知工作环境的温度

5.【单选】位置传感器通常用于测量机器人的（　　　）。

A. 关节角度　　　　　　　　　　　　B. 操作力

C. 环境温度　　　　　　　　　　　　D. 距离

任务 4.2　工业机器人常用传感器介绍

任务描述

请结合实训室使用的机器人设备，说一说设备上都用到了哪些传感器。并指认它们安装的位置，说一说它们的作用。

知识储备

探秘小五官——机器人内部传感器

4.2.1　常用内部传感器

内部传感器主要用于监控机器人的关节状态、运动参数及负载情况，确保机器人的精准运动和安全操作。

1. 位置传感器

位置传感器用于感测机器人各个关节或执行机构的具体位置（见图 4-2），确保其能够精确到达预定位置。通过反馈控制，位置传感器可以保证机器人动作的准确性。

编码器是常用的角度和位置测量装置，分为增量式和绝对式两种。

1）增量式：通过检测旋转轴每移动一个固定增量所产生的脉冲数来确定位置变化。

2）绝对式：为每个位置提供唯一的编码，能够直接输出绝对位置。

图 4-2　工业机器人位置传感器安装示意图

（1）工作原理　增量式编码器的角位移计算：

$$\theta = \frac{360°}{N} \times n \tag{4-1}$$

式中，θ 为角位移（°）；N 为每转脉冲数；n 为计数脉冲数。

（2）应用

1）编码器（增量式和绝对式）：广泛用于检测关节的角度和旋转位置，实现高精度位置控制。

2）电位计：通过检测电阻的变化来测量线性位移或角度位置，适合低精度的检测任务。

2. 速度传感器

速度传感器用于监控机器人关节或执行机构的运动速度，提供实时速度反馈。通过速度传感器，机器人能够调整运动的平稳性，确保动作的动态响应。

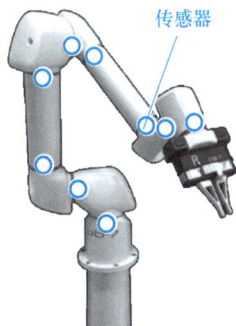

（1）工作原理

1）霍尔效应传感器：基于霍尔效应，当载流导体在磁场中运动时，会产生与速度成正比的电压信号。

2）旋转编码器：通过测量位置随时间变化的导数，计算出速度信息。

（2）速度计算　速度计算如下：

$$v = \frac{\Delta s}{\Delta t} \tag{4-2}$$

式中，v 为速度（m/s）；Δs 为位移变化（m）；Δt 为时间间隔（s）。

（3）应用

1）霍尔效应传感器：用于检测旋转部件的转速，如电动机转速。

2）旋转编码器：与位置传感器结合使用，提供精确的速度反馈。图 4-3 所示为工业机器人速度传感器安装示意图。

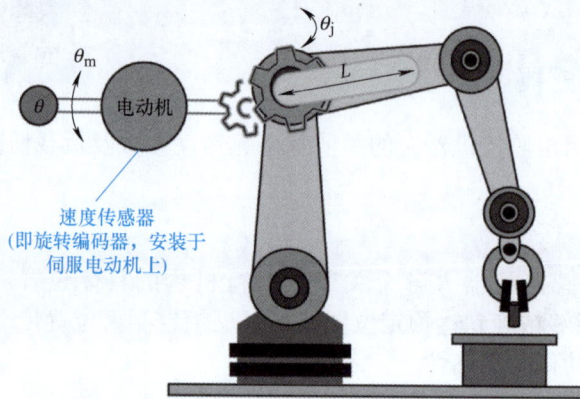

图 4-3　工业机器人速度传感器安装示意图

3. 加速度传感器

加速度传感器用于评估机器人在加速或减速过程中的运动情况，帮助系统检测突然的加速度变化，防止机器人因不稳定或急剧变化而发生故障。

（1）MEMS 加速度计　基于微机电系统，通过测量质量块在加速度作用下的偏移量，输出对应的电信号。

（2）加速度计算　根据牛顿第二定律：

$$F = m \cdot a \tag{4-3}$$

用 MEMS 加速度计测量质量块所受的力 F，计算加速度 a。其中，F 为质量块所受的力（N）；m 为质量块的质量（kg）；a 为质量块的加速度（m/s²）。

（3）应用　用于实时监控机器人各部分的加速度，检测异常运动状态。

4. 力矩传感器

力矩传感器用于感知机器人在操作过程中的力信息，尤其在需要精确抓取或装配的任务中，力矩传感器提供实时反馈，确保机器人能够完成复杂的操作任务而不损坏物体。

（1）工作原理　利用应变片或光纤光栅等技术测量作用在传感器上多个方向的力和力矩。

（2）计算　力和力矩的平衡方程：

$$\begin{cases} F_x = \sum f_{xi} \\ F_y = \sum f_{yi} \\ F_z = \sum f_{zi} \\ M_x = \sum (f_{yi} \cdot z_i - f_{zi} \cdot y_i) \\ M_y = \sum (f_{zi} \cdot x_i - f_{xi} \cdot z_i) \\ M_z = \sum (f_{xi} \cdot y_i - f_{yi} \cdot x_i) \end{cases} \tag{4-4}$$

式中，F_x、F_y、F_z 为三个方向的力（N）；M_x、M_y、M_z 为三个方向的力矩（N·m）；f_{xi}、f_{yi}、f_{zi} 为传感器测得的力分量（N）；x_i、y_i、z_i 为测力点的坐标（m）。

（3）应用　六维力矩传感器：用于感知三个方向的力和三个方向的力矩，适合高精度操作，如复杂装配、人机协作等。图 4-4 所示为六维力矩传感器在工业机器人中的应用。

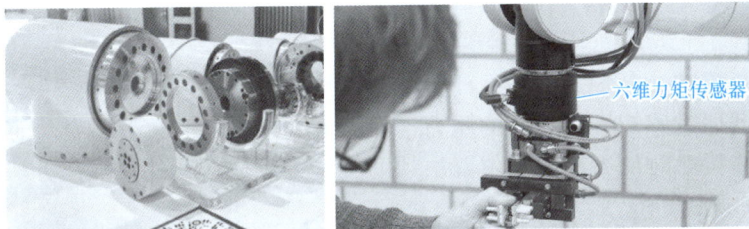

图 4-4　六维力矩传感器

4.2.2　常用外部传感器

外部传感器用于感知机器人与外界环境的交互，帮助机器人在复杂环境中进行导航、物体识别、触觉反馈等操作。

百变感君——外部传感器

1. 视觉传感器

视觉传感器通过摄像头或其他成像设备获取环境图像，并利用图像处理算法帮助机器人进行物体识别、路径规划、测量等任务。视觉传感器赋予机器人"视觉"能力，使其能够在不确定的环境中完成复杂任务。

（1）工作原理

1）图像传感器：CCD 或 CMOS 传感器将光信号转换为电信号。

2）图像处理算法：通过边缘检测、形状识别和深度估计等算法提取有用信息。

（2）立体视觉深度计算　可通过下面的算式计算立体视觉深度：

$$Z = \frac{f \cdot B}{d} \tag{4-5}$$

式中，Z 为物体到摄像头的距离（mm）；f 为摄像头焦距（mm）；B 为两个摄像头的基线距离（mm）；d 为视差（mm）。

（3）应用

1）CCD/CMOS 摄像头：用于零件定位、质量检测、视觉导航等任务。图 4-5 所示为欧姆龙视觉传感器。

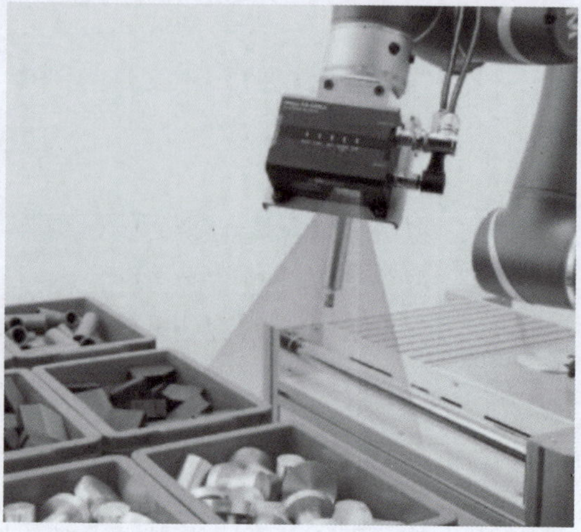

图 4-5 欧姆龙视觉传感器

2）深度相机：通过结构光或飞行时间（ToF）技术获取场景的深度信息，帮助机器人进行 3D 建模和避障。

2. 触觉传感器

触觉传感器通过感知接触表面的压力，模拟人类的触觉系统。触觉传感器主要用于检测机器人与物体接触时的力和触点位置，帮助机器人完成精密的抓取任务。

（1）工作原理

1）压电效应：压电材料在受到机械压力时会产生电荷，电荷量与施加的压力成正比。

2）电容变化：当两电极间的距离或介电常数发生变化时，电容值会随之改变。

（2）计算公式

1）压电传感器输出电荷：

$$Q = d_{33} \cdot F \tag{4-6}$$

式中，Q 为电荷量（C）；d_{33} 为压电系数（C/N）；F 为施加的力（N）。

2）电容计算

可用下面的算式计算电容：

$$C = \frac{\varepsilon_0 \varepsilon_r A}{d} \tag{4-7}$$

式中，C 为电容（F）；ε_0 为真空介电常数（F/m）；ε_r 为相对介电常数；A 为电极面积（m²）；d 为电极间距（m）。

（3）应用

1）压电式触觉传感器：通过机械手爪或末端执行器感知接触力和进行触觉反馈。

2）电容式触觉传感器：通过检测电容变化感知接触情况，适合柔性机器人末端的触觉反馈。图 4-6 为触觉传感器在机器人柔性抓取

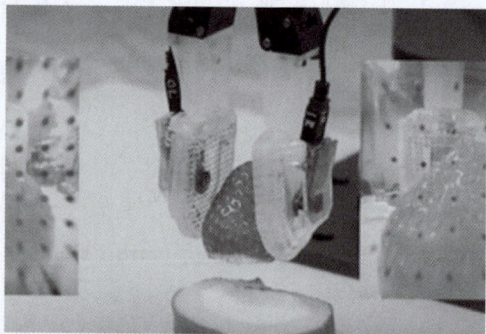

图 4-6 触觉传感器应用示例（草莓抓取）

中的应用。

本节结合工业机器人的实际应用，详细介绍了常用传感器的工作原理和应用场景。传感器为机器人提供了感知能力，使其能够自主感知环境和自身状态，完成复杂的任务。理解这些传感器的原理和应用，对于机器人系统的设计、调试和优化具有重要意义。

任务实施

1. 观察与识别机器人传感器

1）进入实训室，观察教学用工业机器人模型，熟悉机器人结构和主要部件位置。

2）在教学用工业机器人实训平台上依次找到并指认所使用的传感器位置，将其位置和作用记录在表 4-2 中。

表 4-2　用到的传感器位置及作用

序号	传感器名称	位置	作用

2. 读取与分析传感器反馈数据

1）在"电动机上电"的状态下，操纵示教器上的手动操纵杆，以不同的速度让机器人执行简单的关节移动任务，感受机器人反馈的速度变化情况。

2）观察位置传感器的输出数据变化（如关节角度、位置坐标等），在表 4-3 中记录机器人各个轴关节角度的变化范围。

表 4-3　各轴关节角度变化范围

轴	关节角度变化范围

知识拓展

工业机器人常用传感器的应用

1. 触觉传感器的应用

触觉传感器模拟人类的触觉，通过感知压力、振动和接触信息，为机器人提供反馈。这类传感器常用于需要柔性操作的场景，如抓取易碎物体或进行精密装配。当前，柔性触觉传感器的发展使机器人能够更敏锐地感知接触信息。

案例：在物流分拣中，机器人通过柔性触觉传感器感知包裹的重量和形状，精确抓取并放置不同尺寸和材料的物品，避免损坏物品或抓取失败。

2. 机器视觉在工业中的应用

机器视觉利用摄像头和图像处理算法为机器人提供环境感知能力。它能够识别物体的位置、大小、形状，并根据这些信息指导机器人进行精确操作。机器视觉系统广泛应用于自动化检测、装配及焊接等任务。

案例：在汽车生产线上，机器视觉被用于检测车体焊缝的精度，系统通过对焊缝图像进行分析，判断是否存在偏差或缺陷，并在生产过程中实时修正。

3. 力觉传感器在精密装配中的应用

力觉传感器用于感知机器人在操作过程中施加的力，特别适用于需要精确控制力量的任务。它能够实时反馈操作中施加的力并进行调整，避免过大的力导致物体损坏或操作失败。

案例：在智能手机组装中，力觉传感器可以精确控制机械手抓取并安装玻璃屏幕的力量，确保不会因过大的压力而导致屏幕破裂，同时避免安装不到位的问题。

🦾 技能训练

1.【判断】视觉传感器可以帮助机器人识别环境中的物体并规划路径。　　（　　　）
2.【判断】加速度传感器主要用于检测机器人末端的负载变化。　　　　　（　　　）
3.【判断】力觉传感器能够感知机器人操作过程中施加的力，并调整操作。（　　　）
4.【多选】以下哪些属于外部传感器？（　　　　）
A. 视觉传感器　　　　　　　　　　　　B. 触觉传感器
C. 速度传感器　　　　　　　　　　　　D. 力觉传感器
5.【单选】视觉传感器的主要作用是帮助机器人（　　　　）。
A. 检测加速度　　　　　　　　　　　　B. 识别和定位物体
C. 检测扭矩　　　　　　　　　　　　　D. 测量电流

任务 4.3　机器视觉原理及其在工业机器人中的应用

🦾 任务描述

观察实训室中使用的工业相机，对其进行简单拆装，熟悉其结构组成；在配套视觉软件中进行分辨率、对比度和曝光时间等参数的设置，体会不同设置对图像质量的影响。

🦾 知识储备

机器视觉是人工智能和机器人技术的重要组成部分，赋予了工业机器人"视觉"能力，使其能够感知和理解周围环境的信息。在现代制造业中，机器视觉技术被广泛应用于质量检测、定位与导航、目标识别与抓取等领域，大大提高了生产效率和自动化程度。

4.3.1　机器视觉的基本原理

机器视觉系统通过获取外界的图像信息，经过处理和分析，提取有用的特征，指导机器人的决策和行动。

1. 系统组成

视觉系统由以下几部分组成。

1）光源：提供均匀、稳定的照明，以提高图像质量。

2）镜头：决定成像质量和视场范围。

3）图像传感器：如 CCD 或 CMOS 摄像头，将光信号转换为电信号。

4）图像采集卡：简称 FG（Frame Graber），可将模拟信号转换为数字信号（如需要）。

5）图像处理单元：即机器视觉软件，执行图像处理算法，如边缘检测、特征提取等。

6）控制系统：根据处理结果，由控制单元（如 PLC、机器人控制器等）控制执行机构动作。

典型工业视觉系统结构示意图如图 4-7 所示。

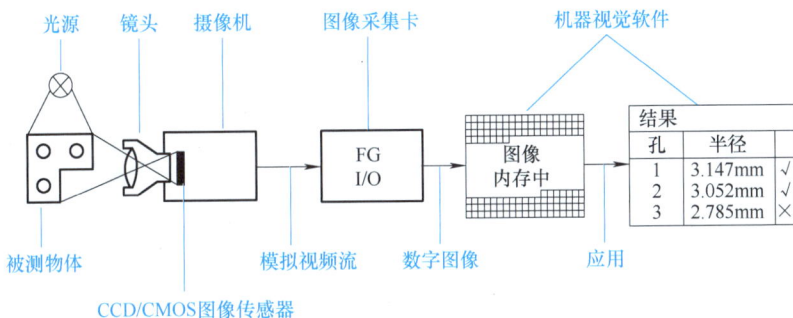

图 4-7　工业视觉系统结构示意图

2. 工作流程

1）图像采集：摄像头获取环境或目标物体的图像。

2）图像预处理：进行去噪、增强对比度、灰度化等处理，改善图像质量。

3）特征提取：识别图像中的边缘、角点、纹理等重要信息。

4）图像分析与理解：利用算法进行模式识别、目标定位等。

5）结果输出与控制：将分析结果用于控制机器人的行为。

4.3.2　机器视觉技术在工业机器人中的应用

1. 定位与导航

机器视觉系统可以帮助机器人识别自身位置和周围环境，进行路径规划和导航。

应用案例：AGV（自动导引车）利用地面标志或环境特征实现自主导航和避障，如图 4-8 所示。

独具慧眼——
机器视觉系统

2. 目标识别与抓取

机器人通过机器视觉识别目标物体的位置、形状和姿态，指导机械臂进行精确抓取。

应用案例：装配线上，机器人识别散乱放置的零件，进行自动抓取和装配，如图 4-9 所示。

图 4-8　AGV 机器人视觉系统规划路径

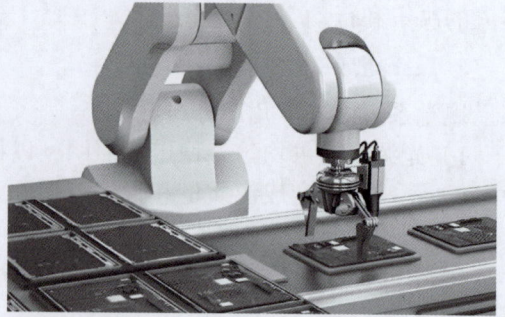

图 4-9　视觉系统识别目标零件

3. 质量检测

机器视觉可以对产品的外观、尺寸、缺陷等进行自动检测，提高质量控制水平。

应用案例：电子元器件的焊点检测、瓶盖密封性检测等。图 4-10 为瓶盖外观缺陷检测应用。

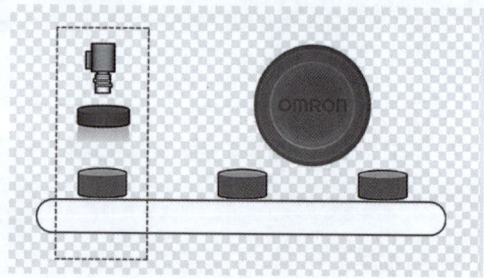

图 4-10　瓶盖外观缺陷检测

4. 焊接与涂胶

机器视觉用于引导机器人完成焊接、涂胶等高精度作业，实时调整路径和参数。

应用案例：在汽车制造中，机器人根据机器视觉识别并精确涂胶。图 4-11 所示为涂胶应用示意图，图 4-12 所示为焊接应用示意图。

图 4-11　机器视觉识别并涂胶

图 4-12　机器视觉识别焊缝并自动焊接

4.3.3　机器视觉系统的设计与实现

1. 光源选择与布置

1）光源类型：LED、荧光灯、激光等，如图 4-13 所示。

图 4-13　光源类型

2）照明方式：背光、同轴光、环形光、条形光等。图 4-14a 所示为正面打光示意图，图 4-14b 所示为背面打光示意图。

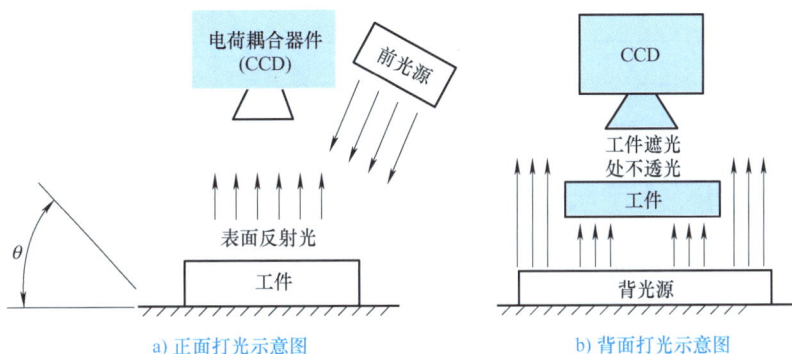

a) 正面打光示意图　　　　b) 背面打光示意图

图 4-14　打光示意图

3）目的：提高图像的对比度，突出目标特征。

2. 镜头与摄像头选型

常用工业镜头如图 4-15 所示，在进行镜头与摄像头选型时，可从以下几方面考虑。

1）焦距选择：决定视场大小和放大倍率。

2）分辨率：影响图像的细节捕获能力。

3）帧率：满足实时性的要求。

图 4-15　工业镜头

3. 图像处理硬件

1）嵌入式系统：适用于简单、固定的任务。

2）工控机或服务器：处理复杂算法，支持多线程、多任务。

4. 软件与算法

1）开发平台：OpenCV、Halcon、LabVIEW 等。

2）编程语言：C/C++、Python、MATLAB 等。

机器视觉技术为工业机器人赋予了"看"的能力，使其能够感知环境、理解信息、做出决策、完成复杂的任务。通过学习机器视觉的原理、应用案例和视觉系统的设计与实现，使学生理解其在工业机器人中的重要作用。

任务实施

1.简单拆装视觉相机

1）观察视觉相机的结构，在教师的指导下，以小组为单位对其进行简单拆卸。

2）重新安装视觉相机，并将其与控制系统连接，确保传感器能够正常工作。

2.相机图像的调试

1）在视觉软件中连接视觉传感器，通过软件调节视觉传感器的分辨率、对比度、曝光时间和光源强度，体会不同参数设置对图像质量的影响。

2）在表 4-4 中记录图像处于最佳清晰状态时，各项参数的设置值。

表 4-4　视觉软件调试参数值记录

参数名称	数值

知识拓展

机器视觉在机器人中的典型应用案例分析

案例一：智能分拣机器人（见图 4-16）

1）背景：在物流和快递行业，需要快速、准确地分拣大量包裹。

2）解决方案：机器人配备高速摄像头，利用机器视觉识别包裹的条码、尺寸、形状等信息，实现自动分类和搬运。

3）效果：提高分拣效率，降低人工成本。

案例二：柔性制造中的视觉引导装配（见图 4-17）

图 4-16　智能分拣机器人

图 4-17　视觉引导自动装配示意图

1）背景：在小批量、多品种的生产模式下，需要机器人具备快速适应新产品的能力。

2）解决方案：利用机器视觉系统实时识别零件的位置和姿态，引导机器人进行装配。

3）效果：提高生产柔性，缩短产品切换时间。

技能训练

1.【判断】机器视觉技术主要通过摄像头获取图像信息，帮助机器人完成识别、测量等任务。（　　）

2.【判断】深度相机通过 ToF（飞行时间）技术获取场景的三维信息。（　　）

3.【判断】在工业机器人中，视觉传感器仅用于质量检测，不适用于路径规划。（　　）

4.【多选】机器视觉技术的主要应用包括（　　）。

A. 目标识别与抓取　　　　　　　B. 质量检测

C. 力控反馈　　　　　　　　　　D. 路径规划

5.【单选】（　　）用于获取物体的三维深度信息。

A. 电阻传感器　　　　　　　　　B. 压电传感器

C. 立体视觉　　　　　　　　　　D. 电容传感器

项目总结图谱

知识点归纳思维导图

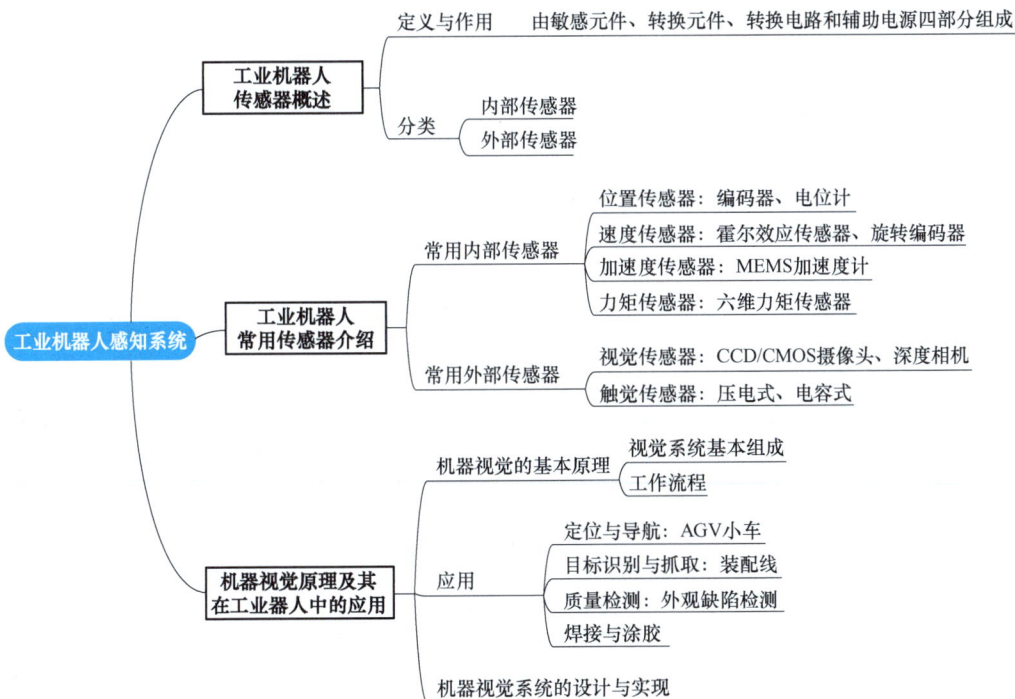

工业机器人控制系统
——聪明的大脑

🔍 项目导入

机器人控制系统相当于人类的"大脑中枢",控制系统水平的高低决定了机器人功能和性能的优劣。奥地利 Keba、瑞士 ABB 等企业依托过去发展汽车产业的优势,在机器人控制器领域形成了坚固的技术壁垒。控制器作为机器人核心部件之一,一直受到国外核心技术封锁。然而,目前我国以北京航空航天大学、固高科技、广数、华数等为代表的科研机构在国产机器人控制器领域逐步取得了重大突破,综合性能指标已比肩国际先进水平。

那么,到底什么是工业机器人的控制系统? 它是如何让机器人变得更聪明呢? 相信在本项目的学习中你会找到满意的答案。

📑 教学指引

教学重点	1. 工业机器人控制系统内部结构及外部硬件组成 2. 工业机器人运动简图的绘制 3. 工业机器人控制系统的控制方式
教学难点	1. 工业机器人运动控制数学基础 2. 工业机器人运动学正逆向问题
推荐教学方式	1. 工业机器人控制系统硬件认知部分可结合实物进行介绍,开展理实一体化教学 2. 运动控制数学基础和运动学正逆向问题属于了解范畴知识点,教学内容可根据自身学时安排进行删减 3. 理论性较强的知识点可借助绘制思维导图、课堂讨论、随堂练习等方式增强课堂互动,活跃课堂气氛
素养提升	1. 通过知识拓展案例:"引以为傲的国产工业机器人控制系统"和"探秘全球首个纯电驱人形机器人——'天工'",激发学生的民族自信;培养学生技能报国的理想信念 2. 在介绍"工业机器人的先天缺陷——奇异点"这一内容时,引出"天地本不全,万物皆有缺"的哲学思想,引导学生正视人生中的不完美
推荐学习方法	1. 将理论与实践相结合,勤思考、多总结 2. 充分应用网络资源查阅资料,培养可持续性学习思维和方法
参考学时	8 学时

任务 5.1　工业机器人控制系统的组成

任务描述

图 5-1a、b 分别是 ABB 机器人紧凑型控制柜和示教器的实物，你知道各标注部位对应的功能和含义吗？请说一说。

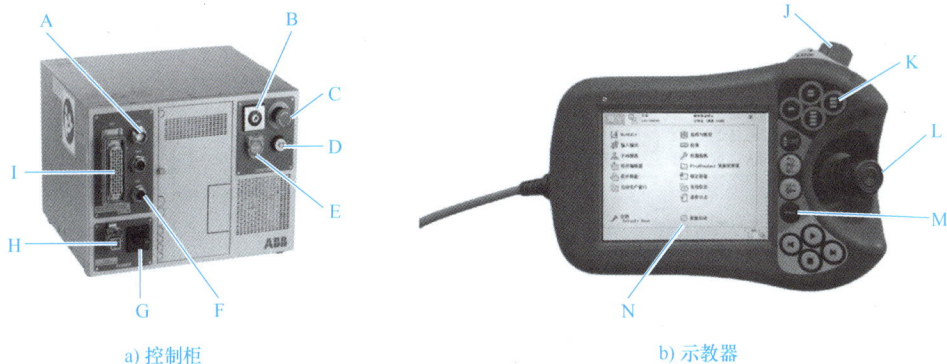

最强大脑——机器人控制系统

a) 控制柜　　　　　　　　　　b) 示教器

图 5-1　ABB 机器人紧凑型控制柜和示教器实物

知识储备

5.1.1　控制系统的基本结构组成

控制系统作为机器人的"大脑"，负责接收输入信号、处理信息、控制机器人运动和执行各种任务，是工业机器人的重要组成部分。随着工业自动化和智能制造技术的发展，工业机器人控制系统的体系结构也在不断地优化和升级，然而其基本结构组成均包括以下几部分。

1. 控制器

控制器是工业机器人控制系统的核心，负责接收输入信号、处理信息、生成控制指令。控制器通常采用高性能的微处理器或计算机系统，具有强大的计算能力和稳定性。

2. 传感器

传感器用于检测机器人的状态和环境信息，如位置、速度、加速度、力、温度等。传感器的数据可用于实时监控、故障诊断和自适应控制。

3. 驱动器

驱动器负责将控制器的控制指令转换为机器人执行器的运动。常见的驱动器有伺服电动机驱动器、步进电动机驱动器及液压驱动器等。

4. 通信接口

通信接口用于实现机器人控制系统与其他设备或系统的连接和数据交换，常见的通信接口有以太网、串行通信及现场总线等。

5. 人机交互界面

人机交互界面用于实现操作人员与机器人控制系统的交互，如编程、调试、监控等。机器人用人机交互界面除了一般的计算机键盘、鼠标和显示器外，还包括手持控制器（示教器），用于对机器人进行控制和示范操作。

图 5-2 所示是工业机器人控制系统的基本组成框图。

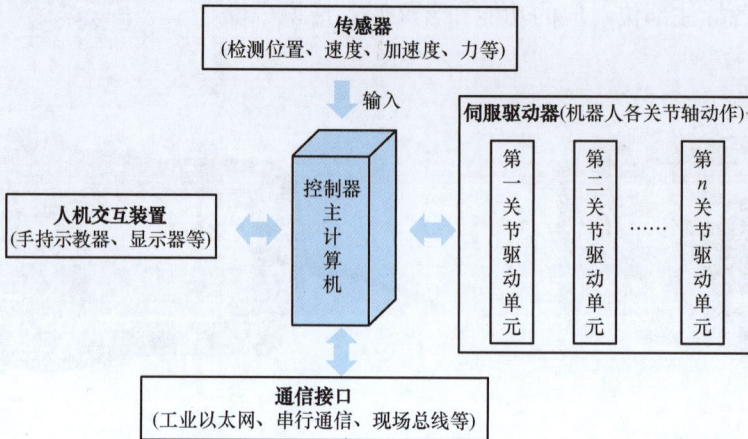

图 5-2　工业机器人控制系统组成框图

基于以上结构组成，工业机器人控制系统的作用在于：根据操作人员的指令控制工业机器人的执行机构完成作业任务对应的动作要求，即对其自身运动的控制及实现工业机器人与外部设备的协调控制。

此外，从各组成部分之间的功能关系看，一个典型的工业机器人控制系统主要包含三部分，即人机交互层、运动控制层和伺服驱动层，它们之间的关系如图 5-3 所示。人机交互层负责发出控制指令；运动控制层负责处理输入信息，结合运动控制算法对控制指令进行解析、运算和处理；伺服驱动层则将运动控制层解析、运算的结果传递给各关节轴的伺服驱动器，对关节轴伺服电动机进行力矩控制和功率放大，同时对编码器信号进行实时反馈，形成闭环控制；最后电动机输出动力经减速器降低速度、增大扭矩，带动工业机器人各关节轴按作业要求进行动作。

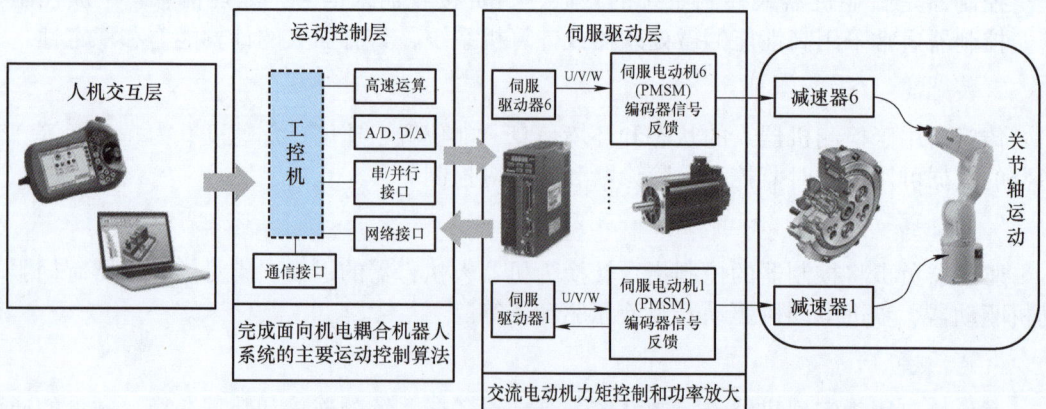

图 5-3　工业机器人控制系统功能简图

5.1.2 控制系统主要硬件认知

从工业机器人控制系统外在硬件组成看，主要部件包括示教器、控制器、驱动器和机器人本体等。一般控制器和驱动器会集成在控制柜内，控制柜内包含主计算机控制模块、轴计算机板、轴伺服驱动器、连接伺服轴编码器的 SMB 测量板、I/O 板等。图 5-4 所示是 ABB 工业机器人控制系统的基本硬件组成。

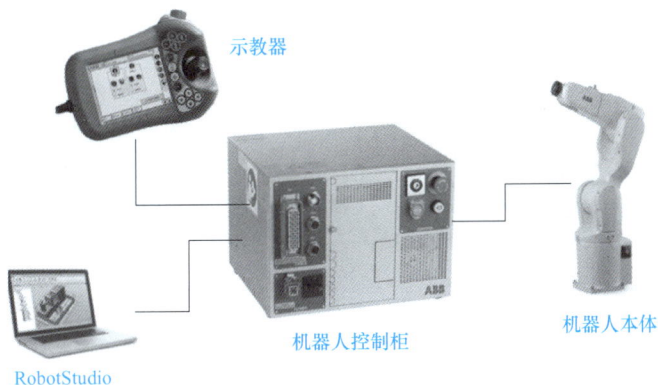

图 5-4 ABB 工业机器人控制系统基本硬件组成

1. 示教器认知

示教器的全称为示教编程器，是进行机器人手动操纵、程序编写、参数配置及监控用的手持装置，是机器人控制系统的核心部件。示教器一般通过通信电缆连接控制柜或运动控制器，通过设置运动参数与编写机器人的运动路径，可让机器人按照编写好的工艺文件进行工作，并可以对机器人的运动进行实时监控、调整、安全急停等操作。其优点具体体现在以下几方面

（1）编程简单 目前的示教器都会对其内部复杂的代码按照功能块的形式打包，所以用户只须使用示教器的功能块进行编程即可，其编程门槛低，简单方便。

（2）丰富的工作组件 示教器内部集成了各种各样的组件，不仅可以控制机器人，还可以控制整个系统需要使用的其他组件，通过添加控制逻辑实现不同组件之间的协同工作。

（3）安全 为了保证操作的安全性，示教器设计了安全使能开关。当轻握安全使能开关时，机器人的伺服驱动单元就会处于接通状态，可操作机器人运动。当未按下或重握安全使能开关时，机器人的伺服驱动单元就会处于断开状态，机器人停止动作，可防止操作者在失去行为能力或过度紧张误操作时造成人员受伤或机器损坏。

（4）监控 在示教器运行模式中，操作者设置示教器执行编程好的工艺文件，示教器会自动运行程序。此时，无须再操作示教器，示教器的显示界面会反馈机器人的运行情况及判断机器人的运行是否存在异常或错误行为。

（5）实时调整 示教器对机器人的控制存在精度问题，也就是当对机器人的控制未达到设定预期时，可通过调整示教器参数进行补偿，减少对机器人控制的误差。

不同品牌工业机器人示教器在外形上各不相同，表 5-1 列出了 ABB 和安川两种品牌示教器的外形结构及功能说明。

表 5-1　不同品牌示教器的外形结构及功能说明

品牌	外形结构及功能说明
ABB	1. 外形结构及功能 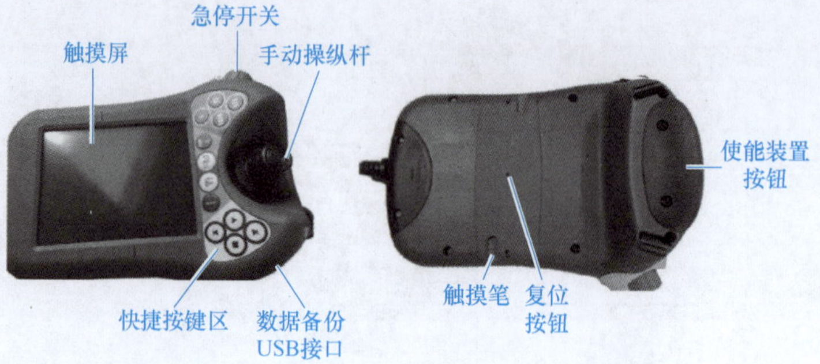 触摸屏　急停开关　手动操纵杆 使能装置按钮 触摸笔　复位按钮 快捷按键区　数据备份USB接口 2. "快捷按键区" 按键功能说明 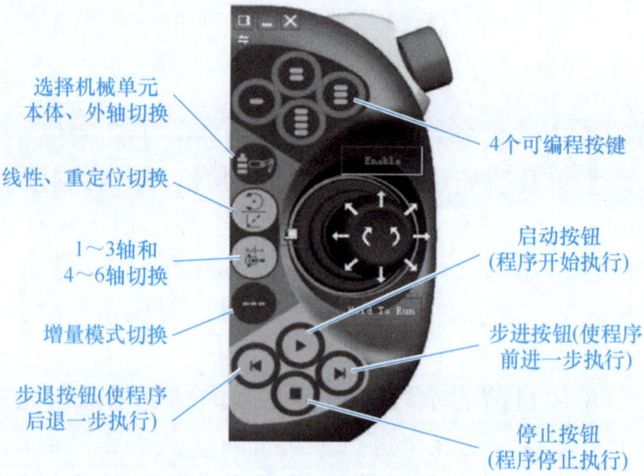 选择机械单元本体、外轴切换 线性、重定位切换 1～3轴和4～6轴切换 增量模式切换 步退按钮(使程序后退一步执行) 4个可编程按键 启动按钮(程序开始执行) 步进按钮(使程序前进一步执行) 停止按钮(程序停止执行)
安川	1. 外形结构及功能总览 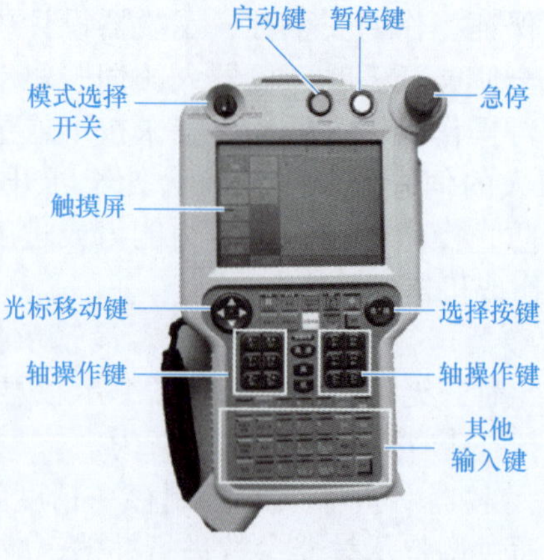 启动键　暂停键 模式选择开关　急停 触摸屏 光标移动键　选择按键 轴操作键　轴操作键 其他输入键

（续）

品牌	外形结构及功能说明
安川	2. 触摸屏界面 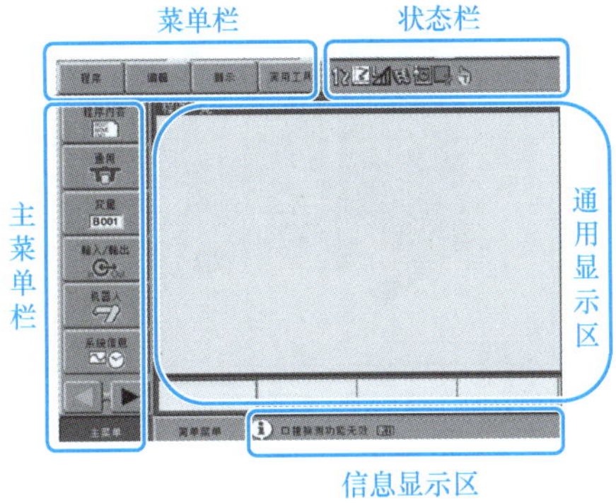 3. 按键区界面 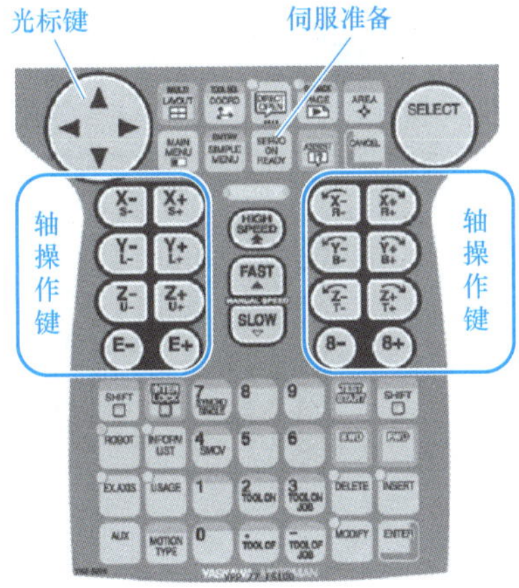

2. 控制柜认知

工业机器人控制柜内一般包含主电源、计算机供电单元、主计算机控制模块、轴计算机板、轴伺服驱动器、连接伺服轴编码器的 SMB 测量板、I/O 板等。机器人作业需求不同，控制柜的结构形式和版本则有所不同，且不同品牌控制器在性能方面有高有低，此处分别对 ABB 第五代控制器 IRC5 和安川 FS100 系列控制柜进行详细介绍。

近看四大家族、国产机器人控制系统

（1）ABB 第五代控制器 IRC5　ABB 第五代机器人控制器 IRC5 除了 ABB 独特的运动控制，还在柔性、安全性、模块化、应用界面、多机器人控制和 PC 工具支持等方面取得了新突破，且多种版本可为不同需求提供经济高效的优化解决方案。IRC5 系列控制器包含 IRC5 标准柜、IRC5C 紧凑柜、IRC5P 喷涂柜和 IRC5 面板嵌装柜 4 种版本，见表 5-2。

表 5-2　IRC5 不同版本控制柜

版本	实物	特征说明
IRC5 标准柜		ABB 第五代机器人控制器标准柜 IRC5 的运动控制技术 TrueMove 和 QuickMove 是精度、速度、周期、可编程性及与外部设备同步性等机器人性能指标的重要保证
IRC5C 紧凑柜		IRC5C 将 IRC5 控制器的强大功能浓缩于紧凑的机柜内，节省空间，单相电源便于调试 预设所有信号的外部接口，内置可扩展 16 路输入 /16 路输出 I/O 系统
IRC5P 喷涂柜		IRC5P 是 ABB 为喷涂车间应用量身设计的最新一代喷涂机器人控制柜系统。该系统配备新式防爆型"FlexPaint Pendant"示教器和新版喷涂工作站监视系统——RobView 5 RobView 5 可管理装备一台或多台机器人的喷涂系统，实现了喷涂过程的全方位显示，还可用于喷涂机器人工作站的操作与监控
IRC5 面板嵌装柜	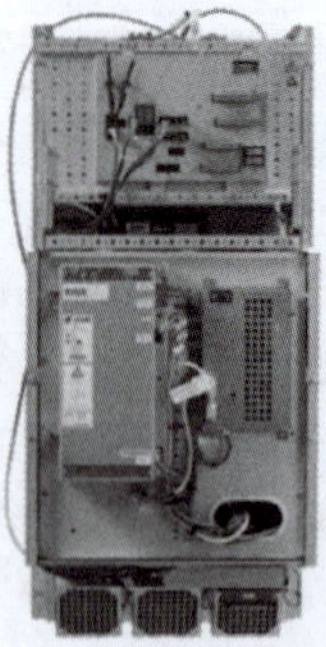	PMC（面板安装式控制器）自身不带机柜，可嵌装于任何定制或满足特定环境要求的机箱中；包含两个模块：传动模块和计算机模块

IRC5 控制器的主要功能及优势体现在以下几方面。

1）高性能运动控制。IRC5 采用先进的控制算法，能够实现高速、高精度的机器人运动控制，提高生产效率和质量。

2）开放式接口和可扩展性。IRC5 提供开放式接口和丰富的扩展功能，可方便地与上位机、传感器等设备进行通信和集成。

3）多任务处理能力。IRC5 支持多任务并行处理，可同时控制多个机器人或执行多个任务，提高设备利用率和生产效率。

4）安全可靠。IRC5 采用高可靠性设计和冗余技术，确保机器人系统的稳定性和安全性。

针对 ABB IRC5 系列 4 种版本控制柜，此处以教学中较常见的 IRC5C 紧凑型控制柜为例进行详细介绍，其外形结构及面板接口功能如图 5-5 所示。该控制柜的操作面板采用精简设计，完成了线缆接口的改良，以增强使用的便利性和操作的直观性。虽然机身小巧，但其卓越的运动控制性能毫不亚于常规尺寸的控制器。IRC5C 配备以 TrueMove 和 QuickMove 为代表的运动控制技术，为 ABB 机器人在精度、速度、周期、可编程性及外部设备同步性等指标上展现杰出性能奠定了坚实基础。

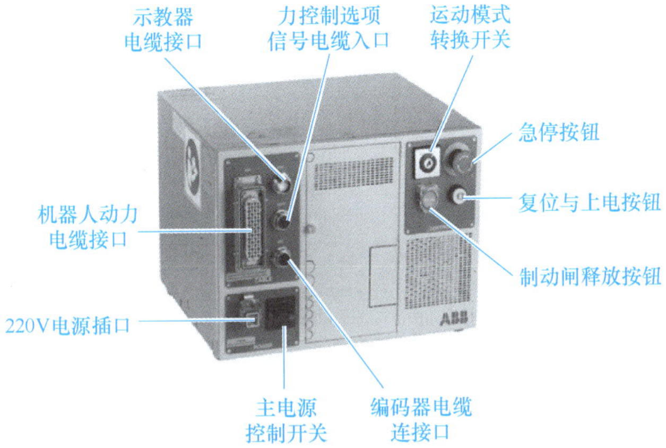

图 5-5　ABB IRC5C 紧凑型控制柜外形结构及面板接口功能

ABB IRC5C 紧凑型控制柜内部结构如图 5-6 所示，主机接口功能说明见表 5-3。

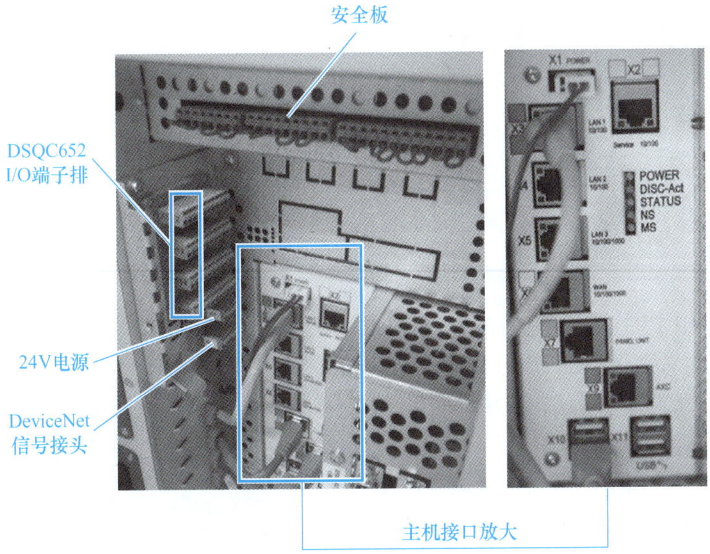

图 5-6　IRC5C 控制柜内部结构

表 5-3　主机接口功能说明

主机接口图	名称	功能	说明
	X1	POWER	主机电源插口，给主机供电
	X2	LAN Service	连接 PC （与 RobotStudio 软件连接）
	X3	LAN1	连接示教器
	X4	LAN2	连接外部设备 （如与 PLC Profinet 通信）
	X5	LAN3	连接外部设备 （如与 PLC Profinet 通信）
	X6	WAN	连接外部网络
	X7	PANEL UNIT	连接安全板
	X9	AXC1	连接轴计算机
	X10	USB1	预留
		USB2	来自电源分配单元 USB 供电
	X11	USB1	预留
		USB2	预留
	COM1	串口（9 针）	外部串口通信

（2）安川 FS100 系列控制柜　安川机器人控制柜前后也经历了多次更新迭代，如 MRC、XRC、NX100、DX100、FS100、DX200、YRC1000 和 YRC1000micro 等系列。其中，YRC1000 和 YRC1000micro 是最新的控制柜，外形结构如图 5-7 所示，YRC1000micro 相对 YRC1000 为紧凑型控制柜，更适于小机型机器人。与之前的控制柜相比，YRC1000 和 YRC1000micro 进行了轻量化设计，整体结构更轻巧。

a) YRC1000　　　　　　　b) YRC1000micro
图 5-7　安川 YRC1000 和 YRC1000micro 控制柜

此处将对安川 FS100 系列控制柜进行具体介绍，其外形结构如图 5-8 所示。安川 FS100 控制柜体积小、功能强、开放性好。它为包装、小零件处理和装配应用而设计，具有高速、离散操作所需的性能，还具有开放的软件架构，使原始设备制造商、机器制造商和系统集成商能够开发自己的定制软件解决方案。其应用特点主要体现在以下几方面。

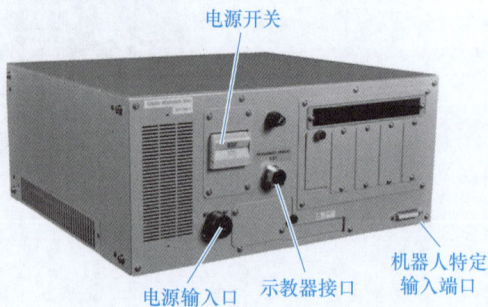

图 5-8　安川 FS100 控制柜

1）体积小、功能强、性能高，比 DX100 控制器快 2 ～ 4 倍。

2）专为有效载荷在 20kg 及以下的包装和小零件搬运机器人而设计。

3）单个控制器最多支持 8 个轴，如 4 轴机器人 +2 个外部轴；6 轴机器人 +2 个外部轴；7 轴机器人 +1 个外部轴；15 轴机器人需要两个 FS100 控制器。

4）开放式结构使软件可以在广泛接受的环境中进行定制，如 C、C++、C# 和 .NET 等。

微视野——工业机器人控制器行业发展趋势

未来工业机器人控制器行业发展趋势主要体现在集成化、技术创新、网络化和智能化几个方面。

（1）集成化发展　除基本驱动和控制功能外，还将整合视觉处理、运动规划和安全管理等多种功能。简化了系统架构，降低了成本，并提高了系统的稳定性和可靠性。

（2）技术创新与性能提升　随着计算能力和算法的进步，新一代控制器将利用先进的处理器和高速通信技术提供更快的响应时间和更高的控制精度，使机器人能够执行更复杂的任务。

（3）网络化与云连接　随着工业物联网的发展，控制器正越来越多地通过网络连接到云平台和其他设备，使远程监控、诊断和数据分析成为可能，进一步提高了生产效率和维护的便捷性。

（4）智能化与自学习能力　借助人工智能和机器学习技术，工业机器人控制器正变得更加智能，它们能根据环境变化和操作经验自我优化操作策略，实现自适应控制。

任务实施

图 5-9 是 ABB 机器人紧凑型控制柜 IRC5C 和示教器的外形实物，请在图中方框内填写各标注部位所表达的功能含义。

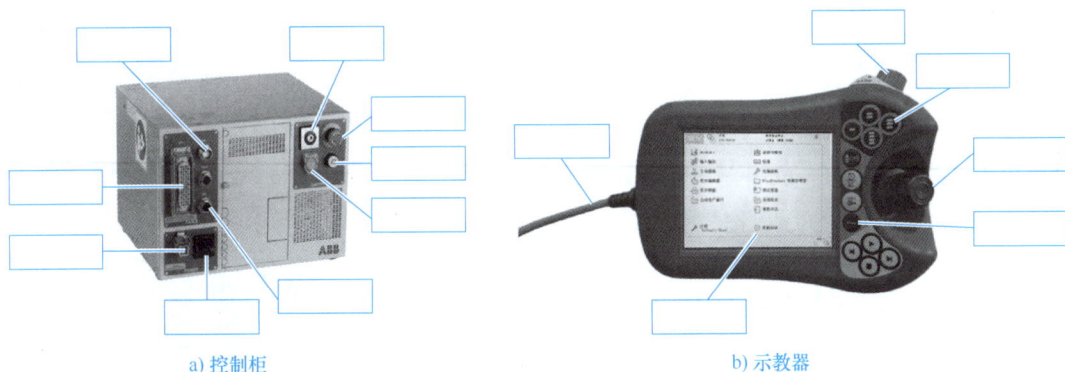

a) 控制柜　　　b) 示教器

图 5-9　ABB 控制柜和示教器认知

知识拓展

引以为傲的国产工业机器人控制系统

1. 新松 SRCC5 机器人智能控制系统

新松机器人自动化股份有限公司（以下简称新松）成立于 2000 年，隶属中国科学院，是一家以机器人技术为核心的高科技上市公司。新松作为中国机器人领军企业及国家机器人产业化基地，拥有完整的机器人产品线及工业 4.0 整体解决方案。SRCC5 是其新一代工业机器人智能控制系统，如图 5-10 所示。该控制系统的亮点表现在以下几方面。

（1）系统更智能　SRCC5 智能控制系统支持虚拟仿真、机器视觉（2D\3D）、力觉传感等多种智能技术的应用，在这颗"智慧之心"的赋能下，新松工业机器人可以适用不同行业的工艺软件包，在焊接、搬运与码垛、磨抛、装配、喷涂等多个领域可实现工匠式的高水准、灵活化作业。

图 5-10　新松 SRCC5 机器人智能控制系统

（2）外形更轻巧　SRCC5 智能控制系统采用全新的控制柜设计，其柜体紧凑轻巧，外形简洁大方。对比上一代控制系统，SRCC5 智能控制系统在软、硬件性能得到全方位提升的同时，体积缩减了 43%，重量降低了 32%。柜内机器人控制器、安全控制器、伺服驱动器高度融合，全方位保障作业的安全性。

（3）使用更便捷　SRCC5 智能控制系统由新松自主研发，可基于用户需求进行二次开发。采用触摸屏横版示教盒，实现高灵敏度的触屏体验，适用于新型系统的所有机型。按键操作与手持方式符合人机工程设计，操作更加舒适，集成上电按钮、模式选择开关、状态指示灯、急停按钮，更加快捷方便。示教器线缆与控制柜通过快插连接器连接，能够快速插拔，可以实现示教器与机器人一对多的组合方式。

2. 固高科技驱控一体机机器人控制系统

固高科技是专业从事运动控制及智能制造核心技术研究与开发的高科技企业，是国内技术领先的运动控制产品供应商。

固高科技工业机器人控制系统采用高性能运动控制器实现机器人运动学、动力学计算和高速、高精度控制，采用自主研发的 gLink-Ⅱ千兆等环网实现控制单元间数据的互联，具有极高的可靠性、灵活的模块化扩展、便捷的安装调试。系统采用分层式、模块化软件架构，具有丰富的软件功能和行业工艺包，轻松对接低代码产线开发平台、工业信息化云平台，支持客户快速二次开发和深度定制，打造客户专属的机器人控制系统，构建全互联的智能制造控制系统。图 5-11 所示是固高科技开发的拿云（Marvie）六轴驱控一体机，该设备具有以下特点。

图 5-11　拿云（Marvie）六轴驱控一体机

1）集工业机器人控制系统开发平台、运动控制器和六轴伺服驱动器于一体，体积小、功率密度高、集成度高，极大地简化了客户的电气设计，提高了设备性能和可靠性，适合20kg 以下的机器人。

2）采用多自由度和非线性控制算法，实现高动态响应，高精度的电流、速度及位置控制。

3）支持高速本地 I/O 和远程扩展 I/O。

4）支持 gLink-Ⅰ和 gLink-Ⅱ千兆网络协议。

5）支持编码器反馈信号和抱闸信号的网络控制与传输，支持手持盒热拔插。

6）集成辅助编码器、CAN 总线协议、机器视觉和串行 RS232 接口。

7）运动控制计算与伺服驱动环路计算完全同步。

技能训练

1.【填空】工业机器人的控制系统基本结构组成包括：_____、传感器、_____、通信接口和人机交互界面。

2.【填空】工业机器人控制系统中常见驱动器有_____、步进电动机驱动器和液压驱动器。

3.【填空】未来工业机器人控制器将往_____、技术创新、_____和智能化方向发展。

4.【判断】机器人控制系统中驱动器的作用是将控制指令转换为机器人执行机构的运动。
(　　)

5.【判断】机器人示教器的线缆是接在控制柜上的。(　　)

6.【判断】ABB 机器人示教器的使能按钮在手动操纵机器人时是要一直按住的。它有三个档，分别是不握住、适当力度握住和大力握住。(　　)

7.【判断】ABB 紧凑型控制柜内部的 "X2"（LAN Service）网口是用来和 PC 连接的。
(　　)

8.【多选题】工业机器人控制系统的人机交互界面一般包括(　　)。
A. 键盘　　　　　　B. 示教器　　　　　　C. 鼠标　　　　　　D. 显示器

任务 5.2　工业机器人运动控制基础

任务描述

在工业机器人运动控制中，绘制运动简图是描述机器人组成机构及运动形式的直观表达形式，可方便对机器人进行运动分析和计算。图 5-12 分别是 ABB IRB120 和 KUKA 四轴 SCARA 机器人，你能用运动简图来表示它们吗？

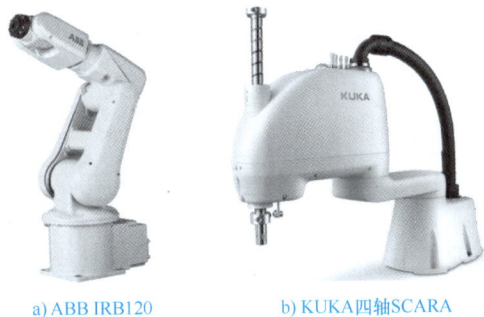

a) ABB IRB120　　　　　　b) KUKA四轴SCARA

图 5-12　工业机器人本体

🦾 知识储备

工业机器人控制系统的根本任务是对其自身运动的控制及实现工业机器人与外部设备的协调控制。运动控制功能是工业机器人控制系统最核心的功能。

工业机器人运动控制功能是指通过控制各关节轴运动，实现对末端执行器位姿（位置和姿态）、速度和加速度等项目的控制。本节将对运动控制中所涉及的工业机器人各种坐标系、运动简图和运动学基础知识进行具体阐述。

5.2.1 认识工业机器人各种坐标系

工业机器人是由一个个关节连接起来的多刚体，每个关节均有伺服驱动单元，每个单元的运动都会影响机器人末端执行器的位置和姿态。因此，为了保证运动控制中机器人精确地到达对应位置完成相应操作，需要用标准语言来描述机器人在工作空间中的位置和姿态。坐标系就是该标准语言，它是理解机器人运动控制的基础。

机器人坐标系到底有多少

工业机器人的坐标系一般有 6 种：大地坐标、基坐标、关节坐标、工件坐标、工具坐标和用户坐标。机器人品牌不同，对坐标系的划分方式略有不同，但都是为方便用户操作和控制机器人进行划分的。表 5-4 列出了几种品牌机器人坐标系的划分方式。

表 5-4　不同品牌机器人坐标系划分方式

品牌	坐标系划分
ABB	大地坐标系、基坐标系、工件坐标系、工具坐标系
安川	关节坐标系、直角坐标系、圆柱坐标系、工具坐标系、用户坐标系
KUKA	轴坐标系、世界坐标系、基坐标系、工具坐标系

无论是哪种机器人坐标系，其方向均可用右手定则来确定，如图 5-13 所示。假设拇指指向 x 轴的正方向，食指指向 y 轴的正方向，利用右手定则则可以判断出中指所指示的方向即为 z 轴的正方向；如果需要确定绕 x、y、z 轴的旋转方向，则用右手大拇指指向轴的正方向，弯曲其余四指，四指所指示的方向即为绕该轴旋转的正方向。

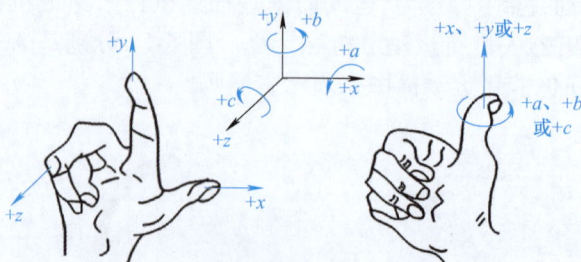

图 5-13　右手定则定义直角坐标系及绕轴旋转方向

下面以 ABB 和安川 6 轴关节型机器人为例，分别对其坐标系进行详细介绍。具体内容见表 5-5 和表 5-6。

表 5-5　ABB 机器人坐标系及其含义

类型	含义	图形表示	作用
基坐标系	基坐标系是以机器人安装基座为基准，用来描述机器人本体运动的直角坐标系 　　任何机器人都离不开基坐标系，其方向是面向机器人，前后为 x 轴、左右为 y 轴、上下为 z 轴	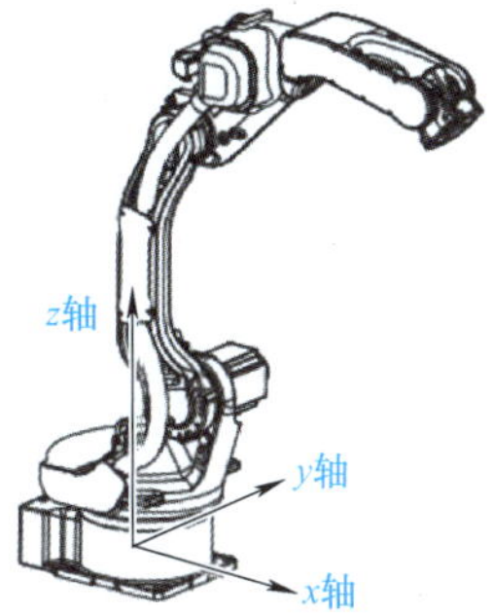	ABB 机器人在线性运动时，末端 TCP 点会沿基坐标系 x、y、z 轴方向线性移动
大地坐标系	大地坐标系是以大地作为参考的直角坐标系。它被固定在事先确定的位置，其他坐标系都是由大地坐标转换而来的，也就是说，机器人所有其他的坐标系均与大地坐标系直接或间接相关	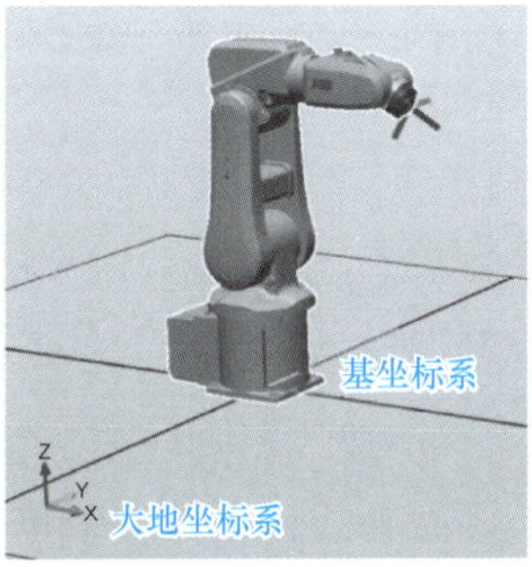	对于单台机器人而言，大地坐标系和基坐标系是重合的，但在多个机器人联动和带有外轴的机器人场合，则需用到大地坐标系
工件坐标系	工件坐标系是以工件为基准的直角坐标系，用来确定工件的位姿，可根据需要自由定义产生，且可创建多个工件坐标系	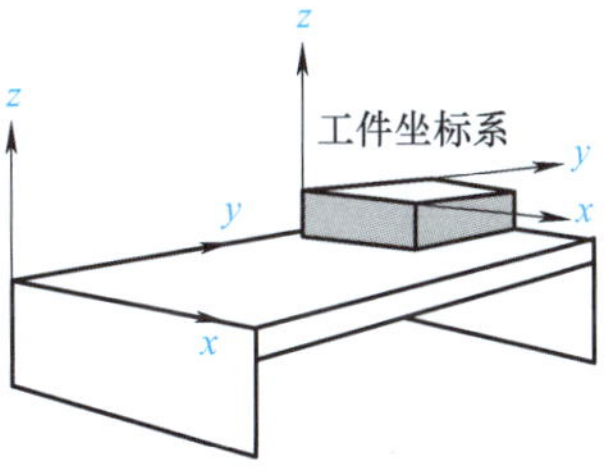	灵活创建工件坐标系可简化编程 　　例如，当工作台面与机器人之间的位置发生相对移动时，只须更新工件坐标系即可，无须重新示教机器人轨迹，修改机器人程序
工具坐标系	安装在末端法兰上的工具须在其末端中心点（TCP）定义一个工具坐标系，通过坐标系的转换，可操作机器人在工具坐标系下运动 　　一般垂直于工具末端面且远离的方向为 z 轴正方向	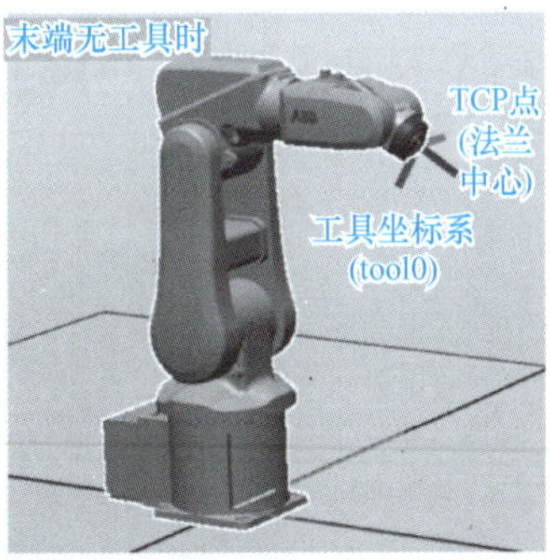 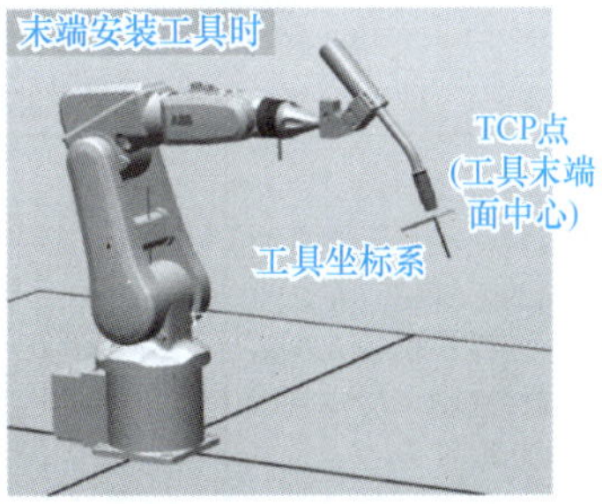	ABB 机器人在重定位运动时，末端 TCP 会绕着对应工具坐标系各轴进行旋转运动。运动时，机器人工具 TCP 位置保持不变，姿态发生变化，用于调整机器人的姿态 　　其次，如果工具磨损或更换，只须重新定义工具坐标系，而不用更改程序

表 5-6   安川机器人坐标系及其含义

类型	含义	图形表示	作用
关节坐标系	由机器人各个关节（S、L、U、R、B、T）构成，以机器人每个关节的旋转轴线为坐标轴，用来描述机器人的关节角度		安川机器人坐标系切换为关节坐标系时，可通过按键控制机器人绕各轴中心轴线旋转一定角度
直角坐标系	直角坐标系是以机器人基座中心为原点，其方向是面向机器人，前后为 x 轴、左右为 y 轴、上下为 z 轴		坐标系切换为直角坐标系时，可控制机器人末端 TCP 沿 x 轴、y 轴和 z 轴做线性移动
圆柱坐标系	在圆柱坐标系下，机器人的工作空间是一个圆柱		坐标系切换为圆柱坐标系时，θ 轴表示机器人本体左右旋转；r 轴表示机器人末端 TCP 垂直于 z 轴做线性移动；z 轴表示机器人末端 TCP 点平行 z 轴做线性移动
工具坐标系	机器人工作必须要安装工具，为了方便工具的使用，需要建立工具坐标系。一般以安装工具末端面的 TCP 为原点建立工具坐标系，垂直于工具末端面且远离的方向为 z 轴正方向		坐标系切换为工具坐标系时，可手动操作机器人末端 TCP 绕着当前工具坐标系各轴进行旋转，运动时，机器人末端 TCP 位置保持不变，姿态发生变化，用于调整机器人的姿态 其次，如果工具磨损或更换，只须重新定义工具坐标系，而不用更改程序
用户坐标系	用户坐标系是在机器人之外由用户自己定义的坐标系。在该坐标系下，可方便操作机器人在需要的方向做线性移动，而不拘泥于系统的直角坐标系		坐标系切换为用户坐标系时，可控制机器人末端 TCP 沿所创建的用户坐标系 x、y、z 轴方向做线性移动

5.2.2　工业机器人运动简图

工业机器人是一个非常复杂的系统，通常由一系列连杆、关节或其他形式的运动副组成。为方便对其运动控制原理进行分析和计算，常用运动简图简化表示。表 5-7 列出了工业机器人各关节及结构的简化表示图形符号。

表 5-7　工业机器人各关节及结构的简化表示图形符号

名称	图形	图形符号	
		正视	侧视
移动副			
回转副			
			—
螺旋副			—
球面副			—
末端执行器			
基座			—

四种坐标型工业机器人运动简图见表 5-8。

表 5-8　四种坐标型工业机器人运动简图

名称	工业机器人结构图		运动简图
	轴测图	侧视图	
直角坐标型 机器人	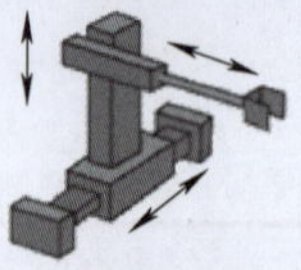	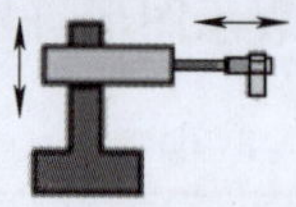	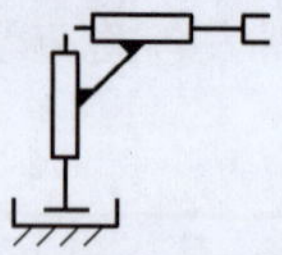
圆柱坐标型 机器人		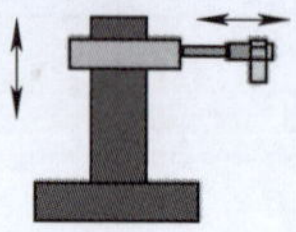	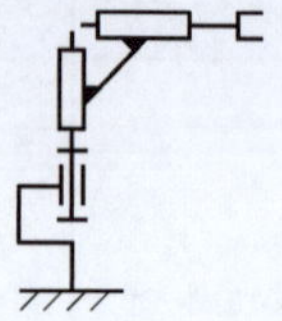
球坐标型 机器人	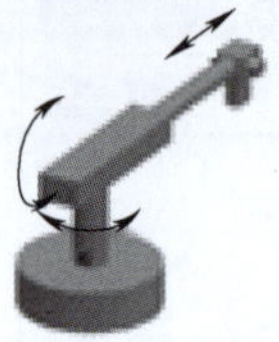	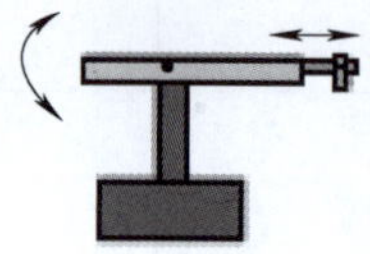	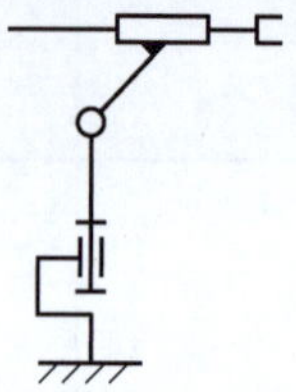
关节坐标型 机器人	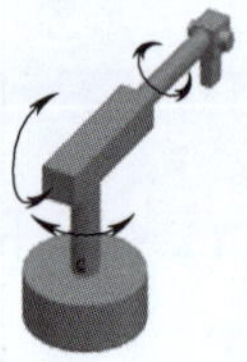	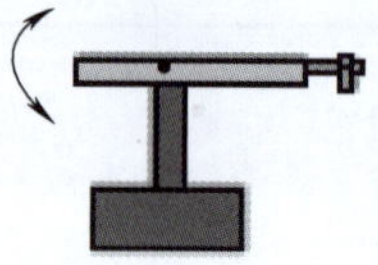	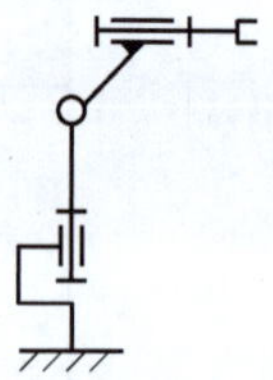

5.2.3　工业机器人运动控制的数学基础

1. 工业机器人位姿描述

工业机器人运动控制中须对末端执行器的位姿进行描述和控制，其位姿具体包括两方面，即工业机器人末端的位置和姿态。位姿描述是表达机器人的线速度、角速度、力和力矩的基础；通常使用矩阵对工业机器人的位姿进行数学描述及计算。

坐标变换求
位姿

（1）矩阵的定义　由 $m \times n$ 个数 a_{ij}（$i=1$，2，$\cdots$，m；$j=1$，2，$\cdots$，n）排成 m 行、n 列的数表，则将该表定义为 $m \times n$ 阶（维）矩阵，通常用黑色斜体大写字母表示，即

$$A = \begin{bmatrix} a_{11} & a_{12} & \cdots & a_{1n} \\ a_{21} & a_{22} & \cdots & a_{2n} \\ \vdots & \vdots & & \vdots \\ a_{m1} & a_{m2} & \cdots & a_{mn} \end{bmatrix}$$

式中，a_{ij} 为矩阵 A 的第 i 行、第 j 列元素。矩阵中的元素可以是实数也可以是复数；若行数与列数相等，则称为 n 阶方阵或 n 阶矩阵，如一阶矩阵就是一个数。

矩阵就是一堆可能存在着某种联系的数的组合，编号规则也很简单，第一行第一列的数记为 a_{11}，第二行第一列记为 a_{21}，以此类推。

（2）矩阵基本运算

1）加法 / 减法运算。设有两个 $m \times n$ 的矩阵 $A=(a_{ij})$，$B=(b_{ij})$，则矩阵 A 和 B 的和记作 $A+B$。即

$$A+B=\begin{bmatrix} a_{11}+b_{11} & a_{12}+b_{12} & \cdots & a_{1n}+b_{1n} \\ a_{21}+b_{21} & a_{22}+b_{22} & \cdots & a_{2n}+b_{2n} \\ \vdots & \vdots & & \vdots \\ a_{m1}+b_{m1} & a_{m2}+b_{m2} & \cdots & a_{mn}+b_{mn} \end{bmatrix}$$

易证，矩阵加法满足下列运算规律（设 A、B、C 都是 $m \times n$ 矩阵）：

① 交换律　$A+B=B+A$。

② 结合律　$(A+B)+C=A+(B+C)$。

设矩阵 $A=(a_{ij})$，记 $-A=(-a_{ij})$，$-A$ 称为 A 的负矩阵，显然有 $A+(-A)=0$。由此可定义矩阵的减法运算：

$$A-B=A+(-B)$$

2）数与矩阵相乘。数 λ 与矩阵 A 的乘积记作 λA 或 $A\lambda$，规定：数与矩阵相乘的结果是将该数 λ 与矩阵 A 中每个元素分别相乘，即

$$\lambda A=A\lambda=\begin{bmatrix} \lambda a_{11} & \lambda a_{12} & \cdots & \lambda a_{1n} \\ \lambda a_{21} & \lambda a_{22} & \cdots & \lambda a_{2n} \\ \vdots & \vdots & & \vdots \\ \lambda a_{m1} & \lambda a_{m2} & \cdots & \lambda a_{mn} \end{bmatrix}$$

3）矩阵与矩阵相乘。设矩阵 $A=(a_{ij})_{m \times s}$，$B=(b_{ij})_{s \times n}$，则矩阵 A 和矩阵 B 的乘积矩阵 $C=(c_{ij})_{m \times n}$，其中：$c_{ij}=a_{i1}b_{1j}+a_{i2}b_{2j}+\cdots+a_{is}b_{sj}$（$i=1$，2，$\cdots$，$m$；$j=1$，2，$\cdots$，$n$），记作 $C=AB$。

对于矩阵的乘法需注意以下三点：

① 只有矩阵 A 的列数等于 B 的行数时，AB 才有意义。

② 乘积 $C=(c_{ij})_{m \times n}$ 的第 i 行第 j 列的元素等于矩阵 A 的第 i 行的每一个元素与矩阵 B 的第 j 列的对应元素的乘积之和，矩阵乘法运算演示如图 5-14 所示。

图 5-14　矩阵乘法运算演示

③ 乘积 C 的行数等于矩阵 A 的行数，列数等于矩阵 B 的列数。

例 5.1　求 AB 和 BA。其中，$A=\begin{bmatrix} 1 & 1 \\ -1 & -1 \end{bmatrix}$，$B=\begin{bmatrix} -1 & 1 \\ 1 & -1 \end{bmatrix}$。

解：$AB=\begin{bmatrix} 1 & 1 \\ -1 & -1 \end{bmatrix}\begin{bmatrix} -1 & 1 \\ 1 & -1 \end{bmatrix}=\begin{bmatrix} 0 & 0 \\ 0 & 0 \end{bmatrix}$

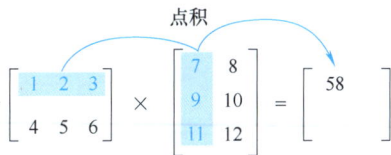

$$BA = \begin{bmatrix} -1 & 1 \\ 1 & -1 \end{bmatrix}\begin{bmatrix} 1 & 1 \\ -1 & -1 \end{bmatrix} = \begin{bmatrix} -2 & -2 \\ 2 & 2 \end{bmatrix}$$

4) 单位矩阵与矩阵相乘。单位矩阵是指主对角线上的元素都为 1，其余元素全为 0 的 n 阶矩阵。n 阶单位矩阵常用符号 I_n 表示，如 I_3 表示三阶单位矩阵。

$$I_3 = \begin{bmatrix} 1 & 0 & 0 \\ 0 & 1 & 0 \\ 0 & 0 & 1 \end{bmatrix} \tag{5-1}$$

单位矩阵的性质与自然数 1 相似，根据矩阵运算法则，任何矩阵与单位矩阵相乘，结果均为其本身，即

$$AI_n = A$$

$$I_n B = B$$

（3）工业机器人位姿的矩阵表示　在机器人学里，把工业机器人看成是空间中运动的刚体，且刚体的位置、姿态可由其上的任一基准点（通常选作物体的质心）和过该点的坐标系（机器人工具坐标系）相对于参考坐标系（机器人基坐标系）的相对关系唯一、精确地确定。

对于工业机器人而言，需要 6 个参数来唯一、精确地描述其位姿。此处假设参考坐标系为 $Oxyz$，刚体基准点建立的坐标系为 $O'x'y'z'$，则这 6 个参数分别是：刚体在参考坐标系 $Oxyz$ 中的三个坐标分量（x，y，z）、刚体与 x 轴的夹角 Rx、与 y 轴的夹角 Ry 和与 z 轴的夹角 Rz。其中，（x，y，z）表示刚体在参考坐标系中的位置，（Rx，Ry，Rz）表示刚体的姿态。若（x，y，z）一样，而（Rx，Ry，Rz）不同，则代表工业机器人以不同的姿态到达同一个点。

刚体在参考坐标系 $Oxyz$ 中的位置可以用一个 3×1 的矩阵表示：

$$P = \begin{bmatrix} x \\ y \\ z \end{bmatrix} \tag{5-2}$$

刚体在参考坐标系 $Oxyz$ 中的姿态可以用一个 3×3 矩阵表示：

$$R = \begin{bmatrix} \cos\angle x'x & \cos\angle y'x & \cos\angle z'x \\ \cos\angle x'y & \cos\angle y'y & \cos\angle z'y \\ \cos\angle x'z & \cos\angle y'z & \cos\angle z'z \end{bmatrix} \tag{5-3}$$

式中，第一列元素表示刚体坐标系的 $O'x'$ 轴在参考坐标系三个轴方向的分量（$O'x'$ 轴与 Ox、Oy、Oz 轴夹角的余弦值），称为单位主矢量。同理，第二列和第三列元素分别是刚体坐标系的 $O'y'$ 轴和 $O'z'$ 轴在参考坐标系的三个轴方向上的分量。

例 5.2　如图 5-15 所示，刚体 m 沿参考坐标系 $Oxyz$ 平移了（0，30，15），绕 z 轴逆时针方向旋转了 90°，分别求刚体 m 在参考坐标系 $Oxyz$ 中的位置矩阵和姿态矩阵。

解：由式（5-2）及移动条件可知，刚体 m 在参考坐标系 $Oxyz$ 中的位置矩阵为

$$P = \begin{bmatrix} 0 \\ 30 \\ 15 \end{bmatrix}$$

刚体 m 绕 z 轴沿逆时针方向旋转了 90°，由式（5-3）可知，刚体 m 在参考坐标系 $Oxyz$ 中的姿态矩阵为

$$\boldsymbol{R} = \begin{bmatrix} \cos\angle x'x & \cos\angle y'x & \cos\angle z'x \\ \cos\angle x'y & \cos\angle y'y & \cos\angle z'y \\ \cos\angle x'z & \cos\angle y'z & \cos\angle z'z \end{bmatrix} = \begin{bmatrix} \cos90° & \cos180° & \cos90° \\ \cos0° & \cos90° & \cos90° \\ \cos90° & \cos90° & \cos0° \end{bmatrix} = \begin{bmatrix} 0 & -1 & 0 \\ 1 & 0 & 0 \\ 0 & 0 & 1 \end{bmatrix}$$

2. 工业机器人坐标系之间关系描述——方向余弦阵

前面讨论的是在一个坐标系中工业机器人位姿的描述，然而由于工业机器人是在不断运动的，因此在大量的机器人运动学计算中，还涉及用不同的坐标系描述同一刚体的位置及姿态问题。这就需要讨论坐标系之间的位姿关系。

这里用坐标系 $Oxyz$（简称 {O} 系）来表示固定的全局参考坐标系；用坐标系 O-$x_b y_b z_b$（简称 {b} 系）来表示运动的刚体坐标系。这两个坐标系之间的位姿关系一般有两种情况。

（1）共原点 共原点情况如图 5-16 所示，{O} 系和 {b} 系原点重合，设 $\boldsymbol{i}$、$\boldsymbol{j}$ 和 $\boldsymbol{k}$ 是 {O} 系的三正交轴单位向量，$\boldsymbol{i}_b$、$\boldsymbol{j}_b$ 和 $\boldsymbol{k}_b$ 是 {b} 系的三正交轴单位向量，那么这两个坐标系之间的位姿关系可用式（5-4）所列矩阵描述。

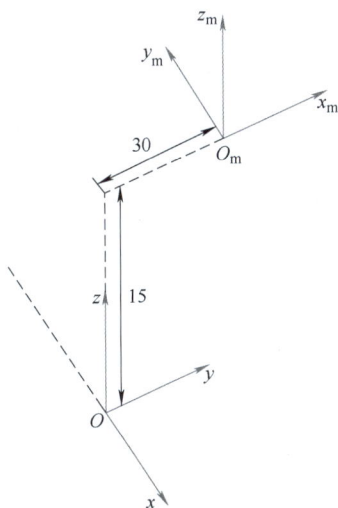

图 5-15　刚体位姿变换

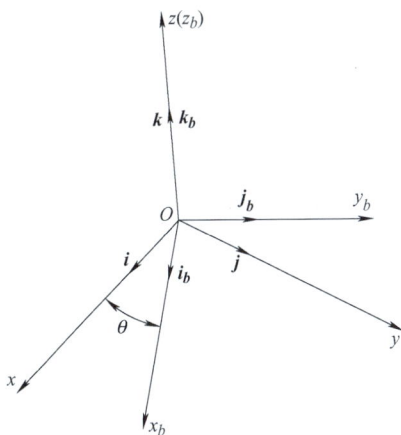

图 5-16　共原点情况

$$\boldsymbol{A} = \begin{bmatrix} A_{11} & A_{12} & A_{13} \\ A_{21} & A_{22} & A_{23} \\ A_{31} & A_{32} & A_{33} \end{bmatrix} = \begin{bmatrix} \boldsymbol{i} \cdot \boldsymbol{i}_b & \boldsymbol{i} \cdot \boldsymbol{j}_b & \boldsymbol{i} \cdot \boldsymbol{k}_b \\ \boldsymbol{j} \cdot \boldsymbol{i}_b & \boldsymbol{j} \cdot \boldsymbol{j}_b & \boldsymbol{j} \cdot \boldsymbol{k}_b \\ \boldsymbol{k} \cdot \boldsymbol{i}_b & \boldsymbol{k} \cdot \boldsymbol{j}_b & \boldsymbol{k} \cdot \boldsymbol{k}_b \end{bmatrix} \tag{5-4}$$

由式（5-4）可知，矩阵 $\boldsymbol{A}$ 的元素 A_{ij} 是这两个坐标系的单位坐标向量的点积；又由式（5-3）可知，这些点积是单位向量夹角的余弦值，因此将矩阵 $\boldsymbol{A}$ 称为方向余弦阵。方向余弦阵反映了运动坐标系相对固定参考坐标系的姿态旋转情况，故也被称作旋转矩阵。旋转矩阵是研究机器人运动姿态的基础。

表 5-9 列出了方向余弦阵的元素排列，通过此表可方便对其进行记忆。

表 5-9　方向余弦阵元素排列表

点积（余弦值）		{b} 系三个正交轴单位向量		
		i_b	j_b	k_b
{O} 系三个正交轴单位向量	i	A_{11} ($i \cdot i_b$)	A_{12} ($i \cdot j_b$)	A_{13} ($i \cdot k_b$)
	j	A_{21} ($j \cdot i_b$)	A_{22} ($j \cdot j_b$)	A_{23} ($j \cdot k_b$)
	k	A_{31} ($k \cdot i_b$)	A_{32} ($k \cdot j_b$)	A_{33} ($k \cdot k_b$)

方向余弦阵具有以下基本性质：

1）方向余弦阵为一正交阵。矩阵中每行和每列中元素的二次方和为 1；两个不同列或不同行中对应元素的乘积之和为 0。

2）{O} 系相对 {b} 系的方向余弦阵与 {b} 系相对 {O} 系的方向余弦阵互为转置。

3）当且仅当两个坐标系两两方向一致时，它们的方向余弦阵为一个三阶单位矩阵 [式（5-1）]。

📝 划重点：善于总结是一种智慧

实际应用中经常要用到三个基本旋转矩阵，分别绕 x 轴、y 轴和 z 轴旋转 θ 角，由式（5-3）计算得这三个基本旋转矩阵为

$$\boldsymbol{R}(x,\theta) = \begin{bmatrix} 1 & 0 & 0 \\ 0 & \cos\theta & -\sin\theta \\ 0 & \sin\theta & \cos\theta \end{bmatrix}$$

$$\boldsymbol{R}(y,\theta) = \begin{bmatrix} \cos\theta & 0 & \sin\theta \\ 0 & 1 & 0 \\ -\sin\theta & 0 & \cos\theta \end{bmatrix}$$

$$\boldsymbol{R}(z,\theta) = \begin{bmatrix} \cos\theta & -\sin\theta & 0 \\ \sin\theta & \cos\theta & 0 \\ 0 & 0 & 1 \end{bmatrix}$$

（2）不共原点　不共原点的情况如图 5-17 所示，{O} 系和 {b} 系原点不重合。因工业机器人是在不断运动的，因此不共原点是机器人运动学中常见的情况。设 i、j 和 k 是 {O} 系的三正交轴单位向量，i_b、j_b 和 k_b 是 {b} 系的三正交轴单位向量，那么这两个坐标系之间的位姿关系可用如下位姿矩阵描述。

$$\boldsymbol{B} = \begin{bmatrix} B_{11} & B_{12} & B_{13} & B_{14} \\ B_{21} & B_{22} & B_{23} & B_{24} \\ B_{31} & B_{32} & B_{33} & B_{34} \\ 0 & 0 & 0 & 1 \end{bmatrix} = \begin{bmatrix} i \cdot i_b & i \cdot j_b & i \cdot k_b & O_{bx} \\ j \cdot i_b & j \cdot j_b & j \cdot k_b & O_{by} \\ k \cdot i_b & k \cdot j_b & k \cdot k_b & O_{bz} \\ 0 & 0 & 0 & 1 \end{bmatrix} \qquad (5\text{-}5)$$

位姿矩阵 $\boldsymbol{B}$ 中 O_{bx}、O_{by}、O_{bz} 分别表示 {b} 系的原点 O_b 在 {O} 系的坐标值，即用位置矩阵表示为

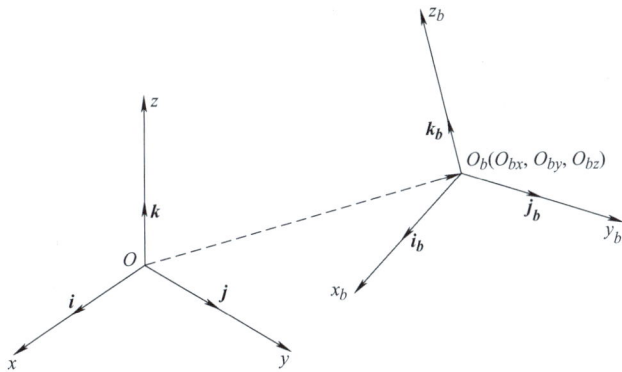

图 5-17 不共原点的情况

$$\boldsymbol{O}_b^0 = \begin{bmatrix} O_{bx} \\ O_{by} \\ O_{bz} \end{bmatrix}$$

结合式（5-4）方向余弦阵，可将位姿矩阵 $\boldsymbol{B}$ 简化为

$$\boldsymbol{B} = \begin{pmatrix} \boldsymbol{A} & \boldsymbol{O}_b^o \\ 0 \quad 0 \quad 0 & 1 \end{pmatrix} \tag{5-6}$$

位姿矩阵 $\boldsymbol{B}$ 中方向余弦阵 $\boldsymbol{A}$ 表示两个坐标系的姿态关系，而 $\boldsymbol{O}_b^0$ 表示 $\{b\}$ 系的原点 O_b 在 $\{O\}$ 系中的位置。

3. 工业机器人坐标变换

工业机器人在空间中是不断运动的，相对固定参考坐标系，其运动的位姿（运动坐标系）可看作是在参考坐标系基础上通过平移和旋转得到的。

（1）平移坐标变换　如果一运动坐标系（运动刚体）在空间以不变的姿态运动，那么该坐标系就是纯平移。如图 5-18 所示，用坐标系 $Oxyz$（简称 $\{O\}$ 系）来表示固定的全局参考坐标系；用坐标系 $O{-}x_b y_b z_b$（简称 $\{b\}$ 系）来表示运动的刚体坐标系。

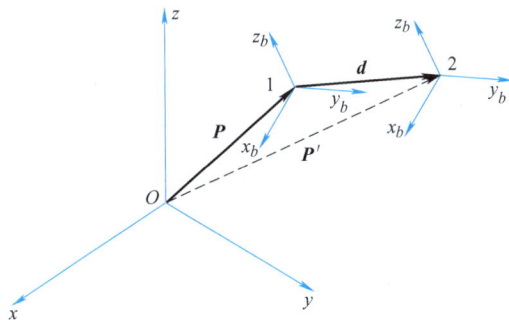

图 5-18 纯平移坐标变换

刚体保持姿态不变从 1 位置运动到 2 位置，则相对 $\{O\}$ 系刚体运动到 2 位置后新坐标的位置可以用原坐标系（1 位置）原点位置向量加上表示位置 1 运动到位置 2 的位移向量求得，向量表示为

$$\boldsymbol{P}' = \boldsymbol{P} + \boldsymbol{d}$$

若用矩阵形式，运动到位置 2 后的新坐标系可通过原坐标系左乘变换矩阵得到。由于在纯平移中姿态未发生旋转（方向余弦阵为三阶单位矩阵），故变换矩阵 $\boldsymbol{T}$ 可简单表示为

$$\boldsymbol{T} = \mathrm{Trans}(d_x, d_y, d_z) = \begin{bmatrix} 1 & 0 & 0 & d_x \\ 0 & 1 & 0 & d_y \\ 0 & 0 & 1 & d_z \\ 0 & 0 & 0 & 1 \end{bmatrix} \tag{5-7}$$

式中，d_x、d_y、d_z 是纯平移向量 $\boldsymbol{d}$ 在 $\{O\}$ 系 x、y、z 轴的三个分量。刚体在纯平移运动到位置 2 后，新坐标系在 $\{O\}$ 系参考坐标系中的位姿方程为

$$\boldsymbol{F}_{\mathrm{new}} = \mathrm{Trans}(d_x, d_y, d_z) \times \boldsymbol{F}_{\mathrm{old}} \tag{5-8}$$

式中，$\boldsymbol{F}_{\mathrm{old}}$ 表示平移前坐标系在 $\{O\}$ 系参考坐标系中的位姿矩阵 [式 (5-6)]，代入得

$$\boldsymbol{F}_{\mathrm{new}} = \begin{bmatrix} 1 & 0 & 0 & d_x \\ 0 & 1 & 0 & d_y \\ 0 & 0 & 1 & d_z \\ 0 & 0 & 0 & 1 \end{bmatrix} \times \begin{bmatrix} \boldsymbol{i} \cdot \boldsymbol{i}_b & \boldsymbol{i} \cdot \boldsymbol{j}_b & \boldsymbol{i} \cdot \boldsymbol{k}_b & O_{bx} \\ \boldsymbol{j} \cdot \boldsymbol{i}_b & \boldsymbol{j} \cdot \boldsymbol{j}_b & \boldsymbol{j} \cdot \boldsymbol{k}_b & O_{by} \\ \boldsymbol{k} \cdot \boldsymbol{i}_b & \boldsymbol{k} \cdot \boldsymbol{j}_b & \boldsymbol{k} \cdot \boldsymbol{k}_b & O_{bz} \\ 0 & 0 & 0 & 1 \end{bmatrix} = \begin{bmatrix} \boldsymbol{i} \cdot \boldsymbol{i}_b & \boldsymbol{i} \cdot \boldsymbol{j}_b & \boldsymbol{i} \cdot \boldsymbol{k}_b & O_{bx} + d_x \\ \boldsymbol{j} \cdot \boldsymbol{i}_b & \boldsymbol{j} \cdot \boldsymbol{j}_b & \boldsymbol{j} \cdot \boldsymbol{k}_b & O_{by} + d_y \\ \boldsymbol{k} \cdot \boldsymbol{i}_b & \boldsymbol{k} \cdot \boldsymbol{j}_b & \boldsymbol{k} \cdot \boldsymbol{k}_b & O_{bz} + d_z \\ 0 & 0 & 0 & 1 \end{bmatrix}$$

例 5.3　有一运动刚体，坐标系为 $\{b\}$ 系，初始状态时，$\{b\}$ 系与 $\{O\}$ 系完全重合。经过一段时间后，$\{b\}$ 系沿 $\{O\}$ 系的 y 轴正向移动了 5 个单元，沿 z 轴正向移动了 3 个单元。求运动终止时 $\{b\}$ 系在 $\{O\}$ 系的位姿 $\boldsymbol{F}_{b\mathrm{new}}$。

解： 因初始状态时，$\{b\}$ 系与 $\{O\}$ 系完全重合，故平移前 $\{b\}$ 系在 $\{O\}$ 系的位姿为

$$\boldsymbol{F}_{b\mathrm{old}} = \begin{bmatrix} 1 & 0 & 0 & 0 \\ 0 & 1 & 0 & 0 \\ 0 & 0 & 1 & 0 \\ 0 & 0 & 0 & 1 \end{bmatrix}$$

平移后，由式 (5-8) 得

$$\boldsymbol{F}_{b\mathrm{new}} = \begin{bmatrix} 1 & 0 & 0 & 0 \\ 0 & 1 & 0 & 5 \\ 0 & 0 & 1 & 3 \\ 0 & 0 & 0 & 1 \end{bmatrix} \times \begin{bmatrix} 1 & 0 & 0 & 0 \\ 0 & 1 & 0 & 0 \\ 0 & 0 & 1 & 0 \\ 0 & 0 & 0 & 1 \end{bmatrix} = \begin{bmatrix} 1 & 0 & 0 & 0 \\ 0 & 1 & 0 & 5 \\ 0 & 0 & 1 & 3 \\ 0 & 0 & 0 & 1 \end{bmatrix}$$

（2）旋转坐标变换　此处，为了简化绕轴旋转的推导，假设旋转前运动坐标系 $\{b\}$ 系和参考坐标系 $\{O\}$ 系完全重合，如图 5-19a 所示。若与运动坐标系固连一点为 P，P 点相对参考坐标系 $\{O\}$ 系的坐标为（P_x，P_y，P_z）；相对运动坐标系 $\{b\}$ 系的坐标为（P_{xb}，P_{yb}，P_{zb}）。旋转前，P 点在 $\{O\}$ 系和 $\{b\}$ 系中的坐标值相等。经过一段时间的运动后，$\{b\}$ 系绕 $\{O\}$ 系 x 轴沿逆时针方向旋转角度 θ，如图 5-19b 所示，旋转后与 $\{b\}$ 系固连的 P 点在 $\{b\}$ 系中的坐标（P_{xb}，P_{yb}，P_{zb}）保持不变，但在参考坐标系 $\{O\}$ 系中的坐标（P_x，P_y，P_z）发生了变化。

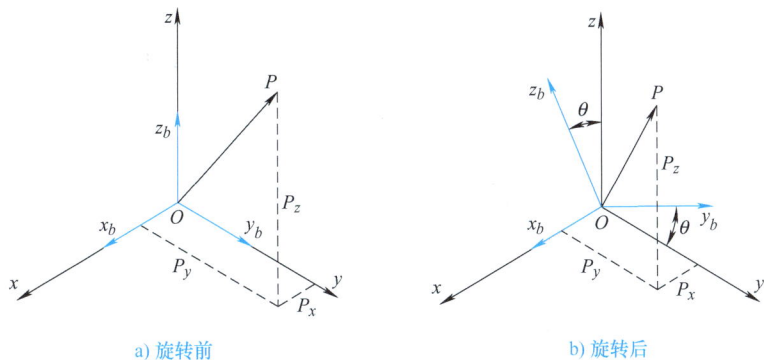

a) 旋转前　　　　　　　b) 旋转后

图 5-19　旋转坐标变换

旋转后，(P_x, P_y, P_z) 变为多少呢？从 x 轴看向二维平面 yz 及 y_bz_b，如图 5-20 所示，发现 P 点在二维平面 yz 上的坐标分量 P_x 不随 x 轴的转动而改变，仅 P_y 和 P_z 发生了变化，从图中几何关系可得

$$P_x = P_{xb}$$

$$P_y = l_1 - l_2 = P_{yb}\cos\theta - P_{zb}\sin\theta$$

$$P_z = l_3 + l_4 = P_{yb}\sin\theta + P_{zb}\cos\theta$$

以上等式用矩阵形式表示为

$$\begin{bmatrix} P_x \\ P_y \\ P_z \end{bmatrix} = \begin{bmatrix} 1 & 0 & 0 \\ 0 & \cos\theta & -\sin\theta \\ 0 & \sin\theta & \cos\theta \end{bmatrix} \begin{bmatrix} P_{xb} \\ P_{yb} \\ P_{zb} \end{bmatrix} \tag{5-9}$$

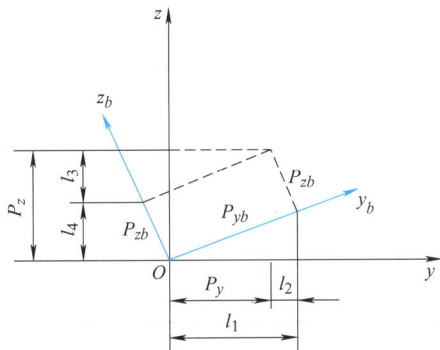

图 5-20　从 x 轴观察旋转坐标系 yz 及 y_bz_b 平面

在前面的学习中可知，式（5-9）等号右边左乘的是一个绕 x 轴旋转的旋转矩阵。采用相同的推导方法可发现：若沿参考坐标系 y 轴逆时针旋转角度 θ，则左乘的是绕 y 轴旋转的旋转矩阵；若沿参考坐标系 z 轴逆时针旋转角度 θ，则左乘的是绕 z 轴旋转的旋转矩阵。三个基本旋转矩阵在前面的方向余弦阵中已提到。

综上所述，可得出：当运动坐标系绕参考坐标系的轴做纯旋转变换后，P 点在参考坐标系中的坐标矩阵等于 P 点在运动坐标系的坐标矩阵左乘对应的旋转矩阵。

例 5.4　有一运动刚体，坐标系为 {b} 系，与 {b} 系固连一点 $P(1,1,3)^\mathrm{T}$；初始状态时，

$\{b\}$ 系与 $\{O\}$ 系完全重合。经过一段时间后，点 P 随 $\{b\}$ 系一起绕 $\{O\}$ 系的 z 轴沿逆时针方向旋转 $90°$，求旋转后 P 点在 $\{O\}$ 系中的坐标（P_x，P_y，P_z）。

解： 由旋转坐标变换结论得

$$\begin{bmatrix} P_x \\ P_y \\ P_z \end{bmatrix} = \begin{bmatrix} \cos\theta & -\sin\theta & 0 \\ \sin\theta & \cos\theta & 0 \\ 0 & 0 & 1 \end{bmatrix}\begin{bmatrix} P_{xb} \\ P_{yb} \\ P_{zb} \end{bmatrix} = \begin{bmatrix} 0 & -1 & 0 \\ 1 & 0 & 0 \\ 0 & 0 & 1 \end{bmatrix}\begin{bmatrix} 1 \\ 1 \\ 3 \end{bmatrix} = \begin{bmatrix} -1 \\ 1 \\ 3 \end{bmatrix}$$

（3）复合坐标变换（平移＋旋转） 前面讨论的纯平移或纯旋转均是在运动坐标系和参考坐标系重合的基础上发生的，但一般情况下，工业机器人运动到的任意一点的 $\{b\}$ 系与 $\{O\}$ 系原点不重合，方位也不同，针对这种情况，可通过复合坐标变换来实现。如机器人运动到的任意一点的 $\{b\}$ 系，可看成由 $\{O\}$ 系按照一定顺序进行平移坐标变换和旋转坐标变换得到的，且变换顺序很重要；若颠倒变换顺序，则结果将会不同。

为探讨如何处理复合坐标变换，假定 $\{b\}$ 系相对于 $\{O\}$ 系依次进行了如下三个变换：

1）先绕 x 轴逆时针旋转角度 α。

2）接着沿 x 轴、y 轴、z 轴分别平移 d_x、d_y 和 d_z。

3）最后绕 y 轴沿逆时针方向旋转角度 β。

此处可分别写出经过上述变换后的位姿矩阵：

$$\boldsymbol{T}_{b1}^{o} = \boldsymbol{R}(x, \alpha) \times \boldsymbol{T}_{b0}^{o}$$

$$\boldsymbol{T}_{b2}^{o} = \text{Trans}(d_x, d_y, d_z) \times \boldsymbol{T}_{b1}^{o}$$

$$\boldsymbol{T}_{b3}^{o} = \boldsymbol{R}(y, \beta) \times \boldsymbol{T}_{b2}^{o}$$

代入得：

$$\boldsymbol{T}_{b3}^{o} = \boldsymbol{R}(y, \beta) \times \text{Trans}(d_x, d_y, d_z) \times \boldsymbol{R}(x, \alpha) \times \boldsymbol{T}_{b0}^{o}$$

通过上式可知，每次变换后该点相对于参考坐标系的坐标都是通过用每个变换矩阵左乘该点在运动坐标系中的坐标得到的。但使用时应注意以下几点：

1）变换的顺序不可更改。

2）对于相对参考坐标系的变换，矩阵都是左乘的；在实际应用中，若是相对于运动坐标系进行变换，则原来的左乘须变为右乘。

5.2.4　工业机器人运动学问题

1. 正逆运动学

工业机器人运动学是一个涉及机器人位置、速度、加速度和轨迹等方面的科学领域，它致力于理解和描述机器人在空间中的运动规律和特性，实现对机器人运动的准确控制和有效规划。通俗来讲，工业机器人运动学主要涉及其各个坐标系之间运动几何学关系的分析与研究，特别是工业机器人末端执行器的位置和姿态与关节变量之间的关系研究。

机器人的运动学方程是怎么来的

工业机器人运动学是对机器人进行运动控制的基础。运动学需解决以下两个基本问题。

（1）正运动学问题 工业机器人正运动学问题是指已知机器人各关节的运动参数和

角度情况，求工业机器人末端执行器的位置和姿态，即解决机器人的手在哪里的问题。在机器人控制中，正运动学被广泛用于轨迹规划、仿真和可视化等方面。如机器人示教时，机器人控制器即逐点进行运动学正解运算。

（2）逆运动学问题　工业机器人逆运动学问题和正运动学问题刚好相反，它是指已知工业机器人末端执行器的位置和姿态，求机器人各关节的运动参数和角度。即解决工业机器人各关节要如何动作，末端执行器才能到达预期的位姿的问题。换言之，是解决如何把手放到哪里的问题。在机器人控制中，逆运动学问题主要用于任务规划和路径跟踪等方面。如机器人再现时，机器人控制器即逐点进行运动学逆解运算，并将矢量分解到操作机各关节；在机器人装配作业中，逆运动学可以根据装配到达点位要求反向计算出机器人各关节的运动，以便机器人能够自动完成装配任务。

2. 运动学方程

工业机器人是由一系列关节和连杆组成的。运动学分析中须对机器人进行一系列理想化假设。如把构成机构的连杆假设是严格的刚体，其表面无论位置还是形状在几何上都是理想的，这些刚体由关节连接在一起，关节也具有理想化表面，其接触无间隙。

基于以上理想化假设，下面以两自由度工业机器人为例，对其运动学正、逆问题求解进行具体探讨。

图 5-21 所示是两自由度工业机器人臂部的连杆机构，两个杆件通过转动副进行连接。此处用 L_1、L_2 分别表示两个杆件的长度，θ_1、θ_2 用来定义关节的角度，P 点表示该机器人末端控制点。用几何知识来处理 P 点与关节变量的关系就是工业机器人运动学。

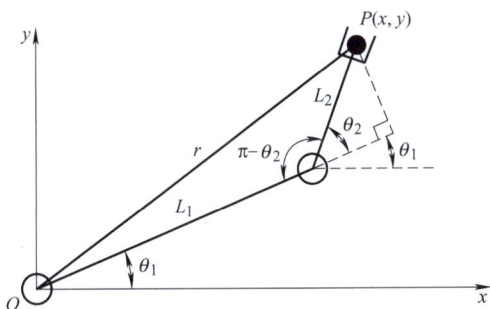

图 5-21　两自由度工业机器人臂部连杆机构

这里引入向量 r 和 θ，分别表示末端控制点 P 的位置变量和关节变量：

$$r = \begin{bmatrix} x \\ y \end{bmatrix}, \qquad \theta = \begin{bmatrix} \theta_1 \\ \theta_2 \end{bmatrix}$$

由图 5-21 的几何关系可得出：

$$x = L_1 \cos \theta_1 + L_2 \cos(\theta_1 + \theta_2)$$

$$y = L_1 \sin \theta_1 + L_2 \sin(\theta_1 + \theta_2)$$

上述关系式可用矩阵形式表示为

$$\begin{bmatrix} x \\ y \end{bmatrix} = \begin{bmatrix} \cos \theta_1 & \cos(\theta_1 + \theta_2) \\ \sin \theta_1 & \sin(\theta_1 + \theta_2) \end{bmatrix} \begin{bmatrix} L_1 \\ L_2 \end{bmatrix} \qquad (5\text{-}10)$$

已知工业机器人的关节变量 $\boldsymbol{\theta}$，求其末端执行器位置变量 $\boldsymbol{r}$ 的运动学问题是正运动学问题。式（5-10）称为工业机器人的正运动学方程。

反之，若给定了末端执行器的位置变量 $\boldsymbol{r}$，欲达到预期位姿，求关节变量 $\boldsymbol{\theta}$ 的运动学问题是逆运动学问题；逆运动学方程同样可由图 5-21 几何关系推导得出：

$$\theta_1 = \arctan\left(\frac{y}{x}\right) - \arccos\left(\frac{L_2^2 - L_1^2 - x^2 - y^2}{2L_1\sqrt{x^2 + y^2}}\right)$$

$$\theta_2 = \pi - \arccos\left(\frac{x^2 + y^2 - L_1^2 - L_2^2}{2L_1L_2}\right)$$

显然，逆运动学求解比正运动学求解更复杂，如果用矩阵或向量表示上述关系式，有

$$\boldsymbol{\theta} = f^{-1}(\boldsymbol{r}) \tag{5-11}$$

对式（5-11）的等号两边求微分即可得到工业机器人末端执行器的速度与关节角的关系，再进一步求微分即可得到工业机器人末端执行器的加速度与关节角的关系，这也是工业机器人的运动学问题。

任务实施

请结合所学知识在表 5-10 中分别绘制 ABB IRB120 和 KUKA 四轴 SCARA 机器人的运动简图。

表 5-10　运动简图绘制

序号	机器人种类	运动简图
1	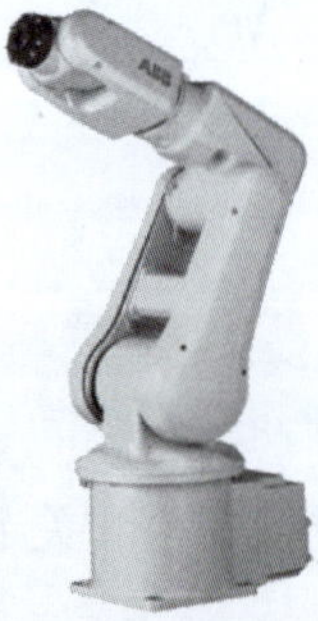 ABB IRB120	
2	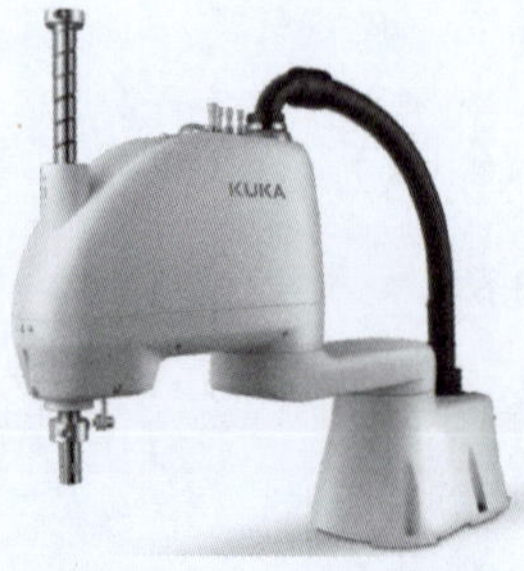 KUKA 四轴 SCARA 机器人	

知识拓展

工业机器人的先天缺陷——奇异点

在调试机器人运动的过程中，有时会出现机器人突然不动的情况，仿佛被卡住了一样。这可能是因为机器人遇到了奇异点。那到底什么是机器人的奇异点呢？

奇异点是由机器人逆运动学引起的，我们知道，当机器人末端点位固定时，机器人关节可以有多种姿势，即机器人运动学方程逆运算时会有多个解。此时，控制系统不知按哪个解去执行对应的动作，出现了不可控的情况，导致机器人无法正常运动。这些特定点位称为工业机器人的奇异点。机器人在奇异点附近进行规划运动（直线、圆弧等，不包括关节运动）时会报警停止。因此，在机器人运动编程时应尽量避开奇异点或以关节运动通过奇异点。

常见的六轴串联关节机器人会在三个位置逆解出无数个解的情况，出现三种奇异点，分别是腕关节奇异点、肩关节奇异点和肘关节奇异点。

1. 腕关节奇异点

腕关节奇异点是指在机器人运动空间内，关节 4 和关节 6 的轴线与关节 5 的轴线在同一平面内，如图 5-22 所示。

2. 肩关节奇异点

肩关节奇异点是指在机器人运动空间内，腕关节中心点与第一个关节的轴线共线，如图 5-23 所示。这种情况下，会导致关节轴 1 和关节轴 4 试图瞬间旋转 180°，从而引起机器人超速报警，出现无法继续工作的状况。

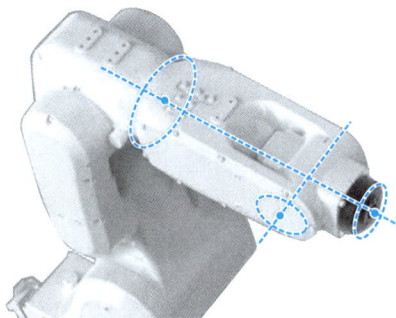

图 5-22　腕关节奇异点

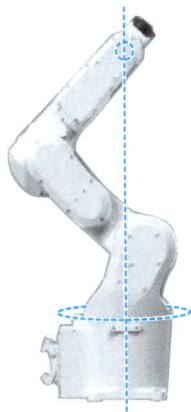

图 5-23　肩关节奇异点

3. 肘关节奇异点

肘关节奇异点是指在机器人运动空间内，腕关节的中心点落在关节 2 和 3 的轴线形成的平面上，如图 5-24 所示。肘关节奇异点一般位于机器人工作区域的最外缘，看起来像机器人"伸得太远"，导致肘部锁定在某个空间位置无法运动。

以上三种奇异点情况会导致机器人运动学方程逆解的结果相互补偿，形成无数个解。从图中可以看到，肩关节奇异点和肘关节奇异点位置都在机器人非主要工作区域，一般不会在调试中出现这样的姿态，处理较为简单，只要限制机器人的作业范围，就可轻易地回避。但腕关节奇异点在机器人工作区域的几乎所有位置都有可能发生，是机器人调试时较常遇到的一种奇异点。在实际应用中，可以利用使末端工具增加一定角度的办法避免腕部 4 轴和 6 轴中心共线，这也是我们看到的机器人初始状态都是"耷拉着小脑袋"的原因。

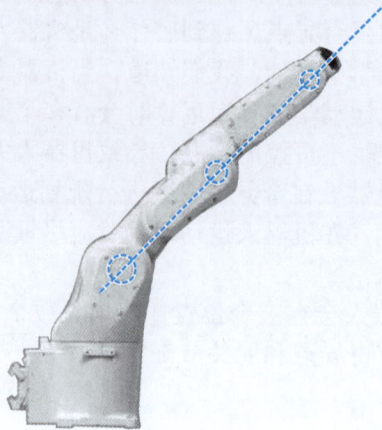

图 5-24　肘关节奇异点

技能训练

1.【填空】工业机器人的坐标系一般有六种：_____、基坐标系、关节坐标系、_____、_____和用户坐标系。

2.【判断】ABB 机器人的"重定位运动"功能可用于调整机器人在某一点的姿态。（　　　）

3.【判断】无论是机器人的哪种坐标系，其方向均符合右手定则。（　　　）

4.【判断】因腕关节奇异点常发生在机器人的非主要工作区域内，所以通常不会遇到。（　　　）

5.【判断】肘关节奇异点是指腕关节的中心点落在关节 1 和 3 的轴线形成的平面上。（　　　）

6.【判断】手动操纵机器人示教点位是属于机器人逆运动学问题。（　　　）

7.【判断】方向余弦阵反映了运动坐标系相对固定参考坐标系的姿态旋转情况，故也被称作旋转矩阵。旋转矩阵是研究机器人运动姿态的基础。（　　　）

8.【简答】简述什么是工业机器人的奇异点。

任务 5.3　工业机器人控制系统的特点及控制方式

任务描述

工业机器人的广泛应用得益于其多样化的控制方式。工业机器人在不同的作业场景下，控制系统所采取的控制方式不尽相同。你知道工业机器人有哪些控制方式吗？各种控制方式的应用特点又是什么呢？

知识储备

5.3.1　控制系统的特点

　　工业机器人控制系统的主要任务是控制工业机器人在工作空间中的运动位置、姿态、轨迹、操作顺序及动作的时间等。其控制过程可分为三个层级，即组织层、协调层和执行层（见图 5-25）。其中，有些项目的控制是非常复杂的，这就决定了工业机器人控制系统应具有以下特点。

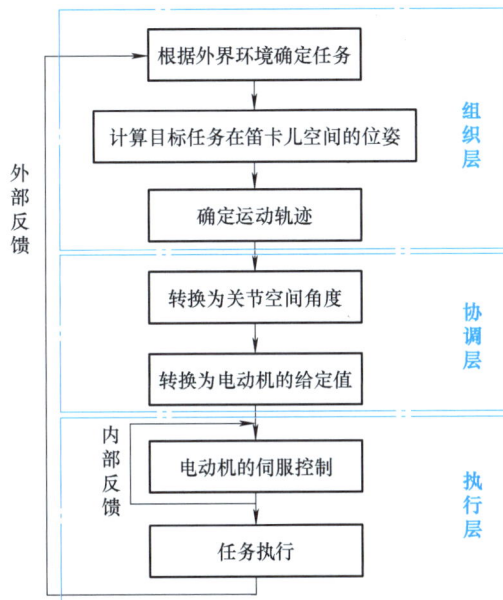

图 5-25　机器人控制过程系统层级

　　1）工业机器人的控制与其机构运动学和动力学有着密不可分的关系，如坐标变换、运动学正逆问题及惯性力影响等。

　　2）工业机器人控制系统是多变量自动控制系统。工业机器人至少有 3 ～ 6 个自由度，每个自由度配一个驱动（伺服、步进、液压、气动）机构，这些独立的伺服系统必须有机协调起来，以完成期望的动作。

　　3）工业机器人控制系统是非线性的控制系统。描述机器人状态和运动的数学模型是一个非线性模型，随着状态的变化，数学模型中的参数也在变化，且各变量之间存在耦合，经常使用重力补偿、前馈、解耦或自适应控制等方法。

　　4）工业机器人的动作往往可以通过不同的方式和路径来完成，因此存在一个"最优"的问题。例如，智能机器人可以根据传感器和模式识别的方法获得对象及环境的工况，从而自动选择最佳控制规律。

5.3.2　工业机器人的控制方式

　　工业机器人的广泛应用得益于其多样化的控制方式。目前，工业机器人的控制方式主要有四种，即点位控制、连续轨迹控制、力（力矩）控制和智能控制。

机器人大脑工作方式

1. 点位控制方式（PTP）

点位控制又称为点到点（Point to Point，PTP）控制。该种控制方式仅需控制工业机器人末端执行器在工作空间中某些特定离散点的位姿，即控制时，机器人只须在相邻点之间快速、准确地移动即可，对到达目标点的轨迹不做规定。PTP 控制如图 5-26a 所示。

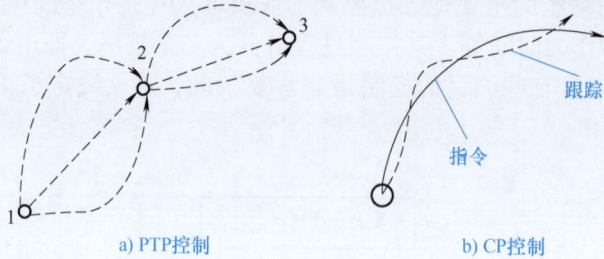

a) PTP控制　　　b) CP控制

图 5-26　点位控制和连续轨迹控制

定位精度和运动所需时间是该控制方式的两个主要技术指标。PTP 控制方式具有实现容易、轨迹精度要求不高的特点。因此，它通常用于电路板上安插元器件、搬运、点焊和上下料等只要求目标点处保持末端执行器位姿准确的场合。

2. 连续轨迹控制方式

连续轨迹（Continuous Path，CP）控制是对工业机器人末端执行器在作业空间中的位姿进行连续跟踪控制，要求其严格按照预定的轨迹和速度在一定的精度范围内运动，以完成作业任务，如图 5-26b 所示。其速度可控、轨迹光滑、运动平稳。轨迹精度和运动平稳性是 CP 控制最重要的两个指标。通常弧焊、喷漆、去毛边和检测作业机器人均采用这种控制方式。

实际上，CP 控制是以 PTP 控制为基础的，通过在相邻两点间采用满足精度要求的直线轨迹或圆弧轨迹进行插补运算，实现轨迹的连续控制。此处直线插补是指机器人从当前示教点到下个示教点运行一段直线，圆弧插补是指机器人沿着圆弧三个示教点执行圆弧轨迹运动。

例如，机器人再现时，主控制器（上位机）从存储器中逐点取出各示教点空间位姿坐标值，通过对其进行直线或圆弧插补运算，生成相应路径规划；然后把各插补点的位姿坐标值通过运动学逆解运算转换成关节角度值，分别送至机器人各关节或关节控制器（下位机）。

综上所述，PTP 控制只规定了各点的位姿，没有规定各点之间的运动轨迹，工业机器人末端执行器可以调节姿态和路径，从而完成要求的相邻点间运动，有很高的自由度。CP 控制则要求工业机器人末端执行器不仅要通过设定点，而且要在规定的精度范围内沿设定的轨迹运动。

3. 力（力矩）控制方式

机器人在完成一些与环境存在力作用的任务时，如打磨、装配，单纯的位置控制会由于位置误差而引起过大的作用力，从而损伤零件或机器人。此时，机器人往往需要配合力的控制来使用，即使用力（力矩）伺服控制。

这种控制方式的原理与位置伺服控制原理基本相同，只不过输入量和反馈量不是位置信号，而是力（力矩）信号，所以该系统中必须有力（力矩）传感器。有时也利用接近、滑动等功能进行自适应式控制。例如，机器人在进行打磨去毛刺作业时（见图 5-27），工件打磨的精度和一致性较大程度上取决于打磨工具同工件接触面是否保持恒定压力，这就需要通过实时力控技术控制工业机器人打磨过程的磨削力。力控制的精度及反馈速度决定了产品的打磨效果。

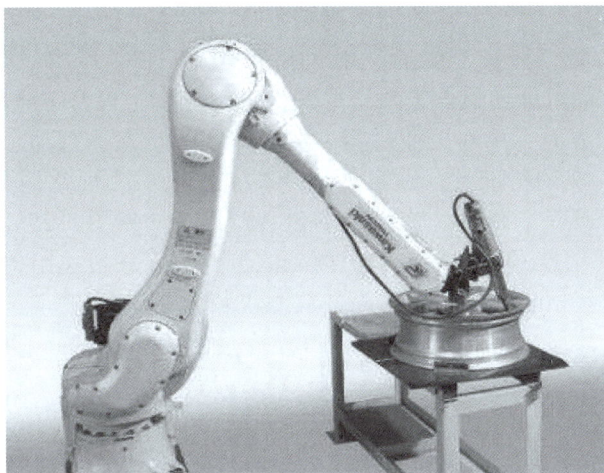

图 5-27　工业机器人打磨去毛刺作业

动脑想一想：有了力控制，还需要位置控制吗？

位置控制是一直需要的，行业共识是：必须引入力/力矩控制，未来的控制需要有两个控制量，纯位置控制是要被淘汰的。

4. 智能控制方式

智能控制方式是通过传感器获取周围环境的数据，并根据自身内部的数据库做出相应的决策。采用智能控制技术，可使机器人具有较强的环境适应性和自学习能力，进而能够自主完成较复杂的作业任务。

智能控制技术的发展有赖于近年来人工神经网络、基因算法、遗传算法、专家系统等智能算法的迅速发展。随着信息技术的崛起，工业机器人经历了简单机械、重复作业、线性作业等过程，逐步向人工智能方向发展，芯片技术和 AI 的发展为工业机器人注入了智能的灵魂。智能控制技术在工业机器人控制中的具体应用主要集中在以下几个方面。

（1）对机器人的行动路线进行控制　移动机器人在移动过程中常常要借助滚轮实现机器人的正常行走；同时，机器人在行动过程中需要与周围环境接触，要对固定障碍物和其他移动物体进行定位和判断，以防止摔倒或发生碰撞。这已经不是简单的机械运动和位置控制的问题了，而是需要机器人能够对周围环境进行正确的判断，将所要到来的不确定性因素进行分析并做出决策。此时，可充分借助模糊神经网络自适应控制方法对机器人行走进行有效控制。在模糊神经网络的控制下，即使在机器人对周围环境所收集的信息不完整或是不清晰的状态下，系统也能够进行快速的反应，对环境、位置进行有效识别并做出正确的判断。例如，在智能车间中自由穿梭的 AGV 小车（见图 5-28），其路径规划和避障依赖于智能控制技术对其行动路线的控制。

（2）对机器人的精度控制　在机器人的智能控制领域中，传统控制方式主要是采用PID控制对其进行点位控制。这种控制方式一般精度不够，很难实现机器人的高速、精准运动。然而，智能控制方式可借助模糊自调整的PID控制器进行控制。在这种控制方式下，当传统控制性能出现偏差时，可借助PI控制器对其进行弥补，以保证整个系统能够平滑、稳定地执行命令，进而实现机器人高精度、高速度的运动。

（3）在机器人视觉伺服控制中的应用　在机器人控制领域中，智能控制与视觉伺服系统有机结合，一方面可促使机器人对全局图像进行分析，提升工业机器人在工业生产中的应用精准度；另一方面，可对工业机器人在工作中的状态进行动态定位、可靠跟踪等，进一步提升其操作定位的精准性。在自动化产线上，机器人视觉伺服控制被广泛应用于装配、检测、包装等环节。例如，在流动的包装产线上（见图5-29），相机作为机器人的"眼睛"，利用机器视觉技术识别传输带上商品的位置并将其传达给机器人"手臂"，机器人"手臂"则利用这些信息准确拾取商品并放入包装纸箱中。

图 5-28　在车间自由穿梭的 AGV 小车

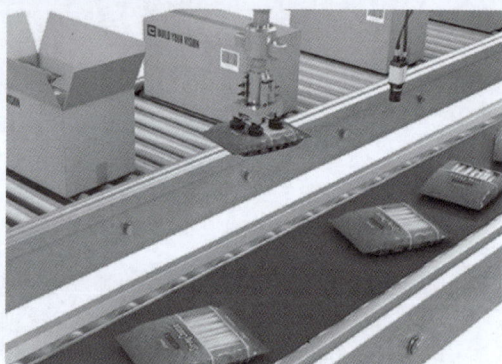

图 5-29　视觉引导机器人拾放物品

📌 任务实施

请在表5-11中分别列举采用点位控制方式和连续轨迹控制方式的机器人的作业场景。

表 5-11　机器人在不同作业场景下的控制方式

类型	点位（PTP）控制方式	连续轨迹（CP）控制方式
机器人作业场景		

📌 知识拓展

探秘全球首个纯电驱人形机器人——"天工"

在2024年8月举行的世界机器人大会上，北京具身智能机器人创新中心自主研发的"天工"机器人惊艳亮相（见图5-30）。该机器人以其6km/h的稳定奔跑速度成为全球首个纯电驱动的人形机器人。此次亮相吸引了众多技术爱好者和行业专家的瞩目，同时也标志着中国在机器人行业的崛起与领导地位。

本次亮相的"天工"机器人身高达到 1.73m，体重达 60kg，髋膝关节扭矩为 320N·m，且具有 42 个自由度，这意味着它的负载能力大、速度快、续航长，具有很强的智能交互和任务执行能力。

让机器人像人一样运动一直是一个世界难题。目前，人形机器人运动控制采取传统动力学方法和强化学习两条路，但这两条路都有缺点，要么难以适应不同的环境，要么在行走时出现身体抖动等不足。"天工"的核心在于其具身智能技术，这一概念旨在让机器人能够像人类一样自主感知和互动。这一技术整合了人工智能和机器人技术，通过模仿人类的运动和行为，提升了机器人的执行能力。通过对人类运动过程中的关节变化进行学习，"天工"实现了全面的感知能力。这并不仅仅是简单的行走，而是能够在复杂环境中做出应对，实现灵巧抓取和语音交互，引发了技术界的热议。

"天工"正在快速成长，灵巧手、智慧脑不断配齐。当人下达语音指令后，它就能基于"开放词汇目标检测与任意物品分割多模态模型"完成一套抓和放的动作。这是因为"天工"已经打通了具身智能大模型链路，可以理解人类指令，拆解相关任务并完成。

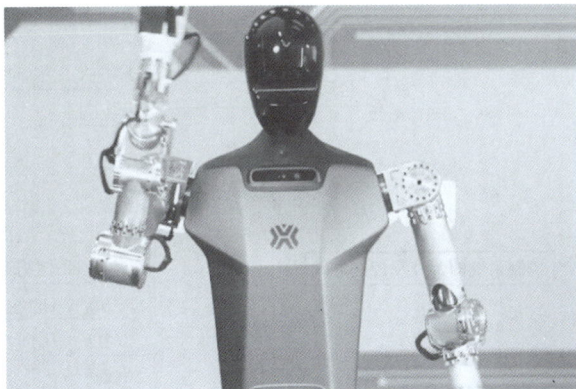

图 5-30　"天工"机器人

技能训练

1.【填空】工业机器人一般有四种控制方式，分别是点位控制方式、_____、力（力矩）控制方式和_____。

2.【填空】工业机器人控制系统的控制过程可分为三个层级，分别是组织层、_____和_____。

3.【判断】工业机器人点位控制方式的特点是只需在相邻点之间快速、准确地移动即可，对到达目标点的轨迹不做规定。　　　　　　　　　　　　（　　）

4.【判断】智能控制技术的发展得益于近年来智能算法的迅速发展。　（　　）

5.【判断】纯位置控制已无法满足机器人的应用需求，还需引入力/力矩控制。
　　　　　　　　　　　　　　　　　　　　　　　　　　　　　　（　　）

6.【判断】机器人去毛刺作业采用的是点位控制方式。　　　　　　（　　）

7.【简答题】请绘制框图描述工业机器人控制系统的控制过程。

☑ 项目总结图谱

知识点归纳思维导图

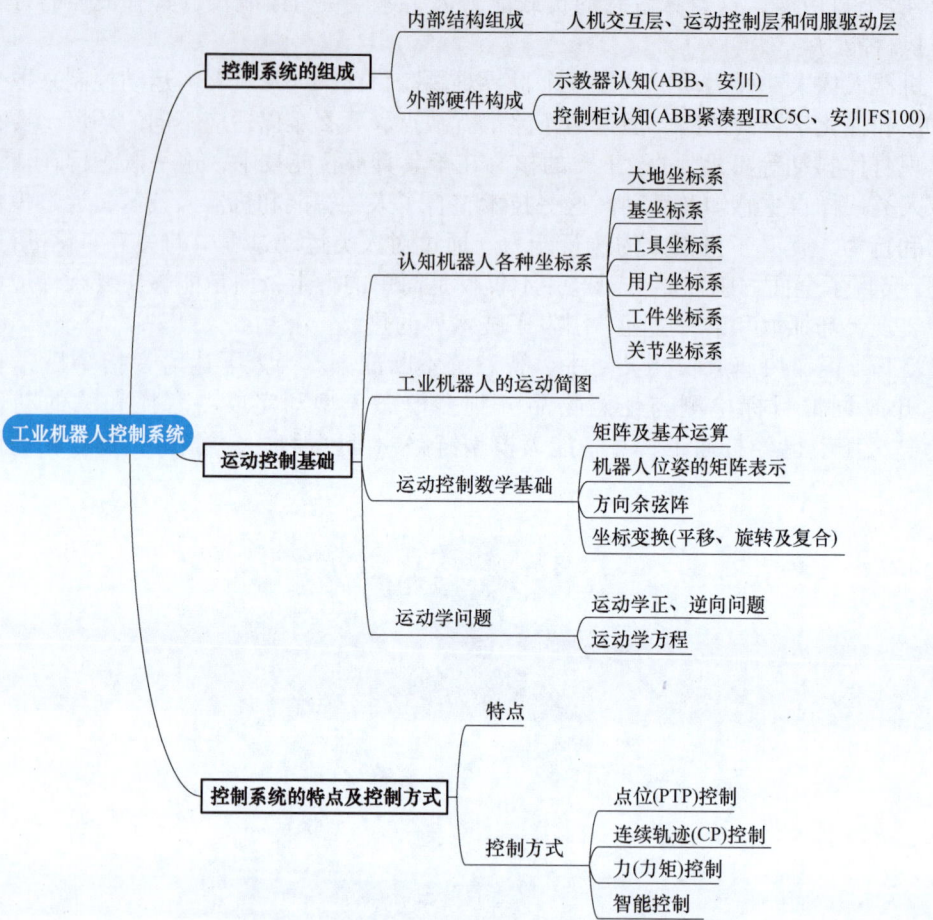

```
                                           ┌─ 内部结构组成 ─── 人机交互层、运动控制层和伺服驱动层
                      ┌─ 控制系统的组成 ─────┤
                      │                     │                  ┌─ 示教器认知(ABB、安川)
                      │                     └─ 外部硬件构成 ────┤
                      │                                        └─ 控制柜认知(ABB紧凑型IRC5C、安川FS100)
                      │
                      │                                         ┌─ 大地坐标系
                      │                                         ├─ 基坐标系
                      │                     ┌─ 认知机器人各种坐标系┼─ 工具坐标系
                      │                     │                   ├─ 用户坐标系
                      │                     │                   ├─ 工件坐标系
                      │                     │                   └─ 关节坐标系
                      │                     │
                      │                     ├─ 工业机器人的运动简图
  工业机器人控制系统 ──┤                     │
                      ├─ 运动控制基础 ───────┤                   ┌─ 矩阵及基本运算
                      │                     │                   ├─ 机器人位姿的矩阵表示
                      │                     ├─ 运动控制数学基础 ──┤
                      │                     │                   ├─ 方向余弦阵
                      │                     │                   └─ 坐标变换(平移、旋转及复合)
                      │                     │
                      │                     │                   ┌─ 运动学正、逆向问题
                      │                     └─ 运动学问题 ───────┤
                      │                                         └─ 运动学方程
                      │
                      │                     ┌─ 特点
                      └─ 控制系统的特点及控制方式 ┤
                                            │                  ┌─ 点位(PTP)控制
                                            │                  ├─ 连续轨迹(CP)控制
                                            └─ 控制方式 ────────┤
                                                               ├─ 力(力矩)控制
                                                               └─ 智能控制
```

项目6

工业机器人编程技术
——严谨的思维

勤练技能，做新时代工匠

2023年8月，在湖北省武汉市"工友杯"首届"武有绝活"高技能人才技能大赛中，上演了一场精彩的机器人"穿针引线"绝活秀。来自上汽通用汽车的电气工程师钟开学为在场观众展示了机器人"线穿针"和"针穿线"两项绝活（见图6-1）。钟开学手持终端设备在3min内把一根极细且很软的银丝穿入5根针的针孔中。这是一项时间与精度的挑战，针孔内径为0.28mm，银丝直径为0.2mm，跟头发丝粗细接近，可谓"千钧一发"。紧接着，钟开学又展示了"一针穿六线"的绝活。他操作机器人，将一根针的针孔分别穿过6根银丝，用时仅2min。从业10年，钟开学通过日积月累的训练和坚持，锻造了"穿针引线"的绝活。另一边，参加汽车技术类的选手余乐，在比赛现场通过用机器人剥生鸡蛋来展示他对机器人调试精度的精准控制。他手持终端设备，利用精湛的机器人操作技术，精准操控机器人手臂，在7min内使数十片仅0.2mm的鸡蛋壳顺利从膜上脱落，且内部0.02mm厚的鸡蛋保护膜完好无损。

（信息来源：工人日报）

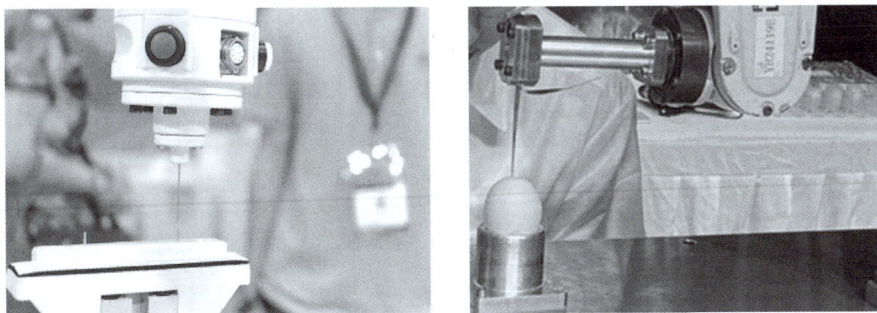

图6-1　机器人技能展现

工业机器人轨迹编程的精度控制是确保机器人在执行任务时准确无误的重要环节。那么，是如何实现对工业机器人的高精度示教与编程控制呢？相信在本项目的学习中你会找到满意的答案。

📑 教学指引

教学重点	1. 工业机器人编程方法 2. 工业机器人基本操作与编程 3. 工业机器人常用指令的应用
教学难点	工业机器人编程设计与优化
推荐教学方式	1. 结合自身实践条件开展工业机器人理实一体化教学 2. 可通过播放操作视频及教师现场演示等方式讲解具体操作步骤及注意事项 3. 带领学生去往校企合作实践中心或邀请企业导师进校授课，让学生零距离了解企业真实的机器人编程应用知识
素养提升	1. 通过"武有绝活"高技能人才技能大赛的相关报道，让学生了解新时代工匠的榜样，以榜样的力量激励学生学习，培养学生追求卓越、精益求精、勇于创新的工匠精神 2. 通过学习工业机器人示教编程的精度要求设置，让学生体验精益求精的过程 3. 通过实操的规范化管理，培养学生的操作安全意识 4. 通过编程实践过程中的事前准备、事后收拾等作业，培养学习的劳动精神，引导学生养成良好的职业习惯，提升职业素养
推荐学习方法	1. 利用课程线上资源进行课前预习 2. 借助书中二维码，扫码观看视频，直观了解具体实操步骤并同步操作 3. 充分使用网络资源自主学习、拓展专业视野和提升技能水平
参考学时	22 学时

任务 6.1　工业机器人编程概述

🔧 任务描述

工业机器人的编程方式有很多种，现阶段主流的编程方式仍是在线示教编程和离线编程。通过本任务的学习，请对比并分析这两种主流编程方式的优缺点及应用区别。

🔧 知识储备

机器人编程是指为了使机器人完成某项作业而进行的程序设计和动作实现。早期的机器人只具有简单的动作功能，采用固定的程序进行控制，动作适应性较差。随着机器人技术的发展，对机器人功能要求显著提高，这就需要机器人能通过编写程序完成各种各样的工作，并具有较好的通用性。

工业机器人的编程方式

目前，工业机器人常用的编程方式主要是示教编程和离线编程两种。但近年来，随着视觉技术和人工智能技术的发展，人们正在尝试一些新的编程方法，如机器人自主编程技术、基于虚拟现实（VR）、增强现实（AR）的编程技术等。

1. 在线示教编程

要实现工业机器人特定的连贯动作，可以先将连贯动作拆分成机器人关键动作序列，称之为动作节点。在线示教编程的思路全面将机器人调整到第一个动作节点，让机器人储存这个动作节点的位姿，再调整到第二个动作节点并记录位姿，以此类推，直至动作结束。在线示教编程可分为"手把手"示教编程和示教器示教编程两种。

（1）"手把手"示教编程　"手把手"示教编程（也称为手动拖拽示教）是指操作人

员直接用手移动末端执行器确定动作节点，再进行编程（见图6-2）。"手把手"示教编程在技术上简单直接，示教后即可马上应用，主要应用在电子技术不够发达的早期工业机器人中。

"手把手"示教编程有以下几个不可避免的缺点。

1）依靠操作人员经验，且人工操作繁重。

2）很难操作大型和高减速比的工业机器人。

3）位置不精确，人手操作难以实现精确的路径控制。

4）示教轨迹重复性差。

（2）示教器示教编程 示教器示教编程是利用示教盒上的按钮或触摸屏控制工业机器人按需要的顺序进行运动（见图6-3）。虽然可获得较高的运行效率，但在示教器示教编程方式下却很难实现多关节同时移动。

优点：示教操作对操作者专业知识要求不高，也无需复杂的设备，所以操作简单，易于掌握。常用于一些任务简单、轨迹重复、定位精度要求不高的场合，如焊接、搬运、码垛、喷涂等作业。缺点：很难示教一些复杂的运动轨迹，且重复性差，难以获得高的控制精度，无法与其他机器人配合操作。

图6-2 "手把手"示教编程

图6-3 示教器示教编程

示教编程一般用于示教–再现型机器人中，目前大部分工业机器人的编程方式都是采用示教编程。

示教编程分为以下三个步骤。

1）示教：就是示教人员或操作者根据机器人作业任务把机器人末端执行器移动到目标位置。

2）存储：示教的工业机器人控制系统将这一运动过程和各关节位姿参数存储到机器人的内部存储器中。

3）再现：当需要机器人工作时，机器人控制系统调用存储器中的对应数据，驱动关节运动，再现操作者所记录的点位和插补路径，从而完成机器人作业，可实现不断重复再现。

2. 离线编程

机器人离线编程可分为基于文本的编程和基于图形的编程两类。

（1）基于文本的编程 基于文本的编程是用文本方式编程控制机器人，如早期使用的POWER语言编程，是一种机器人专用语言，此编程方法缺少可视性，已基本不采用了。

（2）基于图形的编程 基于图形的编程是利用计算机图形学技术建立计算机及其工作环境的几何模型，并利用计算机语言及相关算法通过对图形的控制和操作，在离线状态下进行机器人作业轨迹规划编程的一种方法（见图 6-4）。

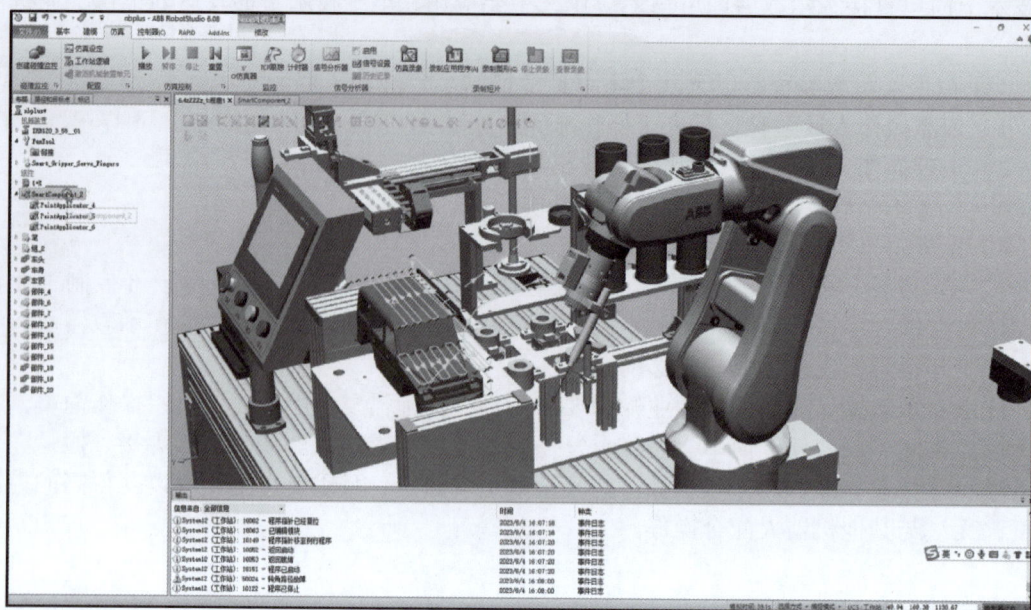

图 6-4　离线编程仿真编程

与在线编程相比，离线编程具有如下优点。

1）减少停机时间，进行离线编程时，机器人仍可在生产线上工作。

2）使编程者远离危险的工作环境，改善了编程环境。

3）使用范围广，可对各种机器人进行编程，并能方便地实现优化编程。

4）便于和 CAD/CAM 系统结合，做到 CAD/CAM/ROBOTICS 一体化。

5）可使用高级计算机编程语言对复杂任务进行编程。

6）便于修改机器人程序。

7）能够实现多台机器人和外部辅助设备的示教和协调。

任务实施

请根据本任务所学内容，查阅相关知识，总结并填写表 6-1。

表 6-1　主流编程方式优缺点对比

编程方式	在线示教编程	离线编程
优点		
缺点		

知识拓展

新兴机器人编程技术

1. 自主编程技术

随着视觉技术和各类跟踪测量传感技术的发展，近几年出现了由计算机与机器人配合实现自主示教编程的技术，机器人通过检测技术与计算机配合自动抓取并计算出机器人的运动路径，实现自主编程。典型的研究有以下几种。

（1）基于激光结构光的自主编程　基于结构光的路径自主规划原理是将结构光传感器安装在机器人末端，形成"眼在手上"的工作方式。例如，利用焊缝跟踪技术逐点测量焊缝的中心坐标，建立起焊缝轨迹数据库，在焊接时作为焊枪的路径。

（2）基于双目视觉的自主编程　基于视觉反馈的自主示教是实现机器人路径自主规划的关键技术，其主要原理是：在一定条件下，由主控计算机通过视觉传感器沿焊缝自动跟踪、采集并识别焊缝图像，计算出焊缝的空间轨迹和方位（即位姿），并按优化焊接要求自动生成机器人焊枪（Torch）的位姿参数。

（3）多传感器信息融合自主编程　有研究人员采用力控制器、视觉传感器及位移传感器构成一个高精度自动路径生成系统。该系统集成了位移、力、视觉控制，同时引入视觉伺服，可以根据传感器反馈信息执行动作。该系统中机器人能够根据记号笔所绘制的曲线自动生成机器人路径，位移控制器用来保持机器人 TCP 点的位姿，视觉传感器使机器人自动跟随曲线，力传感器用来保持 TCP 点与工件表面距离恒定。

2. 基于增强现实的编程技术

增强现实技术源于虚拟现实技术，是一种实时地计算摄像机影像位置及角度并加上相应图像的技术。这种技术的目标是在屏幕上把虚拟世界套在现实世界并实现互动（见图 6-5）。增强现实技术使得计算机产生的三维物体融合到现实场景中，加强了用户同现实世界的交互。将增强现实技术用于机器人编程具有革命性意义。

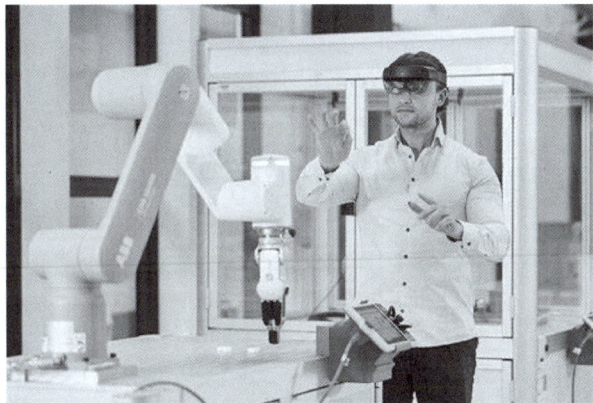

图 6-5　基于增强现实的编程

技能训练

1.【判断】示教编程的精度取决于操作人员的操作水平。　　　　　　（　　）

2.【判断】工业机器人只有示教编程和离线编程两种编程方式。　　　（　　）

3.【判断】离线编程是工业机器人目前采用最多的编程方式。 （　　）

4.【简答】简述工业机器人示教编程的过程。

5.【简答】简述工业机器人离线编程的过程。

任务 6.2　ABB 机器人基础编程案例

ABB 机器人是工业机器人"四大家族"中最大的一个。1988 年，ABB 由瑞典阿西亚和瑞士布朗博法瑞这两家有着 100 多年历史的国际性企业合并而成，总部在瑞士的苏黎世，业务范围涵盖了电气、过程自动化、机器人与离散自动化、运动控制等，其最大的竞争优势在于运动控制和自动化的整合，核心技术为运动控制系统。ABB 也是目前种类最多、全球装机量最大的工业机器人供货商之一。

任务描述

通过本项目的学习，完成以下工业机器人编程任务：在 ABB 机器人上安装笔形工具，编程实现图 6-6 所示轨迹的绘制，并调试、运行程序。

知识储备

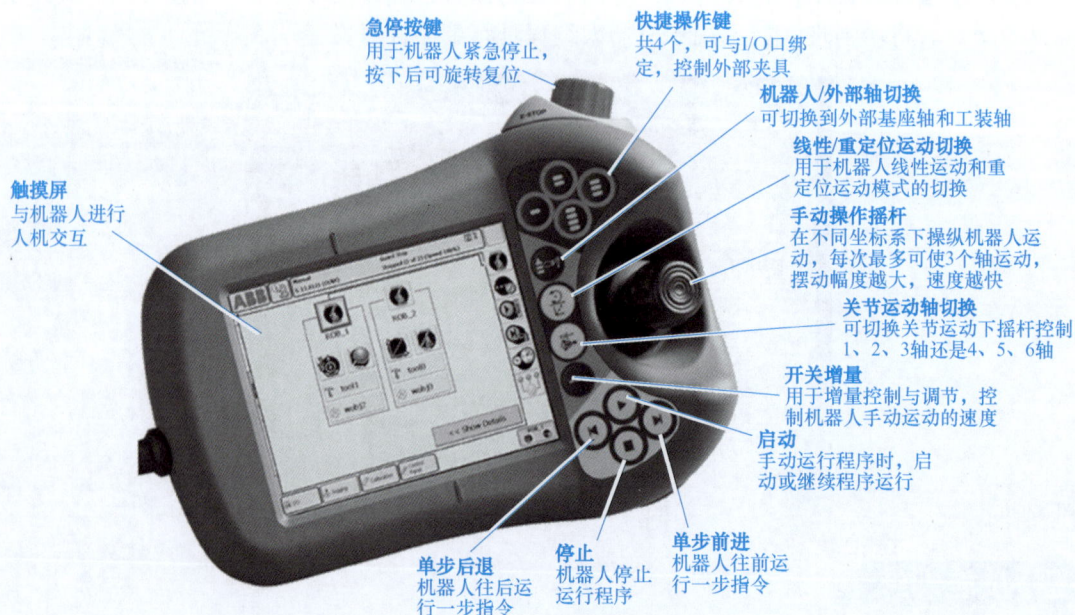

图 6-6　爱心轨迹

6.2.1　ABB 示教器的基本操作

1. 示教器按键与功能介绍

ABB 机器人示教器按键及功能如图 6-7 和图 6-8 所示。

急停按键
用于机器人紧急停止，按下后可旋转复位

快捷操作键
共4个，可与I/O口绑定，控制外部夹具

机器人/外部轴切换
可切换到外部基座轴和工装轴

线性/重定位运动切换
用于机器人线性运动和重定位运动模式的切换

手动操作摇杆
在不同坐标系下操纵机器人运动，每次最多可使3个轴运动，摆动幅度越大，速度越快

关节运动轴切换
可切换关节运动下摇杆控制1、2、3轴还是4、5、6轴

开关增量
用于增量控制与调节，控制机器人手动运动的速度

启动
手动运行程序时，启动或继续程序运行

触摸屏
与机器人进行人机交互

单步后退
机器人往后运行一步指令

停止
机器人停止运行程序

单步前进
机器人往前运行一步指令

图 6-7　ABB 示教器正面

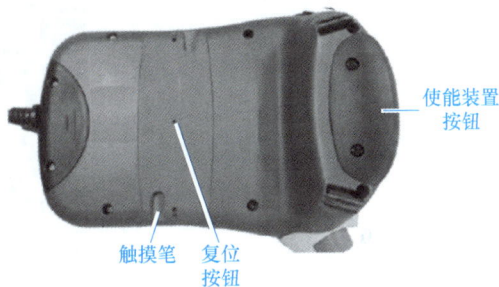

图 6-8　ABB 机器人示教器反面

2. 示教器显示界面介绍

示教器显示界面各部分含义如图 6-9 所示。

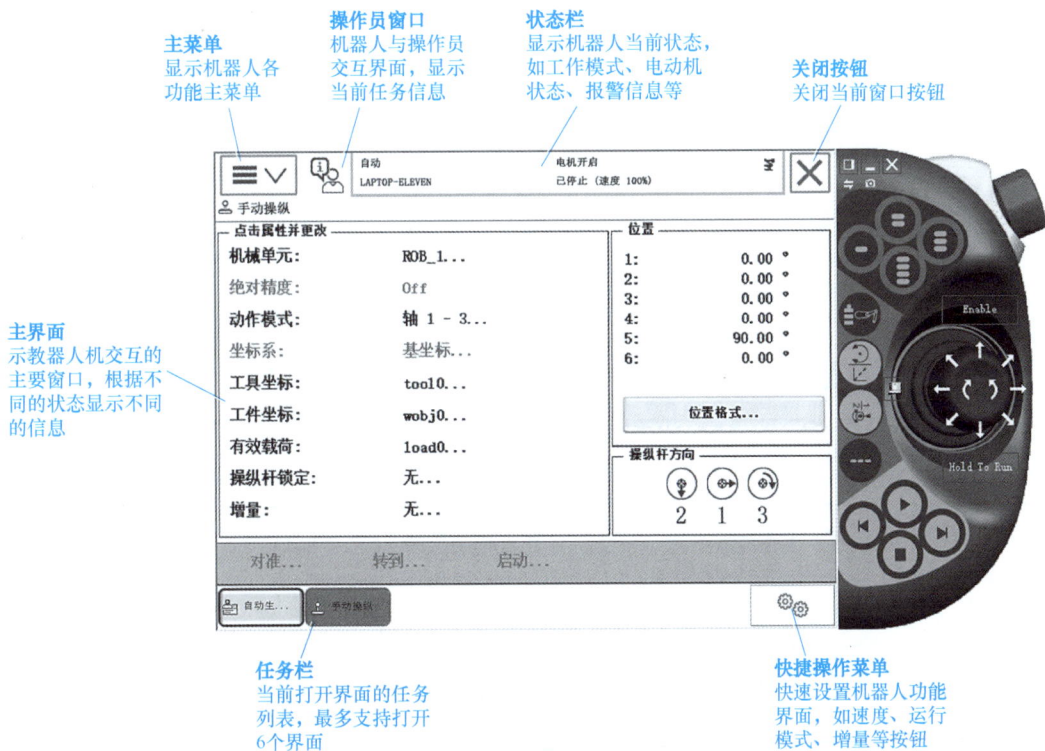

图 6-9　示教器显示界面

1）主菜单：单击"主菜单"按键，弹出主菜单界面，如图 6-10 所示。主菜单界面功能见表 6-2。

2）控制面板：在主菜单界面单击"控制面板"，可进入控制面板设置界面，如图 6-11 所示。

3）手动操纵：在主菜单界面单击"手动操纵"，可进入手动操纵界面（见图 6-12）。在该界面中，可进行手动操纵的相关设置。手动操纵相关设置选项说明见表 6-3。

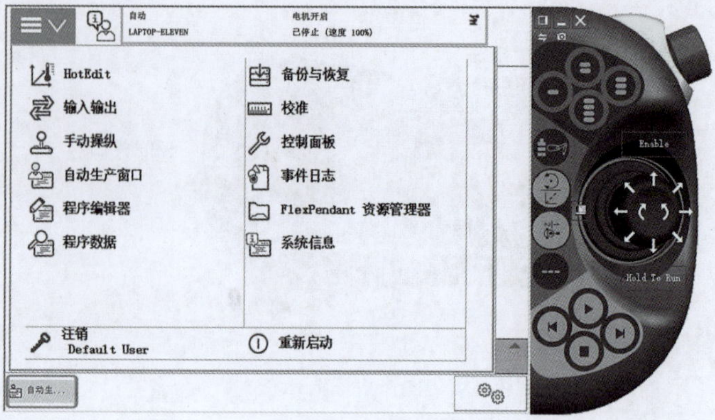

图 6-10 ABB 机器人示教器主菜单

表 6-2 主菜单界面功能

序号	图例	说明
1	HotEdit	用于对编写的程序中的点做一定的补偿
2	输入输出	用于查看并操作 I/O 信号
3	手动操纵	用于查看并配置手动操作属性
4	自动生产窗口	用于自动运行时显示程序画面
5	程序编辑器	用于对机器人进行编程调试
6	程序数据	用于查看并配置变量数据
7	备份与恢复	用于对系统数据进行备份和恢复
8	校准	用于对机器人机械零点进行校准
9	控制面板	用于对系统参数进行配置
10	事件日志	用于查看系统所有事件
11	FlexPendant 资源管理器	用于对系统资源、备份文件等进行管理
12	系统信息	用于查看系统控制器属性及硬件和软件信息
13	注销 Default User	用于退出当前用户权限
14	重新启动	用于重新启动系统

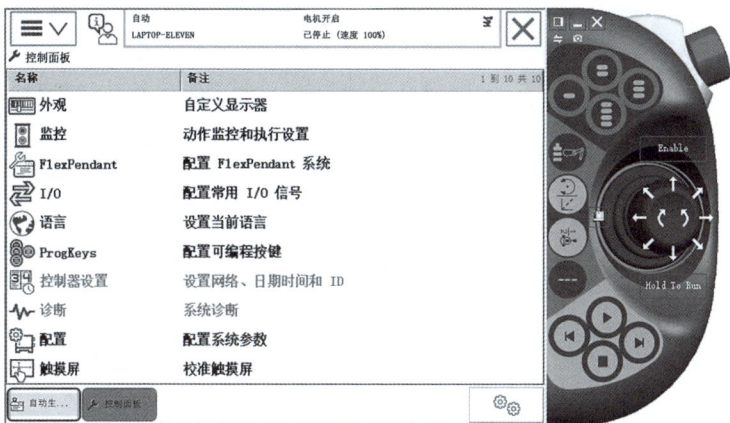

图 6-11　ABB 机器人示教器控制面板设置界面

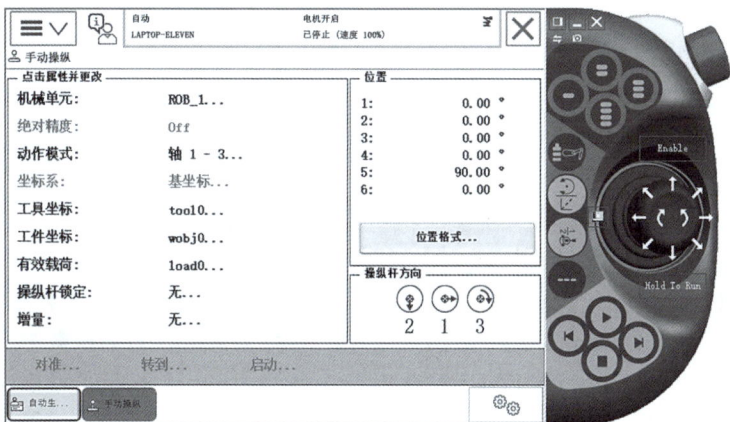

图 6-12　ABB 机器人示教器手动操纵界面

表 6-3　手动操纵相关设置选项说明

序号	参数	说明
1	机械单元	选择操纵对象（机器人本体或外部机构）
2	动作模式	选择操纵的模式，关节、直角或回转运动 轴 1-3　　轴 4-6　　线性　　重定位
3	工具坐标	选择运动指令中点位所使用的工具坐标数据
4	工件坐标	选择运动指令中点位所使用的工件坐标数据
5	有效载荷	选择运动指令中机器人所使用的载荷数据
6	操纵杆锁定	操纵杆的锁定选择 无　　水平方向　　垂直方向　　虚转

(续)

序号	参数	说明
7	增量	设置操纵时是否使用增量控制、增量的大小，无增量时，机器人的操纵速度与摇杆幅度成正比 无　　小　　中　　大　　用户
8	操纵杆方向	提示操纵杆在不同操纵模式下对应的轴 2　1　3　　5　4　6　　X　Y　Z

6.2.2　ABB 程序数据与指令

1. 程序数据

程序数据是在程序模块中设定的一些环境数据，创建的程序数据由同一个模块或其他模块的指令进行引用。ABB 机器人程序数据的存储类型有变量 VAR、可变量 PERS 和常量 CONST。

（1）变量 VAR　变量型数据在程序执行的过程中停止，会保持当前的值。但如果程序指针被移到主程序后，数值会丢失。

例如，VAR　num length：=0；　　　　　// 名称为 length 的数字数据

　　　　VAR　string name：="John"；　　// 名称为 name 的字符数据

　　　　VAR　bool Done：=FALSE；　　　// 名称为 Done 的布尔量数据

（2）可变量 PERS　可变量最大的特点是，无论程序的指针如何，都会保持最后赋予的值，直到对其重新赋值。

例如，PERS　string　text：="Hello"；　// 名称为 text 的字符数据

　　　　PERS　num　a：=1；　　　　　　// 名称为 a 的数字数据

（3）常量 CONST　常量的特点是在定义时已赋予了数值，并不能在程序中进行修改，除非手动修改。

例如，CONST　num　PI：=1；　　　　　　　　// 名称为 PI 的数字数据

　　　　CONST　sting　greating：="Hello"；// 名称为 greating 的字符数据

2. 编程指令

（1）基本运动指令及常用功能函数

1）基本运动指令 MoveJ：表示关节运动指令。在路径精度要求不高的情况下，机器人的工具中心点从一个位置移动到另一个位置，两个位置之间的路径不一定是直线。

格式：MoveJ　ToPoint, Speed, z10, Tool \[Wobj]；各项含义如图 6-13 所示。

例：MoveJ p1, v100, z10, tool1；

z10 为转弯半径，指机器人 TCP 不到达目标点，而是在距离目标点 10mm 处圆滑绕过目标点，如图 6-14 所示；若转弯区数据为 fine，则表示机器人准确到达 p1 点。

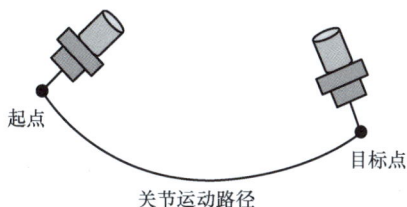

MoveJ ToPoint, Speed, z10, Tool \[Wob j]

关节运动　目标位置　运动速度　转弯区数据　工具坐标数据　工件坐标数据

图 6-13　机器人关节运动

2）基本运动指令 MoveL：线性运动指令。机器人的工具中心（TCP）从起点到终点之间的路径始终保持为直线，如图 6-15 所示。

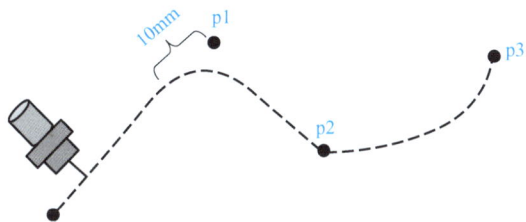

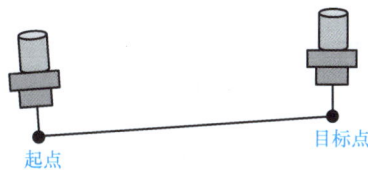

图 6-14　转弯示例　　　　　图 6-15　机器人直线运动

格式：MoveL ToPoint，Speed，z10，Tool \[Wobj]；

例：MoveL p1，v100，z10，tool1；

p1：目标位置点；　v100：机器人运行速度；　z10：转弯半径；　tool1：工具坐标。

3）基本运动指令 MoveC：圆弧运动指令。机器人沿着可到达空间范围内的三个点运动，第一个点为圆弧的起点，第二点为圆弧的中间点，第三个点是圆弧的终点。

指令格式：MoveC CirPoint，ToPoint，Speed，Zone，Tool[\Wobj]；具体含义如图 6-16 所示。

MoveC p2, p3, v500, z50, Tool 1 \wob j:=Wob j1

圆弧运动　中间点　终点　速度数据　转弯区数据　工具坐标数据　工件坐标数据

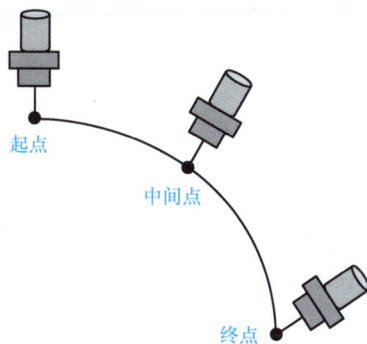

图 6-16　机器人圆弧运动

注意：MoveC 的起点是机器人上一次运行完成后所在的点。

4）基本运动指令 MoveAbsJ：绝对位置运动指令。机器人使用六个轴和外轴的角度来定义目标位置数据。具体格式如图 6-17 所示。

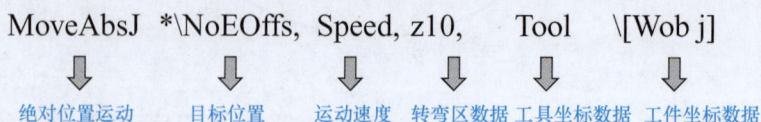

$$MoveAbsJ \quad *\backslash NoEOffs, \quad Speed, \quad z10, \quad Tool \quad \backslash[Wob\ j]$$

绝对位置运动　　目标位置　　运动速度　转弯区数据　工具坐标数据　工件坐标数据

图 6-17　机器人绝对位置运动

例如，MoveAbsJ　jpos1，v100，z1，tool1；

注意：绝对位置指令实现的是关节运动，但是位置使用的是关节型位置变量 jointtarget，即六个关节的角度（脉冲量），所以它的机器人姿态是唯一的。

5）运动指令中常用功能函数 Offs（），RelTool（）：Offs（）和 RelTool（）为偏移功能函数，常与运动指令配合使用，间接表达机器人到达目标点的位置，具体应用方法如下。

Offs（）指在工件坐标系下的位置偏移，根据某个点进行偏移后得到一个位置数据，如 Offs（p10，100，-50，0），它代表在当前工件坐标系下，移动到一个距离 p10 点 x 方向 100mm，y 方向 -50mm，z 方向 0mm 的点位置。

例如，MoveL Offs（p10，100，-50，0），v100，…

RelTool（）用于将通过有效工具坐标系表达的位移或旋转角度增加至机械臂位置。

例如，MoveL RelTool（p10，100，-50，0\Rx：=30\Ry：=-60\Rz：=45），v100，…

代表在当前工具坐标系下移动到一个距离 p10 点 x 方向 100mm，y 方向 -50mm，z 方向 0mm，x 轴偏转 30°，y 轴偏转 -60°，z 轴偏转 45° 的点位置。

（2）逻辑指令

1）IF 条件判断指令。IF 条件判断指令就是根据不同的条件（Condition）去执行不同的指令。判定的条件数量可以根据实际情况进行增加或减少，指令格式如下：

```
IF Condition THEN
<SMT>
ELSEIF Condition THEN
<SMT>
ELSE
<SMT>
ENDIF
```

其中，Condition 表示条件；<SMT> 表示需要执行的指令。

2）FOR 重复执行判断指令。FOR 重复执行判断指令一般用于重复执行特定次数的程序内容。指令格式如下：

```
FOR <ID> FROM <EXP> TO <EXP> STEP <EXP> DO
 <SMT>
ENDFOR
```

其中，<ID>：循环判断变量；第一个 <EXP>：变量起始值；第二个 <EXP>：变量终止值；第三个 <EXP>：变量的步长，每运行一次 FOR 里面的语句，变量值自加这个步长值。在默认情况下，STEP <EXP> 是隐藏的，是可选变元项；无 STEP <EXP> 时，变量值默认自加 1。

例如：

```
FOR  i  FROM  1  TO  10  DO
   Routine1；
ENDFOR   // 表示执行 Routine1 程序段 10 次。
```

3）WHILE 重复执行判断指令。WHILE 表示只要给定条件表达式值为 TURE，便重复执行程序内容，通常用于不确定重复次数的循环。指令格式如下：

```
WHILE  <EXP>  DO
    <SMT>
ENDWHILE
```

其中，<EXP>：循环判断的条件；<SMT>：需要执行的指令。

4）TEST 指令。该指令用于对一个变量的值进行判断，根据变量值的不同执行不同的程序。在某些场合可以用 TEST 替代 IF，从而使程序流程简单易懂。指令格式如下：

```
TEST <EXP>
CASE <test value>:
    <SMT>
CASE <test value>:
    <SMT>
CASE <test value>:
    <SMT>
DEFAULT：
    <SMT>
ENDTEST
```

其中，<EXP>：需要计算的变量，TEST 可以判断所有数据类型变量，但是要判断的数据必须具有值；<test value>：计算后对应值；<SMT>：需要执行的指令。

（3）赋值指令　指令格式为 "：="。

赋值指令用于对程序数据进行赋值，赋值可以是一个常量或数学表达式。此处以添加一个常量赋值与数学表达式赋值进行说明。

常量赋值：reg1：=5。

数学表达式赋值：reg2：=reg1+4。

（4）I/O 控制指令

1）Set：将数字输出信号置 1；例如，Set do1。

2）Reset：将数字输出信号置 0；例如，Reset do1。

3）SetDo：置位数字量输出信号；例如，SetDo do1，1。

4）SetGo：置位组输出信号；例如，SetGo go1，7。

5）SetAo：置位模拟量输出信号；例如，SetAo ao1，7.7。

6）PulseDo：置位脉冲输出信号；例如，PulseDo \Plength：=2，do1。

7）WaitDi：等待数字输入信号；例如，WaitDi di1，1。

8）WaitGi：等待组输入信号；例如，WaitGi gi1，5。

9）WaitAi：等待模型量输入信号；例如，WaitAi ai1，6.5。

（5）停止指令

1）STOP 软停止指令，机器人停止运行，直接运行下一句。

2）EXIT 硬停止指令，机器人停止运行，复位。

（6）其他指令

1）等待指令 WaitTime。例如，WaitTime Time。用于程序在等待一个指定的时间以后，再继续向下执行，Time 为延时时间。

2）调用例行程序指令 ProcCall。用于调用其他程序。

3）返回例行程序指令 RETURN。用于程序执行完成后返回。

任务实施

1. 编程设计

点位路径规划：根据任务的要求，图形可分成四段，两段直线，两段圆弧轨迹，机器人从作业原点 HOME 出发，到达作业接近点 P0，然后缓慢移动到作业轨迹的第一个点 P1 开始作业，直线运动至 P2，然后开始第一段圆弧运动至 P3、P4，再从 P4 开始下一段圆弧运动至 P5、P6，最后直线运动至 P1，退出到 P0，再回到作业原点，结束作业。轨迹规划如图 6-18 所示。

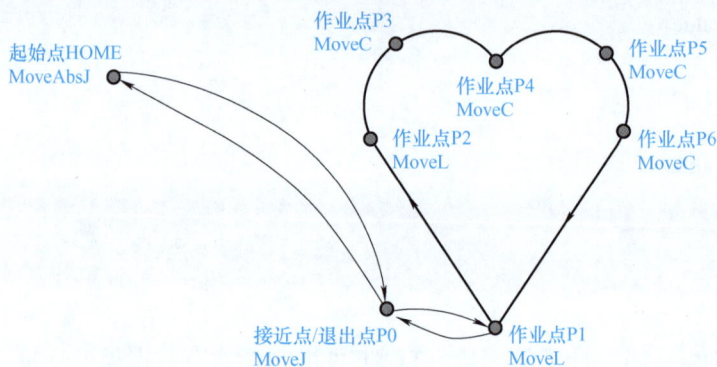

图 6-18　点位路径规划图

2. 示教编程

根据图 6-18 点位路径规划进行示教编程，参考程序见表 6-4。

表 6-4　爱心轨迹编程参考程序

例行程序	例行程序内容
Routine1	MoveAbsJ HOME, v1000, z100, PenTool\WObj: =Workobject_1；// 移动到作业原点 MoveJ P0, v1000, z100, PenTool\WObj: =Workobject_1；// 到达接近点 P0 MoveL P1, v150, fine, PenTool\WObj: =Workobject_1；// 移动到 P1 MoveL P2, v150, fine, PenTool\WObj: =Workobject_1；// 直线移动到 P2 MoveC P3, P4, v150, z10, PenTool\WObj: =Workobject_1；// 第一段圆弧 MoveC P5, P6, v150, z10, PenTool\WObj: =Workobject_1；// 第二段圆弧 MoveL P1, v150, fine, PenTool\WObj: =Workobject_1；// 直线移动到 P1 MoveL P0, v1000, z100, PenTool\WObj: =Workobject_1；// 返回安全接近点 MoveAbsJ HOME, v1000, z100, PenTool\WObj: =Workobject_1；// 返回作业原点

知识拓展

"爱心轨迹"重复绘制编程

在上面的爱心轨迹绘制任务中，如果要求设置一个信号来控制程序的启动，可以采用什么指令来实现这样的功能？如果要求采用循环指令使机器人自动执行 5 次爱心绘制，程序应如何修改？参考程序见表 6-5。

表 6-5　参考程序

例行程序	参考程序内容
main	MoveAbsJ HOME，v1000，z100，PenTool\WObj: =Workobject_1；// 移动到作业原点 WaitDI di1，1；// 等待外部输入信号 di1=1 FOR i FROM 1 TO 5 DO；// 使用 FOR 循环指令进行已知次数的循环 Routine1；// 调用爱心轨迹例行程序 ENDFOR

技能训练

1.【判断】ABB 机器人所使用的编程语言是 RAPID。　　　　　　　　　　　　　（　　）
2.【判断】ABB 机器人只能采用 IF 语句来实现条件判断。　　　　　　　　　（　　）
3.【判断】MoveC 指令中不含圆弧起始点数据。　　　　　　　　　　　　　　（　　）
4.【填空】_____、_____指令可以实现多选一的功能。
5.【填空】绝对位置运动指令是_____，圆弧运动指令是_____。
6.【简答】简述 ABB 工业机器人示教编程的过程。

任务 6.3　安川机器人基础编程案例

安川电机是工业机器人四大家族之一，总部位于日本，主要生产伺服和运动控制器，这两个部件是工业机器人的关键零部件。安川电机的产品涵盖点焊和弧焊机器人、涂装机器人、LCD 玻璃板传输机器人和半导体芯片传输机器人等，是将工业机器人应用到半导体生产领域最早的厂商之一。安川工业机器人的特点在于采用先进的控制技术和驱动系统，能够提供高精度和高效率的自动化解决方案。此外，安川工业机器人的设计也注重易用性和灵活性，能够适应各种不同的应用场景和需求。安川电机在全球工业机器人市场中占据重要位置。

任务描述

请用安川机器人完成图 6-19 所示焊接轨迹的焊接，其中圆弧部分可以直接示教实现或使用循环和平移指令实现。

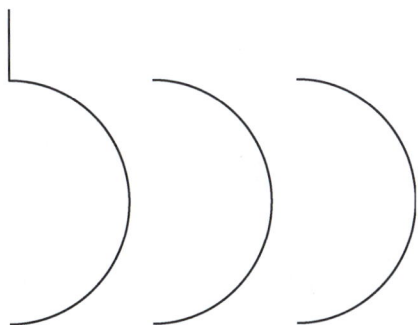

图 6-19　机器人焊接轨迹

6.3.1 认识安川机器人示教器

1. 安川机器人示教器界面

安川机器人示教器界面如图 6-20 所示。

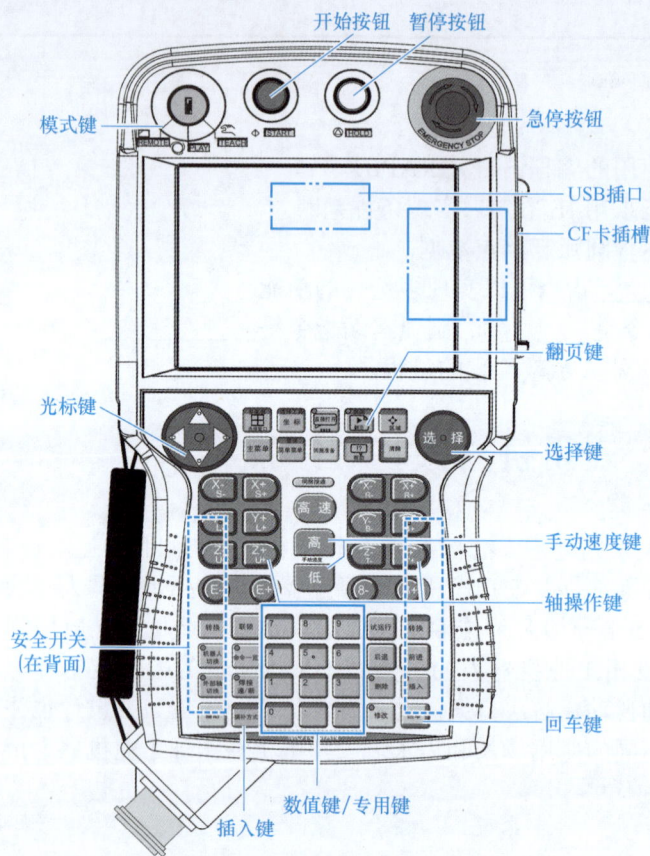

图 6-20 安川机器人示教器界面

初识安川
MOTOMAN 系
列机器人

2. 示教器按键功能介绍

示教器各按键功能见表 6-6。

表 6-6 示教器按键功能

按键	功能说明
[开始]	按下该键，机器人开始再现运动 1）再现运动中，该键灯亮 再现运动即使由专用输入的开始信号启动，开始键的灯也亮 2）由于报警发生或暂停、模式切换等停止再现动作时，开始键灯灭

（续）

按键	功能说明
[暂停]	**按下该键、运动中的机器人暂停运动** 1）该按键响应所有模式 2）该键只在按下期间灯亮，一旦松开按键，灯灭 即使按键灯灭，机器人仍然保持暂停状态，直到得到下一个开始指示为止 3）暂停键在以下情况下自动亮灯，通知系统目前处于暂停状态，并且在灯亮期间，开始及轴操作都无法进行 ① 来自专用输入的暂停信号处于 ON 时 ② 远程时，外部设备要求暂停时 ③ 各种作业所引起的停止状态时（如弧焊时焊接异常发生等）
[急停]	**按下该键，伺服电源切断** 1）切断伺服电源后，示教编程器的伺服 ON 指示灯（LED）灭 2）显示屏显示急停信息
[模式]	**该按键若旋转到 [PLAY]，则为再现模式。可再现示教后的程序** 再现模式时，不接收外部设备的开始信号
	该按键若旋转到 [TEACH]，则为示教模式。用示教编程器可进行轴操作或编程作业 示教模式时，不接收外部设备的开始信号
	该按键若旋转到 [REMOTE]，则为远程模式。通过外部输入信号进行的操作有效 远程模式时，不接收示教编程器的 [START] 信号
[安全开关]	**按下该键，伺服电源接通** 伺服 ON 指示灯（LED）闪烁时，安全插销位于 ON、模式键位于 [TEACH] 时，轻轻按安全开关，可接通伺服电源 在该状态下，若用力握安全开关，伺服电源断开
[选择]	**项目选择键** 1）在主菜单、下拉菜单区域进行菜单项目的选择 2）在通用显示区域对选择项目进行设定 3）在信息区域显示多条信息
[光标]	**按下该键，光标移动** 1）不同画面显示的光标大小、移动范围和区域是不同的 2）在程序画面，光标在 "NOP" 行时，按↑，光标向程序 [END] 行移动 同时按下 ① [转换]+[↑]，向画面上方滚动 ② [转换]+[↓]，向画面下方滚动 ③ [转换]+[→]，向画面右方滚动 ④ [转换]+[←]，向画面左方滚动
[主菜单]	**显示主菜单** 在主菜单显示状态下按该键，主菜单关闭 同时按下 ① [主菜单]+[↑]，画面亮度进一步增强 ② [主菜单]+[↓]，画面亮度进一步减弱

（续）

按键	功能说明
[简单菜单] 登录 **简单菜单**	显示简单菜单 在简单菜单显示状态下按该键，简单菜单关闭
[伺服准备] 伺服准备	按下该键，伺服电源接通有效 当伺服电源由于急停、超程被切断后，请使用该键使伺服电源接通有效 按下该键： 1）再现模式、在安全栏关闭的情况下，伺服电源被接通 2）示教模式、伺服 ON 指示灯（LED）闪烁、安全开关状态为 ON 时，伺服电源接通 3）伺服电源接通期间，伺服 ON 指示灯（LED）亮
[帮助] !? 帮助	按下该键，根据当前显示的画面情况显示帮助操作的菜单 在该键按下状态下，按转换键、联锁键，显示帮助引导同时按下 ①[转换]+[帮助]，显示 ××× 与[转换]键同时按下时的功能一览 ②[联锁]+[帮助]，显示 ××× 与[联锁]键能够同时按下时的功能一览
[清除] 清除	解除当前状态的专用键 1）在主菜单、下拉菜单区域取消子菜单 2）在通用显示区域解除正在输入的数据或输入状态 3）在信息区域解除多条显示 4）解除发生中的错误
[多画面] 多画面 选择窗口	多画面显示键 在多画面模式下显示时按该键，活动画面顺序进行切换 同时按下[转换]+[多画面]，多画面模式显示时，多画面显示与单画面显示交互切换
[坐标] 工具选择 **坐标**	手动操作机器人时，用于选择动作坐标系的键 1）可在关节、直角、圆柱、工具和用户 5 种坐标系中选择 该键每按一次，坐标系顺序按照以下方式变化：关节→直角/圆柱→工具→用户 2）选择坐标系后，在状态显示区域显示 同时按下[转换]+[坐标]，若选择「工具」及「用户」，可变更坐标序号
[直接打开] 直接打开	按该键，显示与当前操作有关的内容 1）显示程序内容时，将光标移到命令上，按该键后，显示与该命令相关的内容 ①CALL 命令：被调用的程序内容 ②作业命令：正使用的条件文件内容 ③输入/输出命令：输入/输出状态 2）直接打开 ON 状态时，直接打开键的指示灯亮。在指示灯亮的期间，若按直接打开键，返回原画面
[翻页] 返回 ▶ 翻页	该键每按一次，显示一次下一个页面 只有在翻页键指示灯亮时，才能切换页面 同时按下[转换]+[页面]，显示切换到前一个页面
[区域] ◆ 区域	每按下一次该键时，光标依次向「菜单区域」→「通用显示区域」→「信息区域」→「主菜单区域」移动。但是，当没有显示项目时，光标不能移动 同时按下 ①[转换]+[区域]，在双语功能有效时，可进行语言切换 ②[区域]+[↓]，当显示操作键时，光标从通用显示区域移动到操作键 ③['区域]+[↑]，当光标在操作键上时，光标移动到通用显示区域

（续）

按键	功能说明
[转换] 转换	**与该键同时按下时，可使用其他功能** 可与 [转换] 键同时按下的键有 [主菜单][帮助][坐标][区域][插补方式]、光标键、数值键 与其他键同时使用时的功能，请参阅各键说明
[联锁] 联锁	**与该键同时按下时，可实现其他功能的使用** 可与 [联锁] 键同时按的键有 [帮助][多画面][试运行][前进]、数值键（数字键专用功能） 与其他键同时按下时的功能，请参阅各键说明
[命令一览] 命令一览	**在程序编辑中，若按下该键，显示可登录的命令一览**
[机器人切换] 机器人切换	**切换轴操作时的机器人轴** 1）按下该键，可进行机器人的轴操作 2）该键在一台 DX100 控制柜控制多台机器人的系统或有外部轴的系统中有效
[外部轴切换] 外部轴切换	**切换轴操作时的外部轴** 1）按下该键，可进行外部轴（基础轴 / 工装轴）的轴操作 2）系统带外部轴时，该键有效
[插补方式] 插补方式	**指定再现时机器人的插补方式** 1）所选择的插补方式类型显示在显示器的输入缓冲行上 2）该键每按下一次，插补方法按如下顺序变化：MOVJ → MOVL → MOVC → MOVS 同时按下 [转换]+[插补方式]，插补模式按照如下顺序变化： 标准插补模式→外部基准点插补模式 *1 →传送带插补模式 *1 各种模式下，只要按插补方式键，即可如上面标准插补模式那样切换各种可使用的插补方法 *1 这些模式为选项功能
[试运行] 试运行	**此键与 [联锁] 同时按下时，机器人运行，可将示教过的程序点作为连续轨迹进行确认** 1）机器人在三种循环方式（连续、单循环、单步）中，按照当前选定的循环方式运行 2）机器人按照示教速度运行。但示教速度若超过示教的最高速度时，以示教最高速度运行 同时按下 [联锁]+[试运行]，机器人沿示教点连续运行 在连续运行中，若松开 [试运行] 键，机器停止运行
[前进] 前进	**只在按住该键期间，机器人按示教程序点的轨迹运行** 1）只执行移动命令 2）机器人按照选定的手动速度运动，执行操作前，请确认手动速度是否正确 同时按下 ①[联锁]+[前进]，执行移动命令以外的命令 ②[参考点]+[前进]，机器人向光标行显示的参考点移动
[后退] 后退	**只有在按下该键期间，机器人沿示教的程序点轨迹逆向运动** 1）只执行移动命令 2）机器人按照选定的手动速度运动。操作前，请确认手动速度是否正确

（续）

按键	功能说明
[删除] 删除	按下该键，删除已登录的命令 该键指示灯亮时，若按 [回车] 键，删除完成
[插入] 插入	按下该键，插入新的命令 在该键指示灯亮时，按 [回车] 键，插入完成
[修改] 修改	按下该键，修改示教的位置数据、命令 该键指示灯亮时，按 [回车] 键，修改完成
[回车] 回车	从事命令或数据的登录、机器人当前位置的登录及编辑等有关的操作时，该键是最终决定键 按 [回车] 键，输入缓冲行显示的命令或数据 被输入到显示屏光标所在位置，这样就完成了输入、插入、修改等操作
手动速度 [高]、[低] 高 手动速度 低	手动速度时，设定机器人动作速度的专用键。该键设定的动作速度即使在前进、后退的运动中仍然有效 手动速度有三个等级（低、中、高）及微动可供选择 该键每按一次，手动速度的设定按以下顺序变化： 1）每按一次 [高] 键，按照"微动→低→中→高"顺序变化 2）每按一次 [低] 键，按照"高→中→低→微动"顺序变化 选定的速度在显示屏状态显示区域显示
[高速] 高速	手动操作时，按住轴操作键中的某个键、再按该键时，机器人可快速移动 该键按下时的速度已预先设定，不能修改
[轴操作] X- X+ X- X+ S- S+ R- R+ Y- Y+ Y- Y+ L- L+ B- B+ Z- Z+ Z- Z+ U- U+ T- T+ 7- 7+	操作机器人各个轴的专用键 1）机器人只在该键按下时运动 2）轴操作键可同时进行两种以上的操作 3）机器人按照选定的坐标系和选定的手动速度运动。轴操作前，请确认坐标系和手动速度是否正确
[数值] 7 8 9 引弧 送丝 4 5 6 熄弧 退丝 1 2 3 定时器 电流 电压 0 . ↓ 参考点 电流 电压	输入状态时，按数值键，可输入键左上角的数值和符号 1）"."是小数点，"−"是减号或连字符 2）数值键也作为用途键来使用 3）有关细节请参考各用途的说明 这些键在进行命令输入时还作为专用键使用，作为专用键使用时，自动进行切换

3. 示教器显示画面介绍

示教器显示画面包含五个显示区，即主菜单显示区、状态显示区、菜单显示区、通用显示区和人机接口显示区，如图 6-21 所示。移动 [区域] 键或触摸画面可直接进行区域选择。

图 6-21　示教器显示画面

（1）主菜单显示区　主菜单显示区会显示各菜单及子菜单（见图 6-22）。按下 [主菜单] 键或触碰画面左下方的"主菜单"后，会显示主菜单。

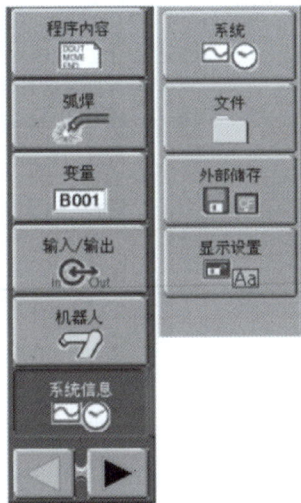

图 6-22　示教器主菜单

（2）状态显示区　状态显示区显示与控制柜状态相关的数据（见图 6-23）。

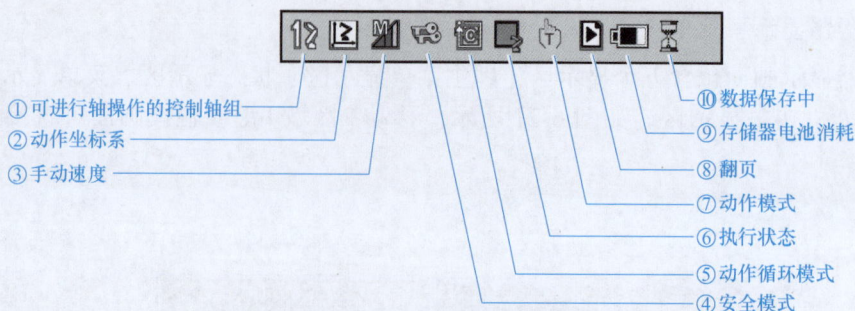

① 可进行轴操作的控制轴组
② 动作坐标系
③ 手动速度
④ 安全模式
⑤ 动作循环模式
⑥ 执行状态
⑦ 动作模式
⑧ 翻页
⑨ 存储器电池消耗
⑩ 数据保存中

图 6-23　示教器状态显示区

状态显示区图标功能见表 6-7。

表 6-7　状态显示区图标功能

功能	说明
① 可进行轴操作的控制轴组	当系统带有工装轴或有多台机器人时，将显示出可进行轴操作的控制轴组 ~ ：最多 8 台（机器人） ~ ：最多 8 轴（基座） ~ ：最多 24 轴（工装）
② 动作坐标系	显示轴操作时的坐标系。按下　键切换坐标系 ：关节坐标系 ：直角坐标系 ：圆柱坐标系 ：工具坐标系 ：用户坐标系 ：示教线坐标系（仅用于弧焊）
③ 手动速度	显示轴操作时的速度 ：微动 ：低速 ：中速 ：高速
④ 安全模式	不同的操作模式，权限不一样 ：操作模式 ：编辑模式 ：管理模式
⑤ 动作循环模式	显示当前的动作循环模式 ：单步 ：单循环 ：连续

（续）

功能	说明
⑥ 执行状态	显示当前状态，所显示状态有停止中、暂停中、急停中、警报中、运动中 ⬛ 停止中 ⬛ 暂停中 ⬛ 急停中 ⬛ 警报中 ⬛ 运动中
⑦ 动作模式	⬛ 示教模式 ⬛ 再现模式
⑧ 翻页	可切换画面时显示 ⬛
⑨ 存储器电池消耗	⬛ 电池剩余电量显示
⑩ 数据保存中	⬛ 正在进行数据保存

（3）菜单显示区　菜单显示区在执行程序编辑、程序管理及各种实用工具时使用，如图 6-24 所示。

图 6-24　菜单显示区

（4）通用显示区　通用显示区用于显示所有需显示的信息，如图 6-25 所示。

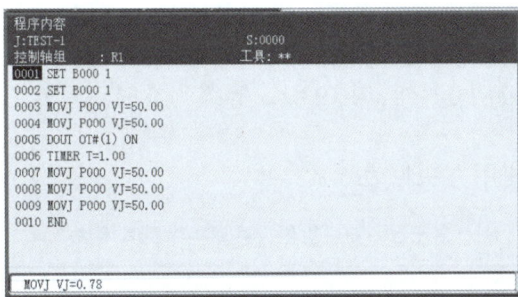

图 6-25　通用显示区

（5）人机接口显示区　用于显示错误或其他信息。显示错误时，只有在消除错误后，方可操作。

6.3.2　安川机器人常用指令

安川机器人的编程语言为 INFORM，是安川为工业机器人设计的一种高级编程语言，它基于 C 语言，易于学习。INFORM 提供了基于 PC 的编程环境，支持软件编程和手持

安川 MOTOMAN 机器人的手动操作

编程器。

NX100 机器人使用的编程语言为 INFORM Ⅲ。NX100 中常用的 INFORM Ⅲ 指令如图 6-26 所示。

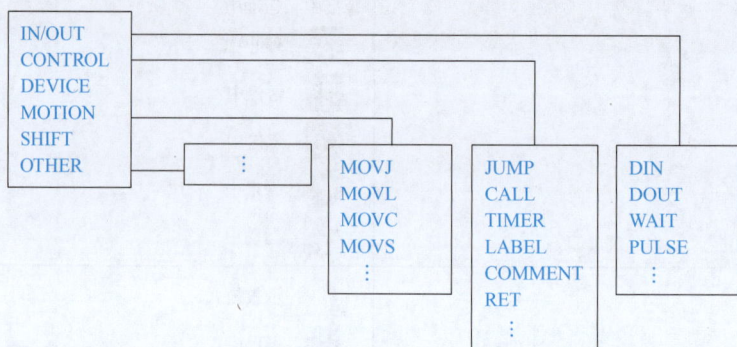

输入/输出指令	执行输入/输出控制的指令	DOUT、WAIT
控制指令	执行处理和作业控制的指令	JUMP、TIMER
运算指令	使用变量等进行运算的指令	ADD、SET
移动指令	与移动和速度相关的指令	MOVJ、REFP
平移指令	平行移动当前示教位置时使用的指令	SFTON、SFTOF
其他指令	与作业有关的指令	ARCON、WVON

图 6-26　INFORM Ⅲ 指令

1. 移动指令

INFORM Ⅲ 里的移动指令由命令和附加项（标记符、数据）组成，如图 6-27 所示。

（1）命令　命令表示执行的处理和作业。

（2）附加项　可设定速度和时间等。设定条件时，可根据需要附加数据和文字。另，附加项 PL（位置等级）是指机器人与示教位置的接近程度，位置等级从 0～8，共 9 级。等级为 0 时，意味着机器人必须到达目标点才能去下一个目标。

常用的移动指令及使用方法见表 6-8。

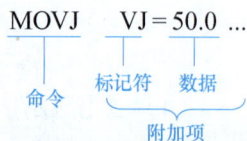

图 6-27　移动指令组成

表 6-8　安川机器人移动指令及其用法

MOVJ	功能	以关节插补方式向示教位置移动	
	添加项目	位置数据、基座轴位置数据、工装轴位置数据	画面中不显示
		VJ=（再现速度）	VJ: 0.01%～100.00%
		PL=（定位等级）	PL: 0～8
		NWAIT	
		UNTIL 语句	
		ACC=（加速度调整比例）	ACC: 20%～100%
		DEC=（减速度调整比例）	DEC: 20%～100%
	使用示例	MOVJ VJ=50.00 PL=2 NWAIT UNTIL IN#（16）=0N	

（续）

MOVL	功能	以直线插补方式向示教位置移动		
	添加项目	位置数据、基座轴位置数据、工装轴位置数据	画面中不显示	
		V=（再现速度） VR=（姿态的再现速度） VE=（外部轴的再现速度）	V：0.1～1500.0mm/s 1～9000cm/min VR：0.1～180.0°/s VE：0.01%～100.00%	
		PL=（定位等级）	PL：0～8	
		CR=（转角半径）	CR：1.0～6553.5mm	
		NWAIT		
		UNTIL 语句		
		ACC=（加速度调整比例）	ACC：20%～100%	
		DEC=（减速度调整比例）	DEC：20%～100%	
	使用示例	MOVL V=138 PL=0 NWAIT UNTIL IN#（16）=ON		
MOVC	功能	用圆弧插补形式向示教位置移动		
	添加项目	位置数据、基座轴位置数据、工装轴位置数据	画面不显示	
		V=（再现速度）、VR=（姿态的再现速度）、VE=（外部轴的再现速度）	与 MOVL 相同	
		PL=（定位等级）	PL：0～8	
		NWAIT		
		ACC=（加速度调整比例）	ACC：20%～100%	
		DEC=（减速度调整比例）	DEC：20%～100%	
	使用示例	MOVC V=138 PL=0 NWAIT		
MOVS	功能	以自由曲线插补形式向示教位置移动		
	添加项目	位置数据、基座轴位置数据、工装轴位置数据	画面不显示	
		V=（再现速度）、VR=（姿势的再现速度）、VE=（外部轴的再现速度）	与 MOVL 相同	
		PL=（定位等级）	PL：0～8	
		NWAIT		
		ACC=（加速度调整比例）	ACC：20%～100%	
		DEC=（减速度调整比例）	DEC：20%～100%	
	使用示例	MOVS V=120 PL=0		

（续）

IMOV	功能	以直线插补方式从当前位置按照设定的增量值距离移动	
	添加项目	P（变量号）、BP（变量号）、EX（变量号）	
		V=（再现速度） VR=（姿态的再现速度） VE=（外部轴的再现速度）	与 MOVL 相同
		PL=（定位等级）	PL：0～8
		NWAIT	
		BF、RF、TF、UF#（用户坐标号）	BF：基座坐标 RF：机器人坐标 TF：工具坐标 UF：用户坐标
		UNTIL 语句	
		ACC=（加速度调整比例）	ACC：20%～100%
		DEC=（减速度调整比例）	DEC：20%～100%
	使用示例	IMOV P000 V=138 PL=1 RF	
REFP	功能	设定摆动壁点等参照点	
	添加项目	（参照点号）	画面不显示
		位置数据、基座轴数据、工装轴数据	摆焊壁点 1：1 摆焊壁点 2：2
	使用示例	REFP 1	
SPEED	功能	设定再现速度	
	添加项目	VJ=（关节速度）	VJ：与 MOVJ 相同 V、VR、VE：与 MOVL 相同
		V=（控制点速度）	
		VR=（姿态角速度）	
		VE=（外部轴速度）	
	使用示例	SPEED VJ=50.00	

编程案例 1：单一圆弧运动编程，如图 6-28 所示。

	运动模式	命令
P0	关节或直线	MOVJ MOVL
P1 P2 P3	圆弧	MOVC
P4	关节或直线	MOVJ MOVL

图 6-28　单一圆弧运动编程

编程案例 2：连续圆弧运动编程，如图 6-29 所示。

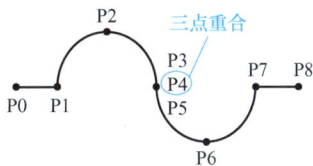

	运动模式	命令
P0	关节或直线	MOVJ MOVL
P1 P2 P3	圆弧	MOVC
P4	关节或直线	MOVJ MOVL
P5 P6 P7	圆弧	MOVC
P8	关节或直线	MOVJ MOVL

图 6-29　连续圆弧运动编程

2. 输入 / 输出指令

安川机器人常用的输入 / 输出控制指令见表 6-9。

表 6-9　安川机器人输入 / 输出指令

名称	功能说明
DOUT	开 / 关通用输出信号
DIN	将信号的状态载入字节型变量中
WAIT	等待外部信号或字节型变量的状态和指定状态一致
PULSE	在通用输出信号上仅输出指定的时间脉冲信号 对于命令，不用等待命令终了即可执行下条命令

（1）DIN 和 DOUT 指令用法　DIN 指令和 DOUT 指令使用方法如下。

DIN B000 IN#（2）；//2 号通道数据送 B000 变量（接收 1 位）
DIN B000 IG#（1）；//1 组通道数据送 B000 变量（接收 8 位）
DIN B000 IGH#（1）；// 把第一组输入通道的高 4 位（5 ～ 8 点）数据传给 B000 变量
DOUT OT#（1）ON/OFF；//1 号输出通道的开 / 关设置
DOUT OG#（2）B000=3；// 同时送 8 位，即将 00000011 送给 B000；
　　　　　　　　　其中第 2 组的第 1 位（9 通道）开
　　　　　　　　　第 2 组的第 2 位（10 通道）开
　　　　　　　　　第 2 组的第 3 位（11 通道）关
　　　　　　　　　⋮
　　　　　　　　　第 2 组的第 8 位（16 通道）关
DOUT OGH#（2）B=C0；// 同时送 4 位，11000000，第 2 组高 4 位置为 C0

说明：输出信号 OT#（XX）表示 1 个点；OGH#（XX）表示 4 个点；OG#（XX）表示 8 个点。安川机器人输出信号表达形式见表 6-10。

表 6-10　安川机器人输出信号表达形式

OT#（8）	OT#（7）	OT#（6）	OT#（5）	OT#（4）	OT#（3）	OT#（2）	OT#（1）
OGH#（2）				OGH#（1）			
OG#（1）							

（2）WAIT 指令　该指令功能是待机，直到外部信号或字节型变量状态与指定状态一致才结束等待。

　　例如：SET B000 5；

　　　　　SET B002 16；

　　　　　WAIT SIN#（B000）=B002 T=3；

　　在上述程序段中，B002=16（10 进制）=00010000（二进制）；WAIT 表示待机，直到专用输入 5 号口关闭。但是，即使信号不关闭，3s 后也开始执行下一行命令。

3. 控制指令

安川机器人常用的控制指令见表 6-11。

表 6-11　安川机器人常用控制指令

名称	功能说明
JUMP	转移到指定的标记或程序上
CALL	调用被指定的程序
GETARG	接收调用指令或宏指令的自变量数据，并将这些数据存储在指定的局部变量中。执行指令时，选出被附加在调用指令或宏指令上的自变量数据，因为在调用程序或宏程序内会使用到，所以存储在被指定的局部变量中
TIMER	仅指定的时间停止
*（标记）	指定转入位置的标记
'（注释）	指定注释
RET	从被调用的程序返回到调用程序
NOP	不执行任何功能
PAUSE	暂停程序的执行

（1）JUMP 指令　跳至指定的标记或程序。

　　例如，1）JUMP *1；// 表示跳至标记 " *1"。

　　　　　2）SET B000 1；

　　　　　JUMP B000 IF IN#（14）=ON；// 通用输入 14 号口为开时，跳至程序名为 1 的程序。

（2）CALL 指令　调出指定程序。

　　例如，SET B000 1；

　　　　　CALL B000 IF IN#（14）=ON；// 通用输入 14 号口为开时，跳至程序名为 1 的程序。

（3）LABEL 指令（* 标记）　指定跳转目的地的标记。

　　例如，NOP

　　　　　*1

　　　　　JUMP JOB：1 IF IN#（1）=ON；

　　　　　JUMP JOB：2 IF IN#（2）=ON；

　　　　　JUMP *1；// 反复跳转到 *1。

　　　　　END

（4）PAUSE 指令　暂停执行程序。

　　例如，PAUSE IF IN#（12）=0N；// 如果通用输入 12 号口的信号为开，暂停执行程序。

（5）延时指令 TIMER 和脉冲指令 PULSE

例如，1 通道输出脉宽为 1s 的脉冲信号的方法。

方法 1：DOUT OT#（1）ON　　　　　　// 打开 1 通道
　　　　　TIMER 1.0　　　　　　　　// 延时 1s
　　　　　DOUT OT#（1）OFF　　　　　// 关掉 1 通道

方法 2：PULSE OT#（1）T=1.0　　　　　// 输出一个脉冲信号、脉宽为 1s

4. 平移指令

安川机器人常用的移位指令见表 6-12。

表 6-12　安川机器人常用移位指令

名称	功能说明
SFTON	开始平行移位操作。平行移位量是指坐标系上的 x、y、z 的增量值，存储于相应的位置型变量中 使用示例：SFTON P001 UF#（1） 说明：平移坐标系可以为 BF：基座坐标系；RF：机器人坐标系；TF：工具坐标系； UF：用户坐标系
SFTOF	结束平行移位操作，无附加项目 使用示例：SFTOF
MSHIFT	由数据 2 和数据 3 在指定的坐标系上算出移位量，保存至数据 1。数据 2 显示进行平行移位时的基准位置，数据 3 显示目标位置（移位位置）

5. 运算指令

安川机器人常用的运算指令见表 6-13。

表 6-13　安川机器人常用运算指令

名称	功能说明
CLEAR	将数据 1 上被指定的编号以后的变量内容，以及数据 2 上仅被指定的个数都清零
INC	在被指定的变量内容上加 1
DEC	在被指定的变量内容上减 1
SET	在数据 1 上设定数据 2
ADD	将数据 1 和数据 2 相加，相加后的结果保存到数据 1
SUB	从数据 1 中减去数据 2，得出的结果保存到数据 1
MUL	将数据 1 和数据 2 相乘，相乘后的结果保存到数据 1
DIV	数据 1 除数据 2，结果保存到数据 1

任务实施

1. 编程设计

点位路径规划：根据作业要求，机器人从作业原点 HOME 出发，先移动到轨迹上方接近点 P0，然后缓慢接近工作点 P1，从 P1 到 P2 走直线，从 P2 到 P4 走圆弧，然后到退出点 P5，最后返回作业原点，关键点位和路径如图 6-30 所示。

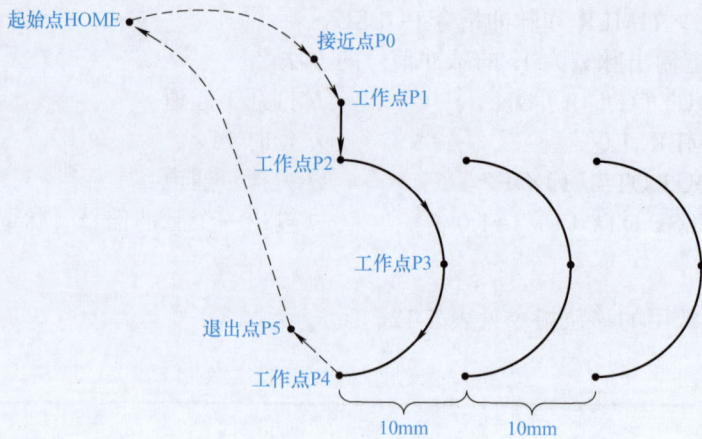

图 6-30　点位路径规划图

2. 示教编程

本任务需要用到三个变量，一个字节型变量 B000 作循环控制用，两个位置变量 P000、P001。

1）B000 为循环计数值，此处循环三次，所以赋初始值 B000=3。

2）P000 为偏移量累加值，初值为 $X=0$，$Y=0$，$Z=0$。

3）P001 每次偏移量（固定值）$X=\Delta X0$，$Y=\Delta Y0$，$Z=\Delta Z0$。

注意：P000、P001 须在变量菜单中设置。

参考程序见表 6-14。

表 6-14　参考程序

指令	说明
MOVJ HOME VJ=50	移动到 HOME 工作原点
SET　B000　3	赋初始值 B000=3
SUB　P000　P000	偏移累积量清零
MOVJ P0 VJ=50	关节运动到接近点 P0
MOVL P1 VJ=50	直线运动到位置 P1
MOVJ P2 VJ=50	此条可省略，P2 同时是圆弧的起始点，在圆弧前面，默认直线运动到达位置 P2
*ABC	插入 LABEL 标号
SFTON P000	启动偏移量转换，P000 存放偏移量，以下示教数据自动加上偏移量
MOVC P2　V=200	圆弧运动开始位置 P2
MOVC P3　V=200	圆弧运动中间位置 P3
MOVC P4　V=200	圆弧运动结束位置 P4
MOVL P5 VJ=50	退出到安全位置 P5
SFTOF	停止偏移量转换，以后运动指令与偏移量无关
ADD P000 P001	修改偏移量，P001 可在"主菜单"变量中提前设置
DEC B000	修改循环变量，每次减 1，直到 0
JUMP *ABC IF B000>0	循环跳转到 *ABC
MOVJ HOME VJ=50	回到 HOME 作业原点

知识拓展

安川机器人搬运编程

有一企业要求对其生产线上的某个搬运环节进行改造，用一台工业机器人实现货物的搬运，如图 6-31 所示。

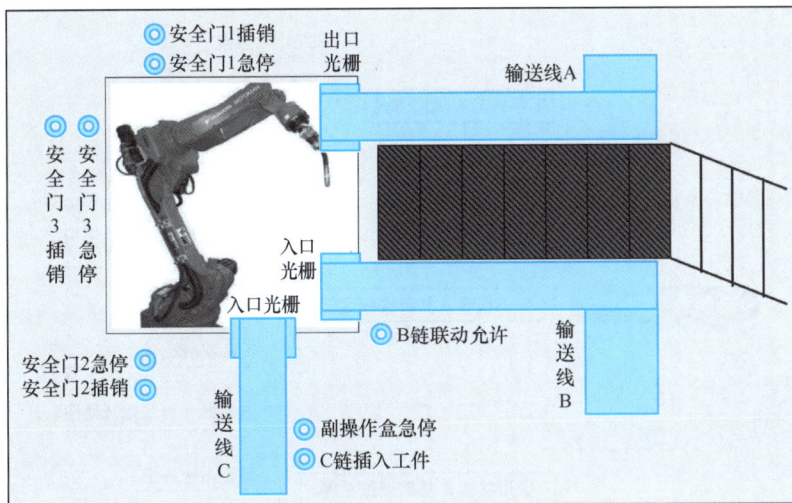

图 6-31　搬运工作站

1. 改造要求

1）系统启动，输送线 A 运作中（ON），机器人到抓取工件 A 位置等待（即输送线 A 光栅检测位置，输送线 A 为连续运行模式），当输送线 A 光栅检测到有工件时，机器人抓取，当机器人故障或在运行中时，输送线 A 会自动排出多余的工件。

2）当输送线 B 处于正常，运行状态且输送线 B 光栅检测无工件时，机器人从输送线 A 抓取弹簧工件放置到输送线 B 上。

请根据上述改造任务描述，尝试进行工业机器人编程。

2. 编程小提示

首先，让机器人去到进料输送线 A 等待。机器人搬运时需要进行多个信号的判断，首先要判断是否有进料，有料时，判断机器人夹爪是否处于打开状态，如果是，则机器人抓取工件，然后送到出料输送线 B 上，此时应判断输送线 B 是否正常运行，并判断输送线 B 上是否已有工件存在，如果有，则等待，如果没有，则把工件放上去，然后回到输送线 A 等待下一个操作。

3. 任务升级

增加输送线 C，由 PLC 实现工件选择，并让机器人实现不同路径的搬运。

技能训练

1.【判断】圆弧插补的再现速度是以最高速度的百分比形式来表示的。　　　　（　　）

2.【判断】安川机器人的位置变量有 XYZ 型和脉冲型两种。　　　　（　　）

3.【判断】示教器的伺服安全开关有三个档，按到底是断开。　　　　（　　）

4.【填空】安川机器人平移指令是_____和_____。

5.【填空】安川机器人常用的移动指令有_____、_____和_____。

6.【简答】什么是位置等级 PL？

☑ 项目总结图谱

知识点归纳思维导图

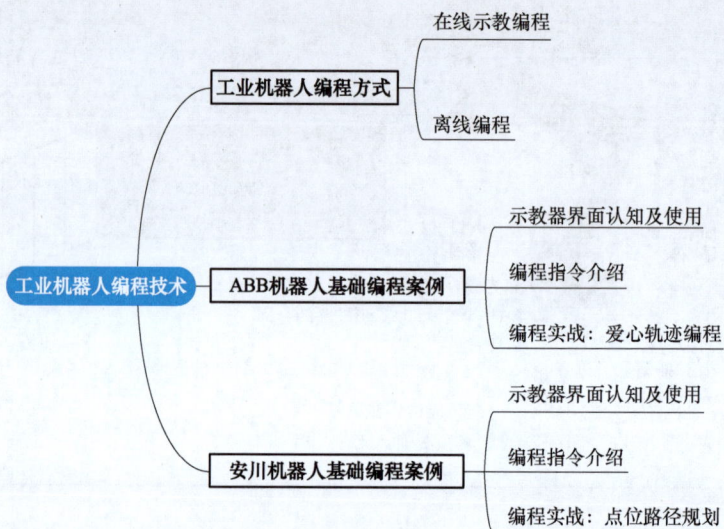

项目 7

工业机器人维护与保养

——精益求精，未来可期

🔍 项目导入

工业机器人的"良医"

——记大国工匠培育对象、陕汽控股维修电工樊凡

在陕西汽车控股集团有限公司车身厂，记者见到了维修电工樊凡正在智能化生产线上忙碌着。近期，她在反复研究自动涂胶状态监控。

与传统电工不同的是，樊凡维修的是自动化生产线上的机器人——通过一组组程序控制着车间里的庞然大物。通过日积月累的探索思考、大胆创新，她熟练掌握了智能生产线上工业机器人的维修和程序优化改进技术，使工业机器人工作效率更高、性能更强。

（信息来源：陕工网—陕西工人报）

机器人被誉为"制造业皇冠顶端的明珠"，工业机器人作为现代智能制造领域的核心装备，承载着重要的生产任务。因此，保持机器人的良好状态对于提高生产效率和质量至关重要。工业机器人的维护保养已然成为确保设备高效运行和延长使用寿命的关键。

📚 教学指引

教学重点	1. 安全标识及产品标签的认知 2. 工业机器人控制柜的基本维护保养方法 3. 工业机器人本体的基本维护保养方法
教学难点	为实际使用的工业机器人制定维护保养计划并实施
推荐教学方式	1. 结合自身实践条件开展工业机器人维护保养理实一体化教学 2. 可通过播放操作视频及教师现场演示的方式讲解具体操作步骤及注意事项 3. 带领学生去往校企合作企业或邀请企业导师进校零距离了解企业真实的机器人维护保养知识
素养提升	1. 从工业机器人的"良医"——樊凡的人物事迹引导学生树立"干一行爱一行"的职业理念；培养敢于钻研、精益求精、勇于创新的工匠精神 2. 通过学习工业机器人维护保养中的安全知识，增强学生安全意识，培养"企业生产，安全第一"的职业素养 3. 通过学习"知识拓展"中企业"8S"精细化管理，引导学生养成良好的职业习惯，提升职业素养
推荐学习方法	1. 利用课程线上资源进行课前预习 2. 借助书中二维码，扫码观看视频，直观了解具体实操步骤并同步操作 3. 充分使用 b 站、维科网等网络资源自主学习、拓展专业视野和提升技能水平
参考学时	6 学时

任务 7.1　工业机器人安全作业事项

任务描述

1. 机器人伤人事件案例回放

案例一：2016 年，东莞劲胜一名技术人员在维修、调整机器人外部设备时，机器人突然动作，技术人员未来得及避让机器人，被压伤手臂。

案例二：2023 年，韩国一名 40 多岁的男子在一农业配送中心检查机器人传感器时，被机器人误判为一箱甜椒，惨遭重创。

针对以上两例工业机器人伤人事件，试分析导致事故发生的可能原因，并说一说你从中获得怎样的警示。

2. 请观察实训室机器人控制柜及本体上有哪些安全标志和产品提示标签。分别说明其表达的含义。

知识储备

俗话说，大路千万条，安全第一条。在进行工业机器人操作、维修及维护保养时，谨记工业机器人安全作业知识、遵守安全操作规范是工业机器人相关从业人员的基本职业素养，更是企业安全生产的基础。

7.1.1　认识安全标志和产品提示标签

在工业机器人控制柜及本体上通常会有一些安全警示标志及系统构建方或集成方提供的产品操作提示标签。能够正确识读这些安全标志及提示标签是进行机器人安全作业的前提。表 7-1 列出了 ABB 工业机器人常见安全警示标志，表 7-2 列出了 ABB 工业机器人常见操作提示标签。

表 7-1　ABB 工业机器人常见安全警示标志

标志	名称	含义
⚠	危险	警告，如果不依照说明操作，就会发生事故，并导致严重或致命的人员伤害和 / 或严重的产品损坏。该标志适用于以下险情：触碰高压电气装置、爆炸或火灾、有毒气体、压轧、撞击和从高处跌落等
⚠	警告	警告，如果不依照说明操作，可能会发生事故，造成严重的伤害（可能致命）和 / 或重大的产品损坏。该标志适用于以下险情：触碰高压电气单元、爆炸、火灾、吸入有毒气体、挤压、撞击、高空坠落等
⚡	电击	针对可能会导致严重的人身伤害或死亡的电气危险的警告

（续）

标志	名称	含义
	小心	警告，如果不依照说明操作，可能会发生能造成伤害和／或产品损坏的事故。该标志适用于以下险情：灼伤、眼部伤害、皮肤伤害、听力损伤、挤压或滑倒、跌倒、撞击、高空坠落等。此外，它还适用于某些涉及功能要求的警告消息，即在装配和移除设备过程中出现有可能损坏产品或引起产品故障的情况时，就会采用这一标志
	静电释放（ESD）	针对可能会导致严重产品损坏的电气危险的警告。当看到此标志时，在作业前要进行释放人体静电的操作才能开始相关的操作（如人体通过手腕带接地、防静电鞋和地板接地、工作台面接地等）
	注意	描述重要的事实和条件。请一定重视相关说明

表 7-2　ABB 工业机器人常见操作提示标签

标志	描述
	**禁止！** 此标志要与其他标志组合使用才会代表具体的含义
	**请参阅用户文档** 请阅读用户文档，了解详细信息
	在拆卸之前，请参阅产品手册
	**不得拆卸** 对于有此标签提示的机器人部件，绝对不能拆卸此部件，否则会导致严重的人身伤害
	**旋转更大** 此轴的旋转范围（工作区域）大于标准范围。一般用于大型机器人（如 IRB6700）的轴 1 旋转范围的扩大

（续）

标志	描述
	**制动闸释放** 按此按钮将释放机器人对应轴电动机的制动闸。这意味着机器人可能会掉落。特别是在释放轴 2、轴 3 和轴 5 时要注意机器人对应轴因为地球引力的作用而向下失控的运动
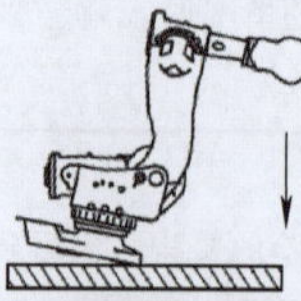	**倾翻风险** 如果机器人底座固定用的螺栓没有在地面做可靠的固定或松动，则可能造成机器人的翻倒。所以要将机器人固定好并定期检查螺栓的松紧
	**小心被挤压** 此标志处有人身被挤压伤害的风险，请格外小心
	**高温** 此标志处由于长期和高负荷运行，部件表面存在高温，可能导致灼伤的风险
	**注意！机器人移动** 机器人可能会意外移动
	**储能部件** 警告此部件蕴含储能不得拆卸。一般会与不得拆卸标志一起使用
	**不得踩踏** 警告如果踩踏此标志处的部件，会造成机器人部件的损坏
	**吊环螺栓** 一个紧固件，其主要作用是起吊机器人
	**带缩短器的吊货链**

（续）

标志	描述
	**机器人提升** 该标签用于对机器人的提升和搬运提示
	**加注润滑油** 如果不允许使用润滑油，则可与禁止标签一起使用
	**机械限位** 起到定位作用或限位作用
	**无机械限位** 表示没有机械限位
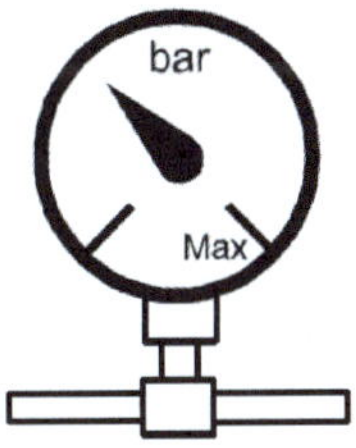	**压力** 警告此部件承受了压力。通常另外印有文字，标明压力大小
	**使用手柄关闭** 使用控制器上的电源开关
	**机器人序列号标志**
	**阅读手册标签** 请阅读用户手册，了解详细信息

(续)

标志	描述
1200-501374 Axis　Resolver values 1　4.3613 2　3.8791 3　3.4159 4　2.1185 5　2.3283 6　0.6529	校准数据标签 标明该款机器人每个轴的转速计数器更新的偏移数据
WARNING - LOCKOUT/TAGOUT DISCONNECT MAIN POWER BEFORE SERVICING EQUIPMENT	警告标签 在维修控制器前将电源断开

7.1.2　工业机器人安全作业事项

1. 基本安全操作规范

任何时候在操作机器人之前必须详细阅读该机器人产品手册中的安全操作规范，确保人身及设备使用安全。通常工业机器人安全操作注意事项如下。

1）机器人周围区域必须清洁，无油、水及杂质等。

2）装卸工件前，先将机械手运动至安全位置，严禁装卸工件过程中操作机器。

3）不要戴手套操作示教器，不佩戴首饰，如耳环、戒指或垂饰等。进入机器人工作区域必须戴安全帽和穿安全鞋；操作机器人的人员不能够披头散发；操作机器人的人员指甲不能够过长。

4）当需要手动控制机器人时，应确保机器人动作范围内无任何人员或障碍物，将速度由慢逐渐调整，避免因速度突变造成的伤害或损失。

5）示教器应放在安全位置，线缆摆应整齐，不易被人碰倒摔坏。

6）不要轻易靠近静止状态下的机器人，很有可能它在收到外部信号时突然启动。

7）不要轻易按机器人控制柜上的释放抱闸按钮，以免发生意外。

8）严禁在控制柜内随便放置配件、工具、杂物、安全帽等，以免影响到部分线路，造成设备的异常。

9）因故离开设备工作区域前应按下急停开关，避免突然断电或关机导致零位丢失，并将示教器放置在安全位置。

10）必须知道机器人控制器和外部控制设备上紧急停止按钮的位置，以保证在紧急情况下的可靠操作。

11）万一发生火灾，请使用二氧化碳灭火器。

12）机器人处于自动模式时，任何人员都不允许进入其运动所及的区域。

13）机器人停机时，夹具上不应置物，必须空机。

14）机器人操作人员必须经过专业培训，必须熟识机器人本体和控制柜上的各种安全警示标识，按照操作要领手动或自动编程控制机器人动作。

此外，操作机器人还需严格遵守以下几项条款。

1）切勿强制扳动机器人的轴，否则可能会造成人身伤害和设备损坏，如图 7-1a 所示。

2）绝不要倚靠在机器人电控柜或其他控制柜上。不要随意地按动操作键，否则可能会造成机器人产生未预料的动作，从而引起人身伤害和设备损坏，如图 7-1b 所示。

3）在操作期间，绝不允许非工作人员触动电控柜。否则可能会造成机器人产生未预料的动作，从而引起人身伤害和设备损坏。

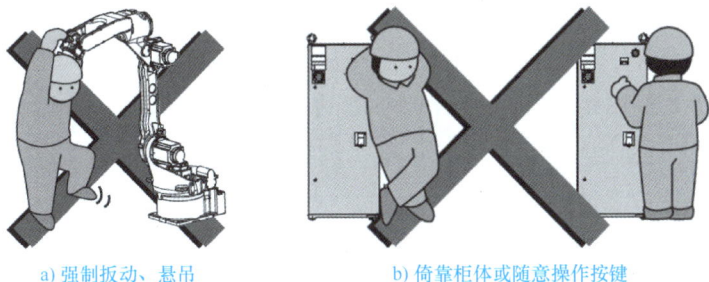

a) 强制扳动、悬吊　　　　　　　　　b) 倚靠柜体或随意操作按键

图 7-1　危险动作不要做

2. 维护保养安全作业事项

在进行机器人维护保养时，必须遵循以下安全作业事项。

（1）关闭电源　在进行维护保养工作之前，必须关闭电源，并将所有控制设备断电。这样可以有效避免因误触导致的安全事故。

（2）使用适当工具　在进行维护保养工作时，必须使用适当的工具，不要使用过于锋利或过于硬的工具刮擦机器人表面，以免对机器人造成损害。

（3）遵循操作规程　在进行维护保养工作时，必须遵循该产品的操作规程，不要随意更改机器人的控制程序或参数，以免对机器人造成损害。

（4）注意安全防护　在进行维护保养工作时，必须注意安全防护。戴上手套、口罩等防护用品，以避免对身体造成伤害。

此外，在对工业机器人进行检修、维护保养时还需谨记一些安全作业关键事项。

（1）轴电动机制动闸的安全事项　工业机器人本体各轴都非常沉重，每一个轴电动机都会配置制动闸，用于在机器人本体非运行状态时对轴电动机进行制动。如果没有连接制动闸、连接错误、制动闸损坏或任何故障导致制动闸无法使用，都会产生危险。如图 7-2 所示，若工业机器人轴 2、轴 3 和轴 5 的制动闸出问题，很容易造成对应轴臂的跌落。应该对所有轴的制动闸性能进行检查。机器人在静止时，如果发生轴非正常的跌落，应马上停止使用并进行检修。

（2）控制柜带电的安全事项　即使在主电源开关关闭的情况下，机器人控制柜里部分器件仍是一直带电的，并且会造成人身的伤害，需特别注意。

1）打开机器人控制柜背面的护盖，可以看到右下侧的变压器端子（见图 7-3）。变压器端子即使在主电源开关关闭时也带电，检修时要格外注意。

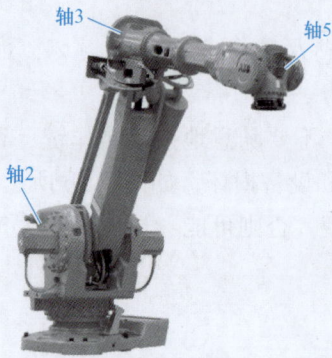

图 7-2   ABB 工业机器人轴电动机制动闸

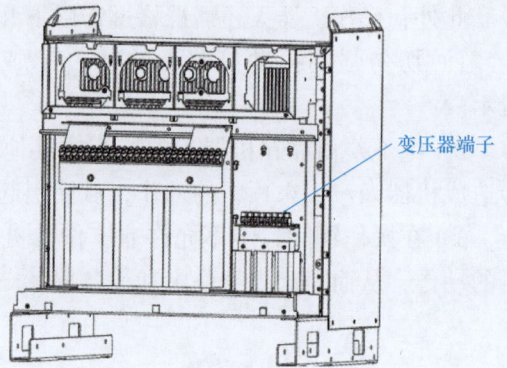

图 7-3   控制柜变压器端子

2）打开机器人控制柜门，可以看到左侧的电动机 ON 端子（见图 7-4）。电动机 ON 端子即使在主电源开关关闭时也带电，检修时要格外注意。

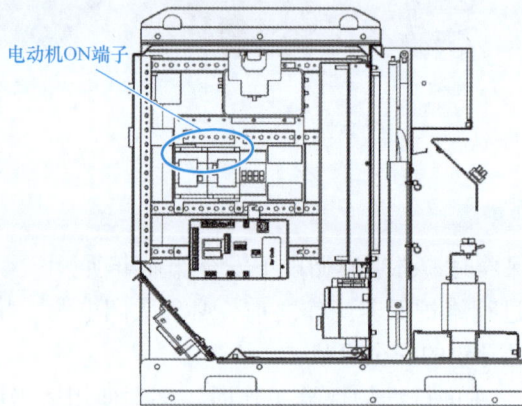

图 7-4   控制柜电动机 ON 端子

因此，在进行这些部位检修时，首先应关闭控制柜上一级的断路器，然后使用万用表检验各裸露端子，确保所有端子之间不带电。

（3）发热部件可能造成灼伤的安全事项   在正常运行期间，许多机器人部件都会发热，尤其是驱动电动机和齿轮箱。某些时候，这些部件周围的温度也会很高，触摸它们可能会造成不同程度的灼伤。环境温度越高，机器人的表面越容易变热。在控制柜中，驱动部件的温度可能会很高。表 7-3 所示是机器人部件温度确认表，按该步骤进行温度确认可避免上述危险。

表 7-3   机器人部件温度确认表

步骤	操作
1	在实际触摸之前，务必用手在一定距离感受可能会变热的组件是否有热辐射
2	如果要拆卸可能会发热的组件，请等到它冷却或采用其他方式处理
3	泄流器的温度最高可达到 80℃

（4）消除人体静电的安全事项   静电放电（ESD）是电势不同的两个物体间的静电传导，它可以通过直接接触传导，也可以通过感应电场传导。搬运部件或其容器时，未接地的人员可能会传导大量的静电荷。这一放电过程可能会损坏灵敏的电子装置。例如，在

天气干燥寒冷时，人体特别容易积累静电。这时，如果进行工业机器人本体与控制柜的检修工作，在人体与电器元件间就会发生 ESD，从而对机器人元器件造成损坏。一般消除人体静电的方法有：接触触摸式静电消除器和套上控制柜中的静电手环，如图 7-5 所示。

a) 触摸式静电消除器　　　　　　　　　　b) 静电手环

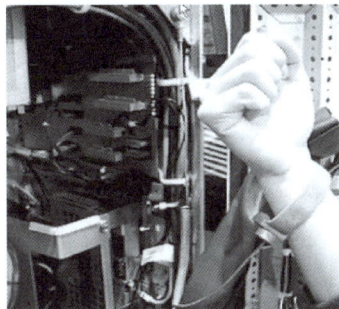

图 7-5　人体静电消除方法

任务实施

1. 针对两例工业机器人伤人事件，查阅相关资料，分析事故发生的可能原因，并说一说你从中获得怎样的警示。完成表 7-4。

表 7-4　机器人伤人案例分析

项目	事故可能原因	警示
案例一		
案例二		

2. 请观察实训室机器人控制柜及本体上有哪些安全标志和产品提示标签。分别说明其表达的含义。完成表 7-5。

表 7-5　实训室机器人安全标志及产品提示标签

序号	图标	含义
1		
2		

（续）

序号	图标	含义
3		
4		
5		
6		

知识拓展

你不能不知的企业"8S"精细化管理

安全生产是企业应当放在首位的重要因素。企业能否在社会中健康地生存发展，取决于企业能否本着以人为本的原则形成自己的一套管理措施，切实消除生产中潜藏的各种隐患，实现安全、环保的高质量发展。"8S"精细化管理是一种简单、便捷、行之有效的现场管理方法，助力现代企业推进标准化建设，实现保障生产安全、提升工作效率、塑造企业形象的目标。"8S"是整理（SEIRI）、整顿（SEITON）、清扫（SEISO）、清洁（SEIKETSU）、素养（SHITSUKE）、安全（SAFETY）、节约（SAVE）、学习（STUDY）的统称，因其均以"S"开头，故简称"8S"（其中，前5S是日语罗马拼音，后3S为英文单词）。

1. 整理

整理是区分出需要和不需要的，对于有犹豫的，即可选择扔掉，不需要的清除掉，可节约空间。全面检查生产现场，包括看得到的和看不到的；制定需要和不需要的判别基准；清除不需要的物品；制定废弃物处理方法；每日自我检查。也可按照表7-6所列的判断基准来实行。

表7-6 整理判断基准表

使用次数	判断基准
一年没用过一次	废弃、放入暂存仓库
也许要用的物品	放在暂存仓库，如30天还没使用则退回仓库
三个月用一次	放在使用地附近
一星期用一次	放在使用地
三天用一次	放在不需移动就可以取到的地方
每天都用	放在离工作场所最近的显眼处

2. 整顿

整顿是把要用的东西依规定定位、定量地摆放整齐，明确标识。无须浪费时间找东西。整顿时，利用位置标识划定区域，确定放置所有必需物品的合适位置，使用可视控制系统，如使用颜色编码工位号、设备编号、工艺卡、仓库区域、车间中的料架等；物品不在其位时，要一眼便可看出。

3. 清扫

清洁地面和墙壁，寻找不洁的来源并予以清除。首先确定责任制和监督举措，然后按照如下 5 部曲进行：确定清扫的目标；确定分派的清扫任务；确定清扫方法；准备清扫工具；实施清扫。在清扫过程中使用防尘罩或防尘装置，以免灰尘进入和减少灰尘量，分析脏污原因，制订并实施消除脏源的计划。

4. 清洁

清洁是将整理、整顿、清扫制度化、规范化，并维持成果。通过清洁，可以确保前面三个 S 的效果得以保持，并显现出工作场所的异常情况。那如何做到保持呢？首先，建立 8S 规章制度，落实责任，并设立标准化清洁程序，如清扫活动及范围、负责人、何时使用什么工具完成，分析根本原因，找出可靠的应对措施。

5. 素养

对规定的事情，大家都按要求去执行，并养成一种习惯。那么如何实施自律呢？可制定培训教材，加强对所有员工进行适当的培训，也可建立一些活动前后照片对比、评比奖励，使员工从内心接受及养成好的工作习惯。使生产现场组织有序并按大家认可的标准运行。

6. 安全

安全是现场管理的前提和决定因素，没有安全，一切成果都失去了意义。管理上制定正确作业流程，配置适当的工作人员监督，对不合安全规定的因素及时举报消除。加强作业人员安全意识教育，签订安全责任书，建立系统的安全管理体制，重视员工的培训教育，创造明快、有序、安全的作业环境。

7. 节约

合理利用时间、空间、能源等，以使它们发挥最大的效能，从而创造一个高效率、物尽其用的工作场所。减少企业的人力、成本、空间、时间、库存、物料消耗等因素，养成降低成本的习惯，加强作业人员减少浪费的意识教育，减少企业的人力成本、时间、库存物料消耗等因素。

8. 学习

深入学习各项专业技术知识，从实践和书本中获取知识，同时不断向同事和上级主管学习，取长补短，不断完善自我，提升自身综合素质，从而使企业得到持续改善，培养学习型组织。

技能训练

1.【判断】静电放电可能会对机器人的元器件造成损坏。　　　　　（　　）
2.【判断】主开关关闭的情况下，不可以对控制柜的部件随意操作。（　　）
3.【判断】安全与生产的辩证统一关系是：生产必须安全，安全促进生产。（　　）

4.【判断】使用工业机器人示教器时应佩戴手套。　　　　　　　　　　（　　　）

5.【多选】对发热部件进行的操作，正确的做法是（　　　）。

A. 在触摸前，需要使用测温工具对组件温度进行检测确认

B. 在拆卸过程中，必须等它冷却，或采取其他方式

C. 可以直接触摸拆卸

D. 可串行测量

6.【单选】进行工业机器人维护与保养时最重要的是（　　　）。

A. 安全　　　　　　　　B. 效率　　　　　　　　C. 质量　　　　　　　　D. 价格

7.【填空】工业机器人操作标志"✎"表示：_____。

任务 7.2　工业机器人控制柜和本体的维护与保养

🤖 任务描述

请为实训室工业机器人控制柜和本体分别制订日点检计划，绘制日点检计划表并开展一次日点检活动，在计划表中记录此次点检结果。

🤖 知识储备

制定合理的维护保养措施能够确保机器人的稳定运行和高效工作，延长设备的使用寿命，提高生产效率和产品质量，增强企业的竞争力。因此，在工业机器人的运行中，必须加强维护保养工作，定期进行检查和维修，以保证机器人的良好状态和可靠性。

不同品牌机器人给出的维护保养要求可能不尽相同，例如，发那科机器人公司表示，对工业机器人的预防性保养应每隔 3850h 或 12m 进行一次；但库卡机器人公司则推荐 10000h 以上再对机器人进行预防性保养。不同品牌机器人的维护保养要求可具体查看机器人手册进行确定。本节将以 ABB 工业机器人为例，介绍其控制柜和本体的基本日常管理和维护保养知识。

7.2.1　工业机器人控制柜的维护与保养

工业机器人控制柜的维护保养内容如下。

（1）控制柜清洁　根据工业机器人控制柜所处的环境进行清洁，如果在焊接、打磨及粉尘较多的环境，应做到每日一次的清洁，在机器人停止状态下清洁，针对 24h 工作的机器人应当加装除尘设备，在断电情况下，每季度进行一次清洁；根据环境条件按适当间隔清洁控制器内部，如每年一次；须特别注意冷却风扇和进风 / 出风口的清洁。使用除尘刷进行清洁，并用吸尘器吸去刷下的灰尘。请勿使用吸尘器直接清洁各部件，否则会导致静电放电，进而损坏部件；注意清洁控制器内部前，一定要切断电源。

（2）检查控制器散热情况　严禁控制器覆盖塑料或其他材料。控制器后面和侧面留出足够间隔（120mm）；严禁控制器的位置靠近热源；严禁控制器顶部放有杂物；避免控制器过脏；避免一台或多台冷却风扇不工作；避免风扇进口或出口堵塞；避免空气滤布过脏；控制器内不执行作业时，其前门必须保持关闭。

（3）清洁示教器　每次用完示教器，应及时清洁示教器及其线缆上的灰尘和污渍；

尽管面板漆膜能耐受大部分溶剂的腐蚀，但仍应避免接触丙酮等强溶剂；示教器不使用时，可拆下放置在干净的场所。

（4）清洗或更换滤布　清洗滤布须在加有清洁剂的 30 ～ 40℃水中，清洗 3 ～ 4 次；不得拧干滤布，可放置在平坦表面晾干；还可以用洁净的压缩空气将滤布吹干净。

（5）检查冷却器　冷却回路采用免维护密闭系统设计，须按要求定期检查和清洁外部空气回路的各个部件；环境湿度较大时，须检查排水口是否定期排水。

（6）维护频率　时间间隔可根据环境条件、机器人运行时数和温度而适当调整。

1）一般维护：1 次 /D。

2）清洗 / 更换滤布：1 次 /500h。

3）检查冷却器：1 次 /M。

4）计算机风扇单元的更换、伺服风扇单元的更换：1 次 /50000h。

基于以上控制柜维护保养项目及维护频率，在企业实际生产中，通常须提前制订维护保养计划，对机器人控制柜进行周期性点检（日检或定期点检），从而及时发现异常现象和隐患，掌握故障的初期信息，以便及时采取对策将故障消灭在萌芽阶段，延长机器人的使用寿命。

表 7-7、表 7-9 分别是 ABB 机器人紧凑型控制柜 IRC5C 的日点检和定期点检记录表。一般地，工业机器人不是单独存在于工作现场的，必然会有相关的周边设备，所以可以根据实际的情况将周边设备的点检项目添加到日点检和定期点检表中，以方便工作的开展。

表 7-7　ABB 机器人紧凑型控制柜 IRC5C 日点检记录表

类别	编号	检查项目	要求标准	方法	1	2	3	4	5	6	7	…	30	31
日点检	1	控制柜清洁，四周无杂物	无灰尘异物	擦拭										
	2	保持通风良好	风扇清洁无污染	看										
	3	示教器功能是否正常	显示正常	看										
	4	控制器运行是否正常	正常控制机器人	看										
	5	检查安全防护装置是否运作正常，急停按钮是否正常等	安全装置运作正常	测试										
	6	检查按钮 / 开关功能	功能正常	测试										
	7													
	确认人签字：													
备注														

表 7-7 中日点检项目具体实施方法见表 7-8。

表 7-8 ABB 机器人紧凑型控制柜 IRC5C 日点检项目实施方法

序号	检查项目	实施方法	图示说明
1	控制柜清洁，四周无杂物	在控制柜的周边要保留足够的空间与位置，以便于操作与维护，如右图所示。如果不能达到要求，要及时做出整改	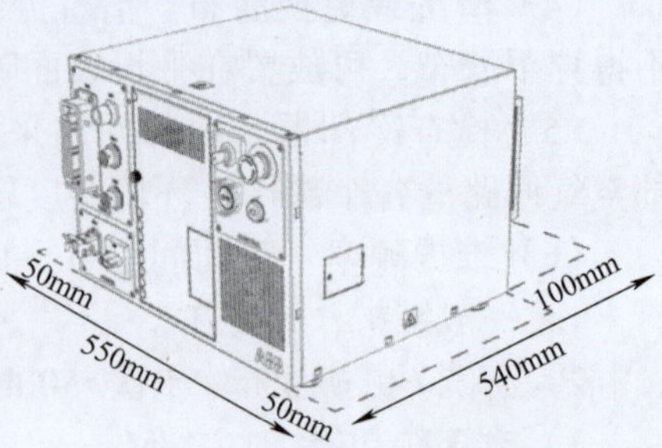
2	保持通风良好	对电器元件来说，保持一个合适的工作温度是相当重要的。如果使用环境温度过高，会触发机器人本身的保护机制而报警	无
3	示教器功能是否正常	在每天开始操作之前，一定要先检查示教器的所有功能是否正常，如 1）触摸屏幕显示是否正常，触摸对象有无漂移 2）按钮功能是否正常 3）摇杆功能是否正常	
4	控制器运行是否正常	控制器正常上电后，示教器上无报警，控制器背面的散热风扇运行正常	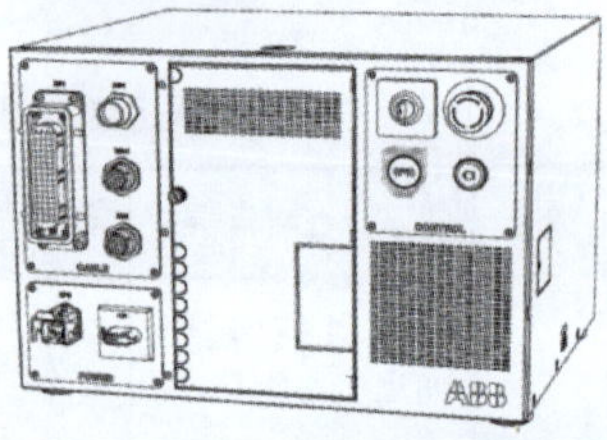
5	检查安全防护装置是否运作正常，急停按钮是否正常等	一般地，在遇到紧急情况时，第一时间会按下急停按钮。ABB 工业机器人的急停按钮标配有两个，分别位于控制柜及示教器上，可以手动与自动状态下对急停按钮进行测试并复位，确认功能是否正常 如果使用了安全面板模块上的安全保护机制，AS、GS、ES 侧对应的安全保护功能也要进行测试	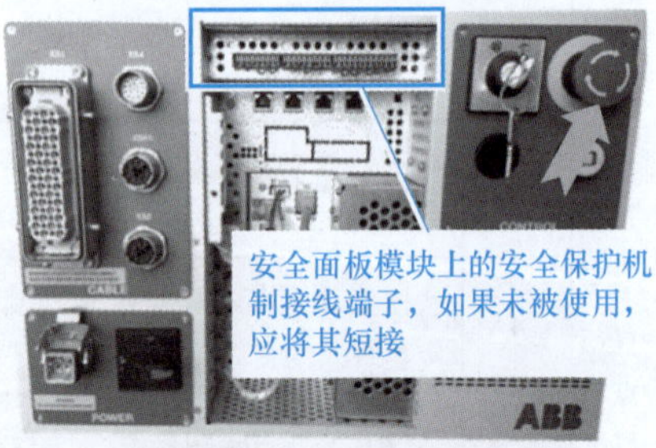 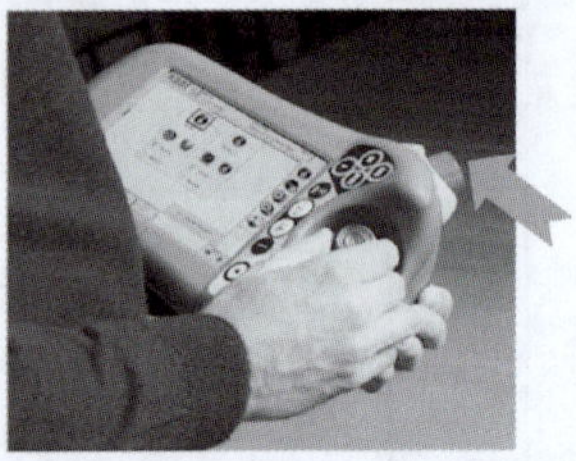
6	检查按钮/开关功能	工业机器人在实际使用中必然会有周边的配套设备，所以在开始作业之前，就要进行包括工业机器人本身与周边设备的按钮/开关的检查与确认	无

表 7-9　ABB 机器人紧凑型控制柜 IRC5C 定期点检记录表

类别	编号	检查项目	1	2	3	4	5	6	7	8	9	10	11	12
定期点检[1]	1	清洁示教器												
		确认人签字：												
每 6 个月	2	散热风扇的检查												
		确认人签字：												
每 12 个月	3	清洁散热风扇												
	4	检查上电接触器 KM42、KM43												
	5	检查刹车接触器 KM44												
	6	检查安全回路												
		确认人签字：												
备注	[1] "定期"意味着要定期执行相关活动，但实际的间隔可以不遵守机器人制造商的规定。此间隔取决于机器人的操作周期、工作环境和运动模式。通常来说，环境的污染越严重，运动模式越苛刻（电缆线束弯曲越厉害），检查间隔也越短 设备点检、维护正常打"√"；使用异常标记"△"；设备未运行标记"/"													

表 7-9 中定期点检项目具体实施方法见表 7-10。

表 7-10　ABB 机器人紧凑型控制柜 IRC5C 定期点检项目实施方法

序号	检查项目	实施方法	图示说明
1	清洁示教器（每月 1 次）	根据使用说明书的要求，ABB 工业机器人示教器要求最起码每个月清洁一次。一般地，使用纯棉的拧干的湿毛巾（防静电）进行擦拭。有必要的话，也只能使用稀释的中性清洁剂	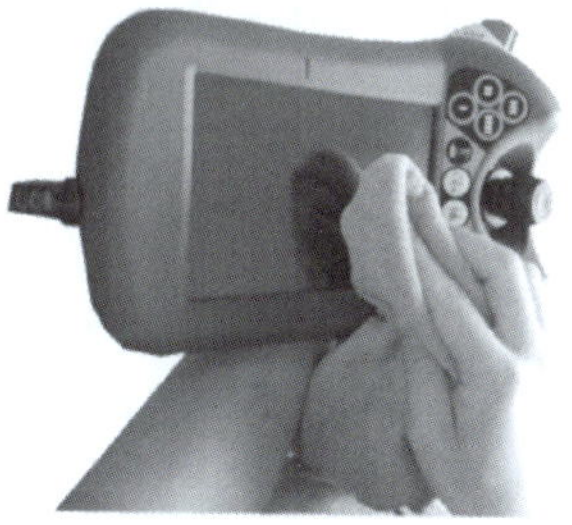
2	散热风扇的检查（每 6 个月 1 次）	在开始检查作业之前，请关闭机器人的主电源，然后卸下控制器背面散热风扇保护罩，此时会看到散热风扇和制动电阻，如右图所示 1）检查制动电阻是否完整 2）检查叶片是否完整，破损时须更换 3）清洁叶片上的灰尘	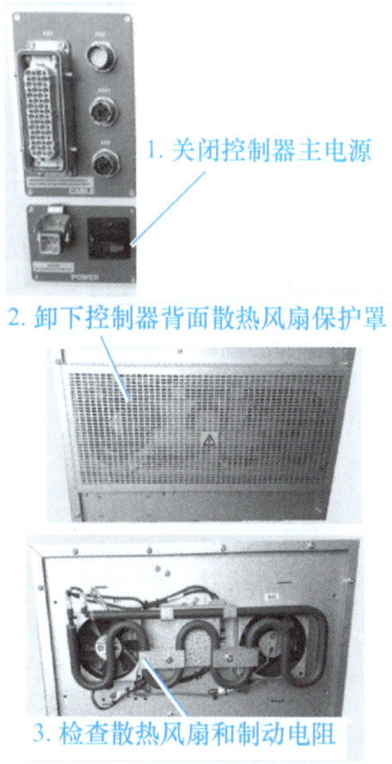 1. 关闭控制器主电源 2. 卸下控制器背面散热风扇保护罩 3. 检查散热风扇和制动电阻

（续）

序号	检查项目	实施方法	图示说明
3	清洁散热风扇（每12个月1次）	1）清洁之前须先关闭机器人主电源 2）使用小清洁刷清扫灰尘，并用小托板接住灰尘 3）使用手持吸尘器对遗留的灰尘进行吸取	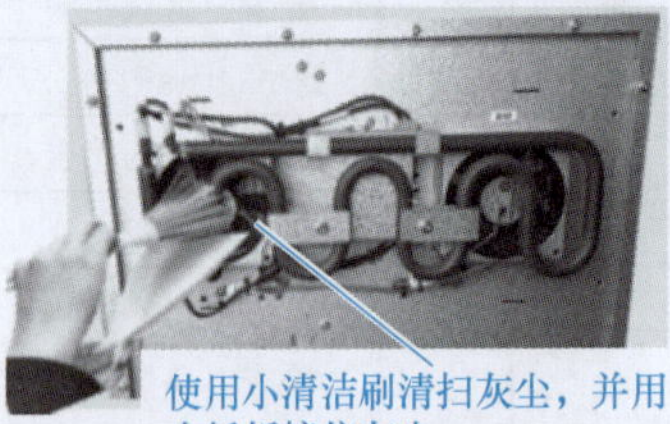 使用小清洁刷清扫灰尘，并用小托板接住灰尘  手持吸尘器
4	检查上电接触器KM42、KM43（每12个月1次）	1）在手动状态下，按下使能器到中间位置，机器人进入"电机上电"状态 2）在示教器界面单击"状态信息栏"，出现"10011电机上电（ON）状态"，说明正常；如果出现"37001电机上电（ON）接触器启动错误"，请重新测试；如果还不能消除，请根据报警提示进行处理 3）在手动状态下，松开使能器，出现"10012安全防护停止状态"，说明正常；若出现"20227点击接触器，DRV1"，请重新测试；如果还不能消除，请根据报警提示进行处理	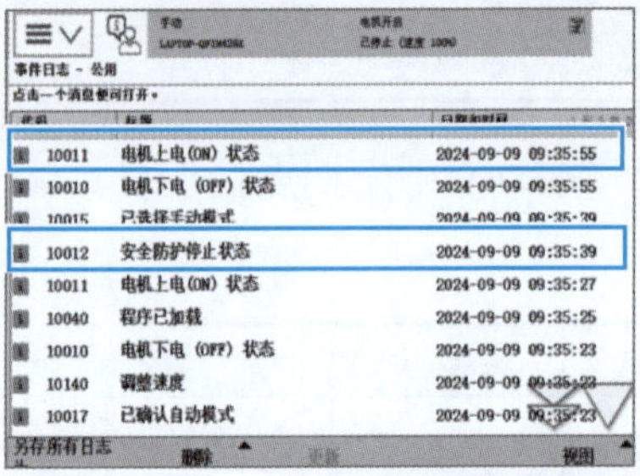
5	检查刹车接触器KM44（每12个月1次）	1）在手动状态下，按下使能器到中间位置，使机器人进入"电机上电"状态；单轴慢速小范围移动机器人 2）细心观察机器人的运动是否流畅和是否有异响。分别单独运动轴1～6并进行观察；在测试过程中如果出现"50056关节碰撞"，请重新测试；如果还不能消除，请根据报警提示进行处理 3）在手动状态下，松开使能器，若出现"10012安全防护停止状态"，说明正常；若出现"37101制动器故障"，请重新测试；如果还不能消除，请根据报警提示进行处理	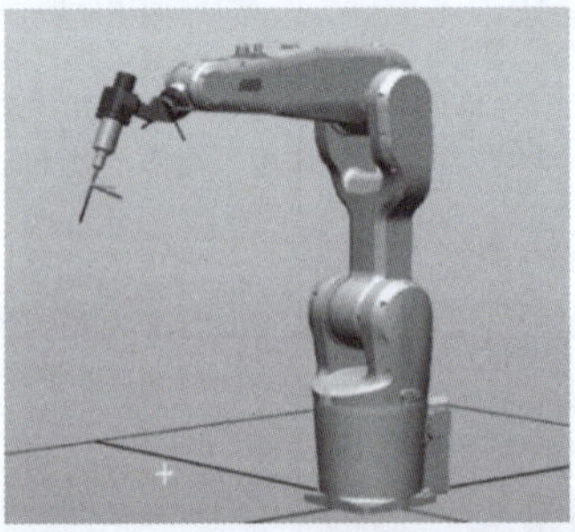
6	检查安全回路（每12个月1次）	1）安全回路面板上的接线端子XS7、XS8、XS9根据实际需要进行接线（具体安全面板端子说明可自行查阅相关资料） 2）根据实际的使用情况，在保证安全的情况下触发安全信号（见下表），检查机器人是否有对应的响应 | 触发以下安全信号	示教器上发生的报警信息
---	---
Auto stop 自动停止	20205，自动停止已打开
General stop 常规停止	20206，常规停止已打开		安全回路面板 ES1(XS7) ES2(XS8) Safety stop(XS9)

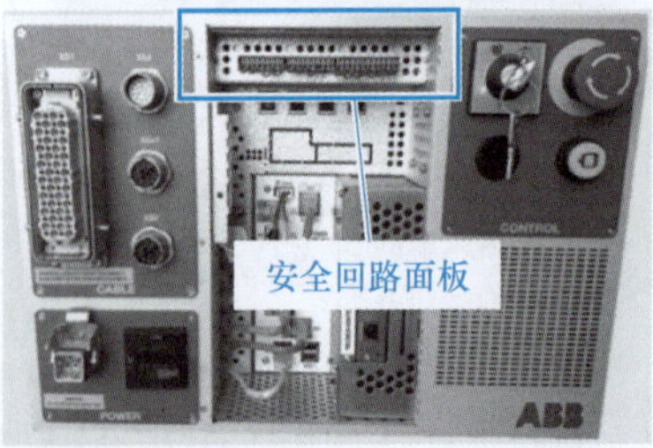

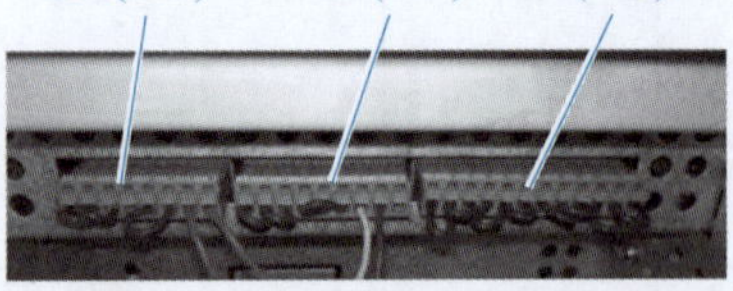

7.2.2　工业机器人本体的维护与保养

工业机器人本体的维护保养内容如下。

（1）本体清洁　根据工业机器人使用的环境进行本体清洁，如果在焊接、打磨及粉尘较多的情况下应做到每日一次清洁，必须在机器人停止状态下进行清洁。针对 24h 工作的机器人，应加装除尘设备，在停机状态下每周进行一次清洁。

（2）检查紧固　机器人运行 1 个月之后，应检查机器人本体安装座及法兰盘座是否有松动，如松动须进行紧固，以后逐月进行检查；机器人运行 3 个月之后，应检查机器人本体各轴挡块是否有松动，如松动须进行紧固，以后每季度进行检查。

（3）机器人本体上的线缆和气管　机器人本体上的线缆须每日进行检查，检查是否有松动、老化等现象，如有，应及时紧固和更换；每日检查机器人本体上气管是否漏气，气管是否有折弯等现象，如有，须进行处理和更换。

（4）电动机抱闸检查　机器人断电静止状态下，每月检查机器人各轴是否有松动现象；在通电状态下，利用机器人线性运动，检测坐标值是否准确。

（5）电动机噪声检查　在电动机低速运行时，耳听电动机转动的声音与平时相比是否变大，每月检查一次。

（6）漏油检查　检查是否有油从机器人本体中渗出来，如有，须将其擦拭干净。

（7）机器人电池更换　机器人在实际使用中，所有位置数据断电之后都靠电池存储，如果机器人每年通电时间低于 7200h，建议每年应进行一次电池更换。

（8）润滑加油

1）轴副齿轮和齿轮润滑加油。确保机器人及相关系统关闭并处于锁定状态，每个油嘴中挤入少许（1g）润滑脂，逐个润滑副齿轮滑脂嘴和各齿轮滑脂嘴，不要注入太多，以免损坏密封。

2）中空手腕润滑加油。中空手腕 10 个润滑点，每个注脂嘴只需几滴润滑脂（1g），不要注入过量润滑脂，避免损坏腕部密封和内部套筒。

基于以上工业机器人本体维护保养项目，同样须提前制订维护保养计划，对机器人本体进行周期性点检（日检或定期点检）。表 7-11、表 7-12 分别是 ABB 机器人本体 IRB120 的日点检和定期点检记录表。一般地，工业机器人不是单独存在于工作现场的，必然会有相关的周边设备，所以可以根据实际的情况将周边设备的点检项目添加到日点检和定期点检表中，以方便工作的开展。

表 7-11　ABB 机器人本体 IRB120 日点检记录表

类别	编号	检查项目	要求标准	方法	1	2	3	4	5	6	7	…	30	31
日点检	1	机器人本体清洁，四周无杂物	无灰尘异物	擦拭										
	2	保持通风良好	清洁无污染	测试										
	3	示教器控制器是否正常	正常控制机器人	测试										
	4	检查安全防护装置是否运作正常，急停按钮是否正常等	安全装置运作正常	测试										

（续）

类别	编号	检查项目	要求标准	方法	1	2	3	4	5	6	7	…	30	31
日点检	5	气管、接头、气阀有无漏气	密封完好，无漏气	听、看										
	6	检查电动机运转声音是否异常	无异常声响	听										
	确认人签字：														
备注															

表 7-12　ABB 机器人本体 IRB120 定期点检记录表

类别	编号	检查项目	1	2	3	4	5	6	7	8	9	10	11	12
定期点检[1]	1	清洁机器人本体												
	2	检查机器人线缆[2]												
	3	检查轴 1 机械限位[3]												
	4	检查轴 2 机械限位[3]												
	5	检查轴 3 机械限位[3]												
	6	检查塑料盖												
	确认人签字：													
每 12 个月	7	检查信息标签												
	确认人签字：													
每 36 个月	8	检查同步带												
	确认人签字：													
	9	更换电池组[4]												
	确认人签字：													
备注	[1]　"定期"意味着要定期执行相关活动，但实际的间隔可以不遵守机器人制造商的规定。此间隔取决于机器人的操作周期、工作环境和运动模式。通常来说，环境的污染越严重，运动模式越苛刻（电缆线束弯曲越厉害），检查间隔也越短 [2]　机器人布线包含机器人与控制器机柜之间的布线。如果发现有损坏或裂缝，或即将达到寿命，请更换 [3]　如果机械限位被撞到，应立即检查 [4]　电池的剩余后备电量（机器人电源关闭）不足 2M 时，将显示电池低电量警告（38213 电池电量低）。通常，如果机器人电源每周关闭 2D，则新电池的使用寿命为 36M，而如果机器人电源每天关闭 16h，则新电池的使用寿命为 18M。对于较长的生产中断，通过电池关闭服务例行程序可延长使用寿命（大约 3 倍） 　设备点检、维护正常打 "√"；使用异常标记 "△"；设备未运行标记 "/"													

表 7-12 中定期点检项目具体实施方法见表 7-13。

表 7-13　ABB 机器人本体 IRB120 定期点检项目实施方法

序号	检查项目	实施方法	说明
1	清洁机器人本体	关闭机器人的所有电源，然后进入机器人的工作空间 切记： 1）务必按照规定使用清洁设备。任何非规定的清洁设备都可能会缩短机器人的使用寿命 2）清洁前，务必先检查是否所有保护盖都已安装到机器人上 切勿进行以下操作： 1）将清洗水柱对准连接器、接点、密封件或垫圈 2）使用压缩空气清洁机器人 3）使用未获机器人厂家批准的溶剂清洁机器人 4）喷射清洗液的距离低于 0.4 m 5）清洁机器人之前，卸下任何保护盖或其他保护装置 用布擦拭： 食品行业中高清洁等级的食品级润滑机器人在清洁后，应确保没有液体流入机器人或滞留在缝隙及表面 电缆： 可移动电缆须能自由移动 ① 如果沙、灰和碎屑等妨碍电缆移动，则将其清除 ② 如果发现电缆有硬皮，则应马上进行清洁	清洁方法： 根据 IRB120 的不同防护类型，可采用不同的清洁方法。见下表： | 防护类型	清洁方法			
	真空吸尘器	用布擦拭	用水冲洗	高压水或高压蒸汽
Standard IP30	可以	可以，使用少量清洁剂	不可	不可
Clean room	可以	可以，使用少量清洁剂、酒精或异丙醇	不可	不可	 注意：清洁之前务必确认机器人的防护类型
2	检查机器人线缆	机器人布线包含机器人与控制器机柜之间的线缆，主要是电动机动力电缆、转速计数器电缆、示教器电缆和用户电缆（选配），如右图所示 检查流程如下： 1）进入机器人工作区域之前，关闭以下连接 ① 机器人的电源 ② 机器人的液压供应系统 ③ 机器人的气压供应系统 2）目视检查：机器人与控制器机柜之间的控制线缆是否有磨损、切割或挤压损坏 3）如果检测到磨损或损坏，则须更换线缆	 示教器电缆 转速计数器电缆 电动机动力电缆
3	检查机械限位	在轴 1 的运动极限位置有机械限位，轴 2 轴 3 的运动极限位置有机械限位（如右图），用于限制轴运动范围，满足应用中的需要。为了安全，要定期点检所有的机械限位是否完好，功能是否正常 检查步骤： 1）进入机器人工作区域之前，关闭以下连接： ① 机器人的电源 ② 机器人的液压供应系统 ③ 机器人的气压供应系统 2）检查机械限位 3）机械限位出现以下情况时，请马上进行更换：弯曲变形、松动、损坏	 注意：与机械限位的碰撞会缩短齿轮箱的预期使用寿命。在示教与调试工业机器人时要特别小心

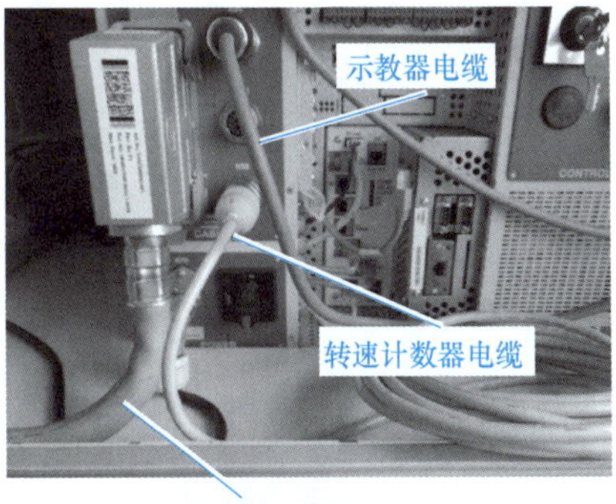

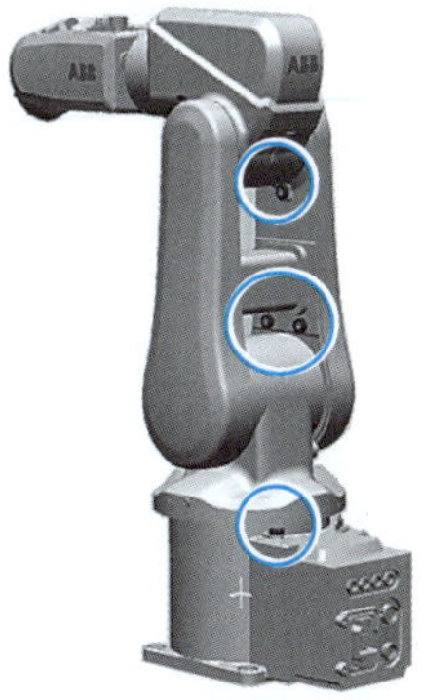

（续）

序号	检查项目	实施方法	说明
4	检查塑料盖	IRB120 机器人本体使用了塑料盖（如右图），主要是基于轻量化的考量。为了保持完整的外观和可靠的运行。需要定期对机器人本体的塑料盖进行维护 1）开始操作前，请关闭机器人的所有电力、液压和气压供给 2）检查塑料盖是否存在： ① 裂纹 ② 其他类型的损坏 3）如果检测到裂纹或损坏，则须更换塑料盖	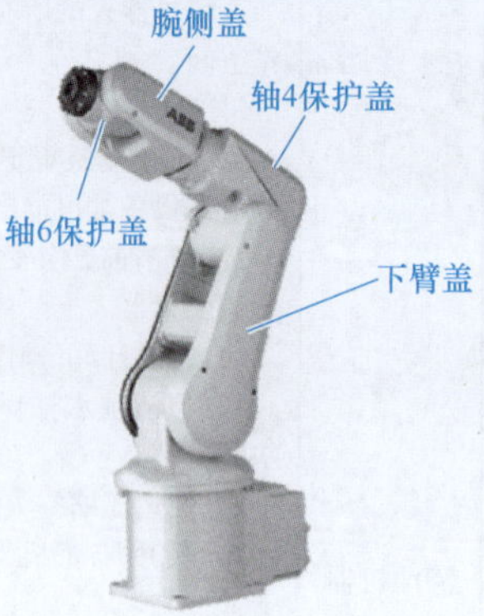 腕侧盖　轴4保护盖　轴6保护盖　下臂盖
5	检查信息标签 （每12个月1次）	机器人本体和控制器都贴有数个安全和信息标签，其中包含产品的相关重要信息。这些信息对所有操作机器人系统的人员都非常有用，所以有必要维护好信息标签的完整性。如果有丢失或受损应及时更换	无
6	检查同步带 （每36个月1次）	同步带位置如右图所示 所需工具和设备： 1）公制内六角圆头扳手套装 2）皮带张力计 检查操作步骤： 1）开始操作前，请关闭机器人的所有电力、液压和气压供给 2）卸除盖子即可看到每条同步带 3）检查同步带及带轮是否损坏或磨损。如果发现任何损坏或磨损，则必须更换该部件 4）使用张力计（如右图）对每条传输带的张力进行检查 5）如果传输带张力不正确，请进行调整 轴 3：新带 $F=18 \sim 19.7N$ 　　　旧带 $F=12.5 \sim 14.3N$ 轴 5：新带 $F=7.6 \sim 8.4N$ 　　　旧带 $F=5.3 \sim 6.1N$	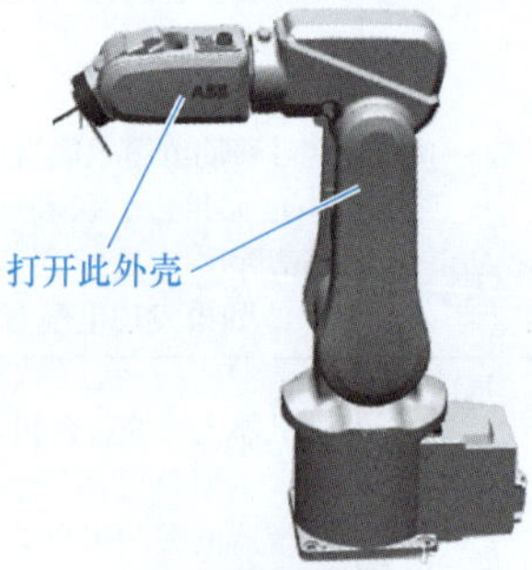 打开此外壳 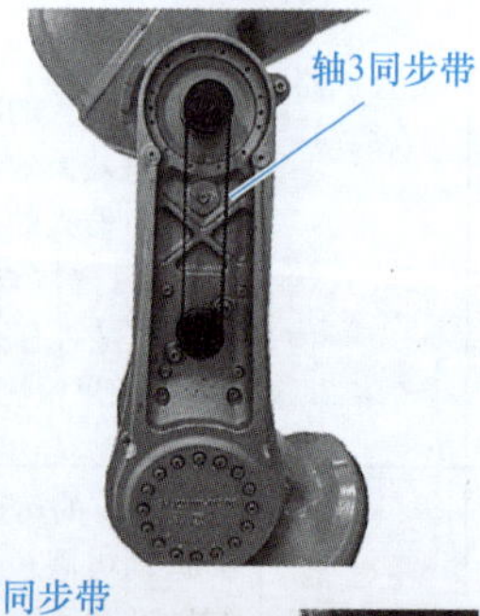 轴3同步带 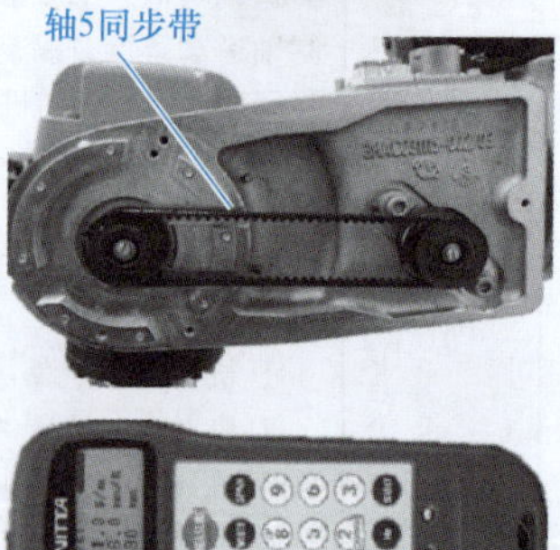 轴5同步带  张力计

（续）

序号	检查项目	实施方法	说明
7	更换电池组	电池的剩余后备电量（机器人电源关闭）不足 2M 时，将显示电池低电量警告（38213 电池电量低）。通常，如果机器人电源每周关闭 2D，新电池的使用寿命为 36M，而如果机器人电源每天关闭 16h，则新电池的使用寿命为 18M。对于较长的生产中断，通过电池关闭服务例行程序可延长使用寿命（大约提高使用寿命 3 倍） **所需工具和设备：** 公制内六角圆头扳手、刀具 **更换操作步骤：** 1）将机器人各轴调至机械原点位置。目的是有助于后续的转数计数器更新操作 2）关闭机器人的所有电力、液压和气压供给。该装置易受 ESD 影响，注意静电放电 3）卸下底座盖子 4）割断固定电池的线缆扎带并拔下电池导线后取出电池（**注意**：电池包含保护电路）。请使用规定的备件或 ABB 认可的同等质量的备件进行更换 5）安装电池并用线缆扎带固定 6）插好电池连接插头 7）将底座盖子重新安装好 8）在满足所有安全要求前提下上电，重新更新转速计数器	电池组位置 B A C 位置｜名称 A｜电池 B｜扎带 C｜底座盖

🦾 任务实施

请为实训室工业机器人控制柜和机器人本体制订日点检计划，并开展一次点检活动，将结果记录在表 7-14 和表 7-15 中。

表 7-14　实训室机器人控制柜日点检记录表

类别	编号	检查项目	要求标准	方法	1	2	3	4	5	6	7	…	30	31
日点检	1													
	2													
	3													
	4													
	5													
	6													
	7													
	8													
	确认人签字：													
备注														

表 7-15　实训室机器人本体日点检记录表

类别	编号	检查项目	要求标准	方法	1	2	3	4	5	6	7	…	30	31
日点检	1													
	2													
	3													
	4													
	5													
	6													
	7													
	8													
	确认人签字：													
备注														

知识拓展

探秘企业实际生产中制定的机器人维护保养文件

不同品牌工业机器人的维护保养要求不尽相同，且机器人实际工作情况也各不相同，此处附上两个企业实际生产中使用的机器人维护保养文件，近距离探秘企业生产实际。

文件1：××企业制定的焊接机器人维护保养作业指导书

机器人维护保养作业指导书（日检查）

分类	序号	项目	基准	方法	周期
外部设备	1	氩气流量计	氩气流量符合工艺要求	开启氩气阀门，按焊机送气按钮或示教器送气按钮，调整氩气流量控制按钮使指针到达要求位置	每班班前
	2	供气管	低压气压力 0.65～0.75MPa	打开供气阀门，调整低压气压力至 0.65～0.75MPa	每班班前
焊机	3	水循环	焊机水位高于最低水位线，焊枪内部水循环正常	目视观察焊机水箱水位，保持水位高于最低水位，水箱内部水循环正常	每班班前
焊枪	4	喷嘴	喷嘴内部无焊接飞溅	清理、擦拭	每班班前
焊丝	5	焊丝盘	焊丝充足、表面无灰尘	目视、丙酮擦拭	每班班前

（续）

分类	序号	项目	基准	方法	周期
机器人	6	夹具位置	夹具气缸为缩进状态	目视各夹具位置及状态	每班班前、班后
	7	转台	整洁、无灰尘杂物	擦拭及用压缩空气吹	每班班后
	8	夹具	整洁、无灰尘杂物、无油污	擦拭及用压缩空气吹	每班班后
	9	机器人控制柜	整洁、无灰尘杂物	擦拭及用压缩空气吹	每班班后
激光	10	激光控制柜	整洁、无灰尘杂物	擦拭及用压缩空气吹	每班班后
作业现场	11	机器人房	整洁、物品定置、无多余物	清扫、整理	每班班后
机器人转台	12	夹具导轨	润滑	涂润滑脂	每周
	13	送料车导轨	润滑	涂润滑脂	每周
	14	定位孔	夹具定位孔润滑	涂润滑脂	每周
	15	夹具旋转轴	润滑	涂润滑脂	每周
机器人	16	本体	本体无灰尘、管线表面无灰尘	擦拭	每周

机器人维护保养作业指导书（月检查）

分类	序号	项目	基准	方法	周期
焊枪	1	送丝轮	清理铜屑，加油润滑	毛刷清理、擦拭，加润滑油	每月
	2	送丝管	内部无铜屑，软管无裂口	用压缩空气吹，更换新软管	每月
	3	焊枪气筛	是否损坏，是否堵塞	清理、更换	每月
	4	送丝机	内外部无灰尘，金属屑等	擦拭、吹扫内部	每月
	5	送丝盘	内部无灰尘，轴旋转良好	擦拭、吹扫内部，旋转轴加油润滑	每月
	6	焊枪	内部无铜屑、无焊渣	吹扫、清理	每月
	7	导电嘴、喷嘴	磨损严重时、损坏	必要时更换	每月
机器人转台	8	固定螺栓	螺栓紧固，无松动、滑扣	检查是否有松动，必要时再拧紧	每季度

（续）

分类	序号	项目	基准	方法	周期
夹具	9	夹具螺栓	螺栓紧固，无松动、滑扣	检查是否有松动，必要时再拧紧	每季度
	10	定位销	定位良好	检查是否有松动，是否磨损	每季度
	11	导电石墨	接触良好、无损坏	调整，检查有无损坏，及时更换	每季度
	12	地线	接触良好、无松动	检查是否有松动，必要时再拧紧	每季度
	13	机器人夹具	表面无油污、飞溅、压痕等	清洗表面油污、清理飞溅、打磨压痕	每季度
盖板	14	盖板螺丝	螺栓紧固	检查是否有松动，必要时再拧紧	每季度
	15	气缸电磁阀	无漏气、线路紧固	紧固、更换	每季度
	16	盖板下部	无灰尘、无杂物	吹扫、清理	每季度
气缸	17	传感器	无松动、线路整齐	紧固、整理	每季度
机器人	18	本体	本体无灰尘	擦拭	每季度
	19	控制柜内	无灰尘、无杂质	擦拭、吹扫内部	每季度
	20	控制柜背面	风扇表面无灰尘，风扇是否正常工作	擦拭、清扫风扇及控制柜背面积尘	每季度
	21	示教器	无灰尘，背面散热良好	擦拭、强制冷却	每季度
	22	电缆	无重压、表面无灰尘、绝缘、完好无损	擦拭、整理	每季度
	23	控制柜插头	检查插头及电缆连接的地方是否松动	必要时紧固	每季度
焊机	24	焊机	内部无灰尘	打开焊机两侧盖板，清扫内部灰尘	每季度
	25	冷却水过滤器	无杂质	清洗	每季度
	26	水箱管接头	无漏水、无生锈	维修、更换	每季度
	27	气管、水管	无泄漏，管表面无烧损，管接头牢固	目视、紧固	每季度
外围设备	28	供气管	清理压缩空气进气口处的过滤网	清洗	每季度
	29	氩气管	管路无漏气、无烧损	必要时更换	每季度
	30	线路	表面无灰尘，接头无松动	擦拭、紧固接头	每季度

（续）

分类	序号	项目	基准	方法	周期
激光	31	激光镜头	镜头清晰，表面无飞溅、杂质	更换激光片	每季度
	32	控制柜	内外无灰尘	擦拭、清扫	每月
系统	33	系统	系统正常	用 U 盘备份系统	每月及更改后

文件 2：×× 企业制定的机械手臂维护保养手册

机械手臂维护保养手册	文件编号			
	版本		页码	

维护保养流程

- 注意事项：严禁敲打撞击设备
- 日常操作人员保养要求
- 设备维修人员保养
- 设备清洁润滑细则
- 重要线路管道检查
- 保证设备完好标准

目的：确保车间安全生产，维持设备的正常运行，指导员工正确操作

范围：

一、日常维护检查时注意事项
1. 检查清洁设备灰尘杂物，用干净布擦拭卫生
2. 严禁碰撞敲击设备
3. 维修、清洁、润滑时，一定在设备未启动的状态下进行，务必断开电源
4. 检查螺钉、接线有无松动，加以紧固
5. 运行中有异响或异动，立即停机，向上级反映处理
6. 机器手臂旁不能放置任何杂物

二、一级保养（在维修人员指导下，由操作工人完成）
1. 检查电流、电压、温度、压力是否正常
2. 清洁机械手臂卡爪卫生，发现卡爪皮垫破损时及时更换
3. 各传动部位补油，传动部位不能有杂物灰尘
4. 检查机械手臂螺钉是否有松动，并加以紧固
5. 运行时有异响异动，立即停止向上级反映解决

三、二级保养（由维修人员执行，二保后要求达到完好的标准）
1. 清洁设备油污，检查机械手臂传动部位是否磨损少油，发现须立即处理
2. 检查机械手臂线路连接处是否破损，及时处理
3. 检查机械手臂传感器是否有失灵损坏，及时更换处理
4. 清理检查气管路是否有破损
5. 检查机器手臂运行时有无异动异响，检查地脚紧固螺钉是否紧固
6. 检查电器元件及线路有无过热及老化，接线端是否有松动脱落

四、整机完好标准
1. 设备整洁，无损伤，电、水、油管道线路完好
2. 各接头管道、接线端子接触良好，机身接地良好
3. 开关动作灵敏可靠，设备运行无异常声响
4. 零部件完整无损并符合要求

五、各级保养和维护必须严格按照本手册进行操作，并做好记录。

编制	审核	批准	生效时间

技能训练

1.【填空】图 7-6 为 ABB 紧凑型控制柜 IRC5C，图中编号为 A、B、C 的线缆分别对应的是_____、_____和_____。

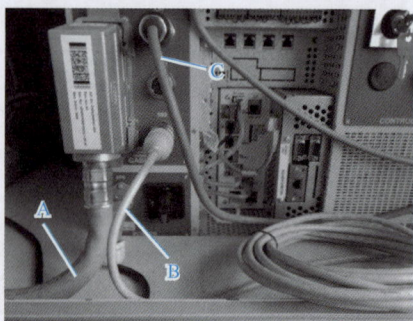

图 7-6　ABB IRC5C 紧凑型控制柜

2.【判断】工业机器人防护类型不一样，本体的清洁方法也不一样。　　　（　　）

3.【判断】ABB 机器人本体的同步带需要每个月检查 1 次。　　　（　　）

4.【简答】简述 ABB 机器人本体电池更换的步骤。

5.【简答】简述机器人本体的哪些部位需要进行检查紧固。一般多久进行 1 次？

6.【简答】简述机器人控制柜中散热风扇的清洁方法。一般多久进行 1 次？

☑ 项目总结图谱

知识点归纳思维导图

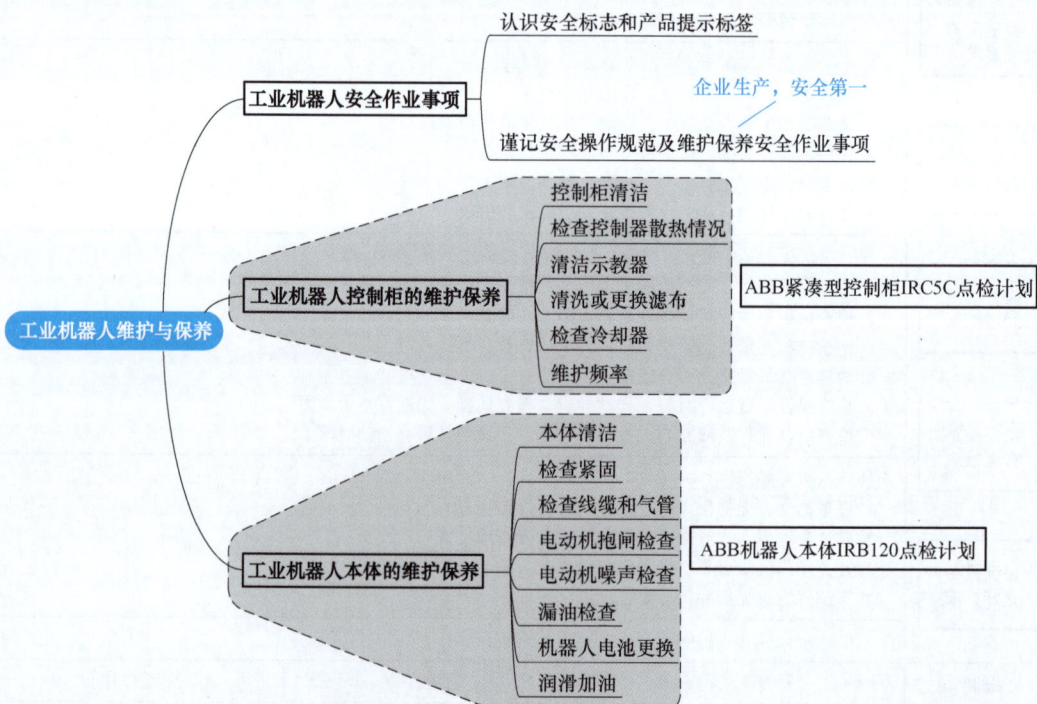

参 考 文 献

[1] 赵海峰，黄丽娟 . 工业机器人技术及应用 [M]. 北京：电子工业出版社，2023.

[2] 韦志军，李小卓，唐忠玲 . 工业机器人保养与维护 [M]. 电子工业出版社，2023.

[3] 宋云艳，隋欣 . 工业机器人离线编程与仿真 [M]. 2 版 . 北京：机械工业出版社，2023.

[4] 龚仲华，夏怡 . 工业机器人及应用 [M]. 北京：人民邮电出版社，2020.

[5] 许文稼，张飞 . 工业机器人技术基础 [M]. 北京：高等教育出版社，2017.